Angelika Mayrhofer-Battlogg

Die Schlagzeile

Für Herrn Andreas!
Mit einem Meilen-
Abstand der Beste!
Professionell im wahrsten
Sinn des Wortes und
"das" Aushängeschild
von Bandy [illegible] Bandy!
Herzlichst
Angelika
Mayrhofer-Battlogg
2. 12. 1994

Angelika Mayrhofer-Battlogg

Die Schlagzeile

Presse- und Öffentlichkeitsarbeit als strategischer Auftrag im Kampf um Wähler und Märkte. Hintergründe des Erfolges in Medien.

NORKA VERLAG

Die gebundene Ausgabe erscheint im
NORKA VERLAG Dr. Norbert Kastelic

Schutzumschlag: Robert Hollinger (Studio Hollinger), Wien
Foto: Elfriede Semotan, Wien

Satz - Umbruch: Günter Zanker
Druck und Bindung: Wiener Verlag, Himberg bei Wien
Printed in Austria 1994
ISBN 3-85126-057-0

Autorin und Verlag danken herzlich für die Hilfe und Unterstützung der
Österreichischen Botschaft in Washington
und dem
Presse- und Informationsdienst der Österreichinformation

INHALT

Nur Könner setzen sich durch

Mit News mehr Profil. Unverwechselbares Profil als starke Persönlichkeit. Nichts schwerer als das. Stecken doch hinter dieser simplen Anforderung festgeschriebene Ziele, Strategien, Umsetzungspläne, Controlling, Manöverkritik, die Lernfähigkeit aus Flops. Und in erster Linie Personen, die für Themen und Aktionen stehen. Als Fackelträger, Identifikationsfiguren, Ideen- und Produktsymbole.

"Hinter jeder erfolgreichen Frau steht eine Presse-Frau. Hinter jedem erfolgreichen Mann ein Presse-Mann." Da nützt kein Aufbäumen, kein In-Frage-stellen. Tops geben Linien vor. Den entscheidenden Kleinkram im Hintergrund, die kreative Umsetzungs- und Planungsarbeit erledigen andere.

Von der Kongenialität dieser Partnerschaften hängt der mediale Erfolg ab.
Ohne jede (langfristig erfolgreiche) Kompromißmöglichkeit. Wenn darunter höchstmögliche "Sympathie und Popularität" oder "Bekanntheitsgrad und Akzeptanz" verstanden wird. Die veröffentlichte Meinung - ob über die Presse- und Öffentlichkeitsarbeit, Marketing und/oder Werbung - ist wesentliche Entscheidungsgrundlage - für den Kauf eines Produktes, die Wahl eines Politikers, einer Partei.

Gute Medienarbeit ist daher mehr als nur ein Vehikel zum Erfolg. Nämlich immer mehr "Mutter" des Erfolges. Unabhängig davon, ob Kunden, Konsumenten oder Wähler die Zielgruppe sind.

Langjährige Erfahrungen plus neue Trends zeigen daher eindeutig:

- Wer nicht bereit ist, der erste zu sein und offensive Kommunikationsarbeit zu leisten, sollte einen Job als Orchideenzüchter suchen, aber nicht eine Führungsposition bekleiden. Spitzenleute müssen Medien- und Kommunikationsarbeit lieben. Andernfalls schaden sie.

- Mediale Erfolge sind machbar und nicht das Ergebnis des "Sommerloches" oder anderer Zufälligkeiten. Schlagzeilen sind in jedem Fall planbar. Und vorhersehbar. Ihre Bedeutung und Wertigkeit (manchmal) ambivalent.

- Professionalität und Berufsethos der Pressefrauen und -männer im Hintergrund sind ausschlaggebend für Gipfelsieg oder Absturz von Erfolgsträgern.

- Verständnis für redaktionelle Usancen und das Wissen über die Arbeitsbedingungen von Journalisten erleichtern den Zugang zu den Medien.

- "Schlagzeilen-Denken" ist eine entscheidende Voraussetzung dafür, daß über die Medien strategisch wichtige Ziele umgesetzt werden können.

- Lobbying und Netzwerke bestimmen in hohem Maße - ob, wie und wie oft geschrieben, kommentiert, gesendet wird. Originalität und Einmaligkeit von Meldungen sind Ergänzungsfaktoren für eine sichere Plazierung.

Gute Presse- und Öffentlichkeitsarbeit im Rahmen einer strategischen Kommunikationsplanung ist eine der stärksten Trägerraketen für unternehmerische oder politische Erfolge. Mit einer "kleinen" Einschränkung: für Mißerfolge ist das eigene Bodenpersonal, für Erfolge der Pilot verantwortlich.

Für alle, die Medienarbeit mißverstehen, leben die "Verursacher" von Negativberichten im Verbund: die überheblichen "Schreiberlinge" und arroganten Futzis in Hörfunk- und TV-Redaktionen und unfähigen Presseheinis in der eigenen Presseabteilung. Nicht weniger zimperlich, "wissen" diese aber sehr genau, daß in Wahrheit die Oberzampanos in der Chefetage entweder durch Konzept- oder Kopflosigkeit, jedenfalls aber durch große Ahnungslosigkeit, wie man mit Journalisten umgeht, alles verbockt haben.

Wer die Standards guter Medienarbeit kennt, wird auf derartige Schuldzuweisungen verzichten. Die Sprossen der Leiter zu medialen Erfolgen heißen:

- Im Hoch und in der Krise als erster informieren
- Rundum-Service für Journalisten anbieten
- Informationstransparenz vor allem nach Innen
- "der Zufall ist unser größter Feind" zum obersten Prinzip erklären
- Kommunikationsfähigkeit und -stärken laufend trainieren
- Verbündeten-Lobbying und Informations-Lobbying betreiben
- Sich aus dem Informations-Super-Highway, Daten-Highway und E-Mail die maßgeschneiderte Infrastruktur herausschneiden

Informations-Super-Highway und Daten-High-way, derzeit vielfach noch als Revolution bezeichnet, eröffnen völlig neue Kommunikations-

und Informationsangebote. Zusammen mit der elektronischen Post (E-Mail) sichern diese technischen Möglichkeiten allen, die sich dem Fortschritt stellen, Wettbewerbsvorteile der Sonderklasse durch noch umfassendere Zugänge zu Informationen. Perfektes handling dieser selektierten Informationsangebote bringt zusätzlichen strategischen Nutzen.

Wer diese Voraussetzungen erfüllt, schreibt schon am ersten Kapitel seiner Erfolgsstory.

So gesehen ist alles recht einfach. Kompliziert sind nur die Menschen.

Pressesprecher zwischen Verhätschelungsphobie und zwingenden Betreuungsstandards

Wie der Herr, so das G'scherr! Der Siegeslauf von Frauen in politischen und wirtschaftlichen Führungspositionen, aber auch im Medienbereich, findet sich bis dato noch nicht in derartigen Qualifikationsbezeichnungen wieder. Das ist weiter nicht tragisch.

Wesentlich ist jedoch der Wahrheitsgehalt, der in dieser Feststellung steckt: Top-Leute umgeben sich mit Top-Mitarbeitern. Das gilt generell. Speziell jedoch für alle Jobs im Kommunikationssektor.

Gerade Kommunikationschefs, Pressefrauen und Pressemänner im Schatten der Erfolgsträger sind weit mehr als nützliche Idioten, die bei medialen Erfolgen ein Häppchen bei der internen Manöverkritik abbekommen.

Oder denen man die Verantwortung für verhunzte Kampagnen und Interviews zubeutelt. Sie sind Aushängeschild, Erfolgsverstärker, Krisenmanager und Image-Bastler in einem. Und sitzen in den Vorzimmern der Macht.

Ihre Einflußsphäre ist das für die Öffentlichkeit relevante Wissen. Ihre - oft uneingestandene - Macht das Wissen über Zusammenhänge, Schwächen, Freundschaften und Machenschaften, die geflissentlich von der Öffentlichkeit ferngehalten werden. Ihr Verhalten die Visitekarte für die "Unternehmenskultur", ihre Umgangsformen meist Hinweis und Spiegelbild dafür, wie hinter den Kulissen mit Menschen umgegangen wird.

Deshalb ist ihre Professionalität und Loyalität, ihr Charakter und ihre Einsatzbereitschaft rund um die Uhr mitunter bedeutsamer und nachhaltiger in der Außen-Wirkung, als ein Chef, der einmal für einige Wochen unter einem "Burn-out-Syndrom" leidet.

Dennoch: Pressefrauen und Pressemänner sind immer besser als ihr Ruf. Ihr Status jedoch schlechter, als vermutet. Zumindest in sehr vielen Fällen.

Beste Betreuung durch einen Kommunikationschef für das Unternehmen oder politische Spitzen hängen aber unmittelbarst mit den zugestandenen Kompetenzen und dem internen standing zusammen. Sie bestimmen, ob Presse-Verantwortliche mit Null-Meldungen jonglieren müssen, oder echtes Themenmanagement betreiben können. Wer zwischen Medien und Führungskräften vermitteln soll, muß alles wissen, um viel sagen zu können. Alles andere wäre ein falsches Rollenverständnis.

Der Presseverantwortliche, die Pressestelle, ist der Schnittpunkt des Informations- und Kommunikationsfadenkreuzes: hier Informationen über ein Unternehmen, eine Person, ein Produkt - dort der Informationsauftrag der Medien. Hier Kommunikationsmaßnahmen zur Umsetzung einer Idee, einer unternehmerischen und politischen Strategie oder zur Erhöhung des Bekanntheitsgrades, der Popularität, der Akzeptanz einer Person - dort das Hinterfragen, Filtern, Abwägen und Eindicken auf den Kern der Sache, den Succus. Pressesprecher üben gegenüber den Medien Stellvertreter-Funktionen aus, indem sie informieren, interpretieren, kommentieren.

Erst, wenn Journalisten die Erfahrung machten, daß bekanntgegebene Facts halten, Informationen in ihrem Sinne verwertbar und schlagzeilengerecht sind, wird die Pressefrau und der Pressemann akzeptiert. Erst dann kann sie oder er den Job gut machen - und somit die Erwartungen beider Seiten erfüllen. Ein Kreislauf, der nur dann funktionieren kann, wenn Glaubwürdigkeit und Professionalität zusammentreffen.

Anforderungsprofil an gute Medienmanager

Medienmanager, Pressebetreuer, Kommunikationsdirektoren brauchen im Kern nur drei Fähigkeiten: Denken wie ein Journalist, handeln wie ein Journalist - und trotzdem bei Journalisten alles unterbringen, was Politikern und Unternehmern wichtig erscheint.

Keine einfache Sache. Nicht von ungefähr sind Presse-Profis eine Rarität.

Hinter der Kurzbeschreibung des Jobs stecken nämlich Erwartungshaltungen, die von einem Presseverantwortlichen automatisch die Quadratur des Kreises verlangen:

- Das Können eines Generalisten -
- durchdrungen vom Wissen eines Spezialisten in Medien- und Managementfragen -
- als Person sympathisch und einnehmend -
- ausgestattet mit hohem Überzeugungs- und Durchsetzungsvermögen -
- charakterlich tadellos.

Das Anforderungsprofil an gute Pressebetreuer und Pressemanager ist zu Recht anspruchsvoll. Wer an der Nahtstelle zwischen Mächtigen und Medien agiert, muß ein hohes Maß an Können und charakterlichen Stärken aufweisen. Zu verführerisch sind die mit der Position eines Pressemanagers verbundenen Einflußmöglichkeiten. Zu betörend die (vermeintliche oder tatsächliche) Aura der Macht, die Menschen umgibt, die in der Nähe von Spitzenpolitikern oder Firmenbossen arbeiten.

Die Selektion bei der Auswahl von Pressebetreuern ist auch aus diesem Grund äußerst schwer.

Kommunikationstiger, die jede Gesprächsrunde im Flug für sich einnehmen, können Berserker im Umgang mit ihnen unterstellten Mitarbeitern sein.
Hervorragende Schreiber sind oft introvertiert und erfüllen für manche, die darauf gesteigerten Wert legen, zuwenig den Part eines versierten Kontakters.

Andere wieder haben den hundertprozentig richtigen Blick für Outfit und Präsentationsdesign, brauchen aber für eine brauchbare 10-Zeilen-Meldung einen halben Tag.

Welches Repertoire an Fähigkeiten und ausgewiesenen Stärken eine Idealbesetzung in sich vereinigen sollte, hängt von den Prioritäten ab, die ein Politiker oder ein Unternehmen festlegt. Als grundsätzliche Richtlinie, gilt aber:

- Pressemanger müssen das Handwerk eines Journalisten beherrschen; schreiben, analysieren, recherchieren und kommentieren können.
- Über ein gewisses Know-how der Fotografen, Hörfunk- und Fernsehredakteure verfügen; wissen, wie Personen optisch gut wirken, wie man sich optimal präsentiert und akustisch bestens über die Rampe kommt.
- Und Management-Kenntnisse aufweisen, um Themen und Personen erfolgreich zu coachen - gemäß den jeweiligen Zielsetzungen und Stärken.

Sind diese Voraussetzungen seitens des Pressemanagers und die Positionierung der Funktion als Stabstelle gegeben, sind Enttäuschungen weitgehendst ausgeschlossen.

Experten rekrutieren:

Keine Organisation der Welt kann sich heute noch aufgeblähte Apparate für alle Eventualfälle leisten. Jedes erfolgreiche Unternehmen muß sich jedoch leisten, für Spezial-Kampagnen die Besten zu rekrutieren. Denn mehr als in allen anderen Bereichen gilt auf der Kommunikationsebene: Falsche Sparsamkeit ist ein Bumerang, der Kopf und Kragen kosten kann. Für Verfeinerungen beim Aufbau und der Umsetzung von Kommunikationsplänen, für Promotion-high-lights wie Spezial-TV-Spots, sogenannte Infomercials, dramaturgisch perfekt inszenierte Auftritte von Kandidaten oder kreativen Aktionismus gibt es Könner, die abrufbar sind.

Jeden Schritt planen:

Am Anfang steht das alles entscheidende Wort "Planung". Kein halbwegs vernunftbegabter Mensch kauft eine Wohnung, ohne sich zu fragen: Was kann ich? Was will ich? Was kann ich selbst erledigen? Wo brauche ich die Hilfe und Unterstützung anderer?

Wer sich in die Presse- und Öffentlichkeitsarbeit stürzt - ob in Eigenregie oder im Auftrag einer bestimmten Person (eines Unternehmens, einer Institution) -, muß sich zu allererst klar darüber sein: Wo liegen die Positiv-Potentiale? Wo die Schwachstellen?

1. Alles wissen:
Daher muß am Beginn jeder Aktion, jeder Betreuungsarbeit und jedes Startschusses für eine Kampagne ein Stärken-Schwächen-Profil stehen.

2. Kommunikationspläne entwickeln:
Nichts ist tödlicher als die Devise: "Von der Hand in den Mund leben". Sinn einer genauen Analyse und der darauf aufbauenden Planung von Kommunikationsaktivitäten ist es, einen exakten Netzplan zu entwikkeln über

- Aktiv in Angriff zu nehmende Maßnahmen für ein kluges Themenmanagement, für Veranstaltungen und Kontaktmanagement usw.
- "Mit-naschen" an Events, die auf dem Veranstaltungsplan anderer stehen, bedeutet, daß alle nur denkbaren Veranstaltungskalender durchgesehen werden. Geschicktes Kooperieren, sich beim Thema einklinken, kurze Zeit davor oder danach den aufbereiteten Boden durch eine eigene Veranstaltung nutzen, kann gute Synergieeffekte für die eigene Kampagne bringen.
- Wirklich entscheidend ist es, durch die frühzeitige Gesamtplanung, die eine routinemäßige Abwicklung zuläßt, ausreichend Freiraum für "Überraschungscoups" der Mitbewerber oder der Medien zu schaffen.

Nur dann kann man die wichtigste Anforderung an das "Tagesgeschäft", nämlich auf jede Art von Außeneinwirkung oder von außen provozierten Handlungsbedarf sofort reagieren zu können, nachkommen.

Jede halbwegs umfassende PR- oder Imagkampagne erfordert in der tatsächlichen Umsetzungsphase noch tausende Überlegungen, Entscheidungen und Handgriffe. Auch wenn die Planung perfekt ist und jeder seine Zuständigkeit bis ins kleinste Detail kennt und wahrnimmt. Sich durch exakteste Planung frei spielen für das gewünschte Statement für das "Mittagsjournal", den spontan organisierten "Runden Tisch", für das von der innenpolitischen Redaktion einer der renommierten Tageszeitungen - darin liegt die große Kunst guten und mediengerechten Zeitmanagments.

3. Kompetenz, zu handeln:
Wer nicht in den Spitzengremien Sitz und Stimme hat - bis hin zum Dirimierungsrecht in heiklen Aspekten der Informationsart, der Wortwahl und "Sprachregelung", kann den Aufgaben als Informationsstratege und -feuerwehr nicht gerecht werden.

4. Straffes Terminmanagement:
Interne Besprechungstermine und Arbeitssitzungen haben sich "ohne wenn und aber" an den Redaktionsterminen zu orientieren. Einzige Ausnahmen: Geburtstermine, Trauersitzungen. Sonst gilt als oberste Priorität: Jederzeit erreichbar sein für recherchierende Journalisten. Auch in den für die Allgemeinheit eher unüblichen Arbeitszeiten, in denen bei Zeitungen und Zeitschriften noch Mutationen möglich sind; ebenso vor, während und und nach der Zeit im Bild 2 und am Wochenende.

5. Professionalität heißt: kein falscher Ehrgeiz für "Rundum-Spezialistentum":
Für Fitness-Programme, Typberatung, Rhetorik, TV-Coaching, strategische Kommunikationsplanung, Demoskopie, Aktionismus usw. gibt es Spezialisten. Pressefrauen und -männer sind keine Wunderwutzis, die alles können. Sie müssen aber die Könner kennen und den Bedarf erkennen, wenn deren Einsatz notwendig wird.

6. Pressechefs haben keine Freizeit:
Die absolut schwierigste Job-Anforderung heißt: "immer Stand-by!". Aufregend und zermürbend, dennoch unverzichtbar, bedeutet das, daß die perfekteste Kommunikationsplanung zusammenbricht, wenn nicht die zweitschwierigste Job-Anforderung erfüllt wird: eine tadellose Stellvertreterregelung. Nicht nur während des Urlaubes, sondern permanent.

7. Verantwortlich für absolutes Wohlbefinden der Chefin/des Chefs:
Mindestens fünf Antennen für Stimmungslage, Wünsche, Ärger, Konfliktzonen und Motivationselemente gehören zum Pflicht-Repertoire eines Presseverantwortlichen. Wenn um 7.00 Uhr Presseschau plus Tee eine gute Tagesverfassung garantieren, oder erst um 20.00 Uhr ein Briefing für das Pressefrühstück möglich ist - dann nützt kein Selbstmitleid, sondern nur Selbstdisziplin. Antenne 1 - jene für die Stimmungslage - hat dann Vorrang.

8. Matador gegen Klammeraffen:
Jeder kennt sie, die "Klammeraffen", die auf dem Weg zur Toilette, zum Büro oder zum Faxgerät jeden anquatschen und ihre Meinung kundtun. Diese "Klammeraffen" lauern überall. Als Mitarbeiter, Mitstreiter und in vielen Sekretariaten. Sie lassen keine Gelegenheit zur Kommentierung aus. Bis hin zur langatmigen Erklärung, warum sie schon wieder unter einem Migräneanfall leiden. Pressefrauen und Pressemänner müssen Madatore sein im Entfernen und Fernhalten solcher "Klammeraffen". Höfliches Zuhören wird als Aufforderung zur Wiederholung mißverstanden, ein Tobsuchtsanfall als unfreundlicher Akt. Soll das Zeitmanagement nicht ständig durch solche "Klammeraffen" über den Haufen geschmissen werden, hilft nur nachdrückliches Untersagen und der deutliche Hinweis auf die absolute Verzichtbarkeit derartiger Kommentare. Eine unangenehme, aber wichtige Aufgabe von Presseverantwortlichen.

9. Call Boys und Call Girls:
Permanente Erreichbarkeit muß und kann von Pressefrauen und Pressemännern verlangt werden. Erleichtert durch die segensreiche (von manchen auch verdammte) Einrichtung des Mobil-Telefons, gibt es in keinem Fall eine akzeptable Ausrede, wenn Telefonkontakte unmöglich sind. Das gilt sowohl für die Journalisten, die das "Call-Girl" bzw. den "Call-Boy" suchen, als auch für Mitarbeiterstab und Chef, die der Presseverantwortliche kontaktieren will und muß, um für einen Journalisten eine Information zu verifizieren oder eine Stellungnahme zu vermitteln.

10. Freude und Lust:
Wer bei diesen Anforderungsprofilen noch immer Freude und Lust am Job empfindet, ist richtig. Die wahrscheinlich wichtigste Charakterstärke guter Pressebetreuer - Demut im Erfolg und selbstverleugnender Kampf in der Krise - ist unter den genannten Auspizien ohnehin nur noch eine lässige Abrundung der für solche Jobs notwendigen "Über-Menschen".

Pam Hughes:"To be on the head of the story"

Für Pam Hughes, Pressechefin des seit 32 Jahren amtierenden US-Senators Ted Kennedy, ist die gesamte Tagesplanung im Hauptbüro in Washington einem Ziel untergeordnet: "To be on the head of the story." Als erster genannt, als erster eine neue politische Aufgabe definieren, als erster den Journalisten Material und Informationen liefern.

Als erster von 100 Senatoren präsent sein und die Top-Meldung der Hauptnachrichtensendungen stellen.

Bei 120 in Frage kommenden TV-Sendungen nicht unbescheiden. Nach Prioritäten gefiltert und heruntergebrochen auf die für Senator Kennedy entscheidenden Schwerpunkte heißt das: Jeden Tag volle Konzentration auf die drei wichtigsten "News Cycle". Im Fernsehen vorzukommen, bedeutet alles. Darauf reagiert jeder einzelne Nerv. Pressekonferenzen und Presseaussendungen nach traditionellem Muster sind Nebensache.

Kommunikationschefin Pam Hughes, im Filtern, Ordnen und Zuordnen von Informationen extrem routiniert, nennt Selektieren, blitzartiges Reagieren und anderen durch neue technische Innovationen um eine Nasenlänge voraus sein, das "Um und Auf" medialen Erfolges und guter Präsenz in den Medien. Informationen filtern, zuordnen, nach Prioritäten reihen und Schlüsseljournalisten kontaktieren nimmt die meiste Zeit in Anspruch. "In Wahrheit ist das, was an Informationen angeboten wird und auf alle einstürmt, für alle zuviel: Faxe, 24 Stunden rund um die Uhr Nachrichten, 120 TV-Sendungen. Da entscheidet das Tempo, wie schnell ich eine Stellungnahme parat habe und wie schnell ich sie an die für mich relevanten Journalisten weitergebe." Schnellste Summary, dann zum Computer und ans Telefon.

Die nahezu totale Konzentration auf die täglichen TV-News-Cycle begründet die Pressechefin Kennedy's mit zwei Zahlen: 25 Prozent der Konsumenten informieren sich durch Lesen, 75 Prozent schauen fern. Diskussionen über Umwegrentabilität und breitere Streuung durch einen Mix in Print und elektronische Medien erübrigen sich.

Welche Auswirkungen die unangefochtene Vormachtstellung des Fernsehens auf Kommunikationsstrategien und -verhalten hat, zeigt ein anderes Beispiel:
Jeffrey B. Trammel, Senior Vice President von Hill and Knowlton (Washington) meint, daß der Zwang zur Kürze die Elite in der Politik und im Wirtschaftsleben mehr beeinflußt, als dies Legionen von Trainern könnten. Die verfügbare Zeit im Zuge eines Interviews oder Nachrichtenblocks optimal nützen heißt, jedes Statement auf einen bis drei Sätze einzudicken, die Messages immer mehr zu perfektionieren. "Eine Untersuchung von vier großen Sendern ergab, daß im Jahr 1969 die Präsidentschaftskandidaten 42 Sekunden benötigten, um ihre Nachricht, ihre Botschaft, durchzubringen. Im Präsidentschaftswahlkampf 1992 brauchten sie dafür neun Sekunden." Bis die TV-Konsumenten verstanden, was sie meinten, was der Kern ihrer Aussage, das Ziel ihres Anliegens ist.

Die erforderliche Zeit für Kommunikations- und Pressearbeit immer freischaufeln und jede Ecke des Bürobetriebes nach Zeiträubern untersuchen, liegt den Kennedys offenbar im Blut. Und führte auch Senator Ted Kennedy in die lichtesten Höhen von Medienpräsenz und Popularität. Mit Werten, von denen andere nur träumen können: "Sein Name ist überall. Sein Image: ein starker Senator, der zu seinem Wort steht und der für etwas steht. Das macht seine Erfolge aus." (Ranny Cooper, Ex-Stabchefin Kennedy's)

Die Vorreiterrolle bei technischen Innovationen ist in erster Linie darauf abgestellt, Zeit zu gewinnen. Zeit für die Pressearbeit. Zeit dafür, sich voll auf den "News Cycle" zu konzentrieren. Ausgestattet mit einem Stab, auf den ein Bundeskanzler stolz sein könnte, gelingt das Senator Kennedy mit atemberaubender Leichtigkeit und Professionalität. "Weil er Kommunikation liebt. Das ist der wesentlichste Erfolgsgrund." (Ranny Cooper)

So installierte Senator Kennedy als erster eine Art "elektronisches Reißbrett". Pressemeldungen und wichtige Informationen als Service waren individuell abrufbar. Über ein eigenes Computer-Netzwerk ist z. B. der Zugriff auf alle Reden, Aussendungen, Statements gegeben. Selbstverständlich auch jener von US-Präsident Bill Clinton.

Kennedy ist nicht von ungefähr der erste Senator, der heuer seine Korrespondenz zur Gänze auf elektronische Datenverarbeitung umstellt. Die 5.000 Briefe pro Woche sollen ebenfalls schneller beantwortet werden, als bei anderen. Anfang Juni dieses Jahres startete das Projekt, das zum Ziel hat, Papier radikal zu reduzieren. Dreimal am Tag wird im Fernsehen die "Computer-Adresse" eingeblendet. Perfekter Schutz gegen Viren ist gegeben. Sollte jemand versuchen, das System zum Absturz zu bringen, jagt er sich selbst in die Luft. Die "E-Mail-Antwort" ist: eigenes System ruiniert.

Der tägliche Härtetest: "Wohlbefinden für Chefs"

Kleine Freuden bestimmen das Wohlbefinden - auch jenes von Erfolgsträgern. Politiker und Wirtschaftsbosse, Spitzensportler und Künstler haben ein Recht darauf, daß ihr Medienbetreuer, Coach und Manager immer weiß, oder erahnt und spürt, was notwendig ist, wodurch Wohlbefinden erhöht und Ärger minimiert werden kann.

Das gilt immer - speziell aber dann, wenn Konzept, Strategie, Umsetzungspläne und Mannschaft einmal nicht wie am Schnürchen funktionieren. In solchen Situationen sind es erst recht die berühmten kleinen Freuden, die nicht den großen Frust aufkommen lassen.

Für viele an der Grenze der Lächerlichkeit, sind die nachgetragenen Ersatzstrümpfe, der griffbereite Trockenrasierer, das Zitroneneis oder die Eiernockerln zur rechten Zeit genau das richtige für's individuelle Wohlbefinden. Mehr ein Care-Paket für die innere Balance, denn für existentiell Notwendiges. Wichtig für Menschen, auf denen ständig Erwartungs- und Erfolgsdruck lastet und die diese, trotz der gegebenen Mittelmäßigkeit von Umständen und Rahmenbedingungen, erfüllen wollen und müssen.

Von Pressebetreuern kann und muß atmosphärische Schwerstarbeit erwartet werden. Dieser tägliche Härtetest geht weit über die Selbstverständlichkeit hinaus, daß

- die für Journalisten relevanten Informationen, Hintergrundinfos, Terminavisi und Serviceleistungen immer abrufbereit sind und der jeweils jüngste Wissensstand gegeben ist, um gutes "Backgrounding" betreiben zu können.

- Zum täglichen Härtetest gehört die "One-Call-Kultur". Ein Anruf von außen, alles andere wird intern geregelt und gebündelt an den Journalisten weitergeleitet. Eine telefonische Odyssee für Medienvertreter ist unzumutbar und zeitraubend. Und zu Recht der beste Einstieg für einen medialen Verriß.

- Innerhalb einer Stunde ist jeder (!) Journalisten-Wunsch erfüllbar. Und sei es, daß geklärt wird, daß das geforderte Statement eben erst - zeitgerecht - für den abendlichen "News-Cycle" über die Bühne gehen kann.

Pressesprecher müssen sofortigen Zugriff zu Daten, Statistiken, Wahlergebnissen, Lebensläufen, zum Terminkalender, Fotoarchiv, Veranstaltungsplan u. ä. haben,

- Tageshektik in den Tagesmedien oder Deadline-Hektik in den Redaktionen von Wochen- und Monatsmagazinen sind weitgehend kalkulierbar, durch redaktionsinterne Zeitraster vorgegeben. Falls nicht im einzelnen bekannt, sind diese Zeiten mit einem Anruf eruierbar. Konsequenz daraus: während dieser Zeiten muß Zeit sein und eingeplant werden für blitzschnelles Agieren und Reagieren.

Bis heute bin ich noch keiner Persönlichkeit begegnet, die sich überbetreut fühlte. Aber unzähligen, die Mängel diagnostizierten.

Entweder wurden die Zuarbeiten als schleißig empfunden, die Vorbereitungen in Einzelfacetten als mangelhaft, Quellenangaben als unvollständig, avisierte Fototermine als zu knapp oder justament mit jenem Fotografen vereinbart, der zwar als Künstler gehandelt, dessen Ausbeute aber erfahrungsgemäß mager sein wird und der höchstens zwei akzeptable Portraitaufnahmen pro Blattkopie liefern wird. Dazu Interviewtermine, für die in Wahrheit Lust und Zeit fehlen.
Ganz abgesehen vom Terminkalender der nächsten Wochen, der nicht einmal den Genuß einer Klostersuppe oder eines Big Mac zuläßt.
Wer an dieser Stelle müde lächelnd etwas von Überforderung oder Fehlbesetzung murmelt, kennt Streß und Brutalität von Spitzenpositionen nicht.

Allzeit bereit zu sein, verlangt speziell von Politikern - und somit auch von deren Kommunikationschefs - striktestes Zeitmanagement bei gleichzeitig größter Flexibilität. Gerade für die Vertreter der Medien. Debatten über den Vorstoß eines Mitbewerbers, Attacken und Unterstellungen, auf die reagiert werden muß, entstehen innerhalb weniger Stunden. Da nützt kein Zaudern und Hadern.
Da gibt es nur eine Methode: blitzartige Änderung der Terminprioritäten - und sich auf Stellungnahme und Interview vorbereiten.

Es ist letztendlich eine Frage der Selbstdisziplin, ob man die Idealvariante erreicht:

50 Prozent der Zeit für Planung, Vorbereitung und Umsetzung zu verwenden und 50 Prozent der Zeit dafür, darüber zu reden.

Während der Top-Manager und Konzernchef mit eigenem Durchgriffsrecht autonom und in Eigenregie operieren kann, muß der Politiker mit allen Durchgriffsrechten anderer, Störmanövern von außen und dem Recht auf Information seitens der Öffentlichkeit (Bürger und Medien) fertig werden. Dies ist von vornherein einzukalkulieren. Ansonsten wird er aus dem Schleudern nicht herauskommen.

Gelingt es nicht, step by step das "Gesetz des Handelns" durch einen ausgeklügelten politisch-strategischen Kommunikationsplan an sich zu reißen, bleiben Erfolge hundertprozentig aus. Dann ist man den täglichen Stolpersteinen unter dem Titel "Fremdverschulden" gänzlich ausgeliefert und nur noch als Krisenfeuerwehr unterwegs. Und höchster Handlungsbedarf für Pressechefs ist gegeben.

Erst wenn ein auf die Person perfekt zugeschnittenes, stimmiges Konzept auf dem Tisch liegt und die personellen, sowie infrastrukturellen Ressourcen für eine bestmögliche strategische Umsetzung gegeben sind, bleibt zusätzliche Denk- und Handlungskapazität für die im politischen Alltag üblichen Spontan-Chancen und ad-hoc-Katastrophen.

Chance oder Chaos? Nichts ist Zufall - sondern immer Ergebnis und Summenspiel von Einzelaktivitäten. Auch in der Politik. Und jeder Politiker kann sie mit Hilfe exzellenter Kommunikationsexperten planen, vorhersehen und Verstärker- oder Gegenstrategien entwickeln.

Thomas P. Gibson: Persönliche Zeitung für Tops

Effizienz steigern - auch bei der Informationsverarbeitung, ist heute für die Spitzen aus Politik und Wirtschaft eine schwierige Aufgabe. Woher die Zeit nehmen, um die wichtigsten Tageszeitungen und Fachzeitschriften zu lesen?
Selber lesen oder lesen lassen? Riskieren, daß der Stoß Zeitungen täglich wächst und dann am Wochenende durchgeackert wird?

Sich zu informieren und ständig auf dem laufenden zu sein, frißt Stunden, von denen man weiß, daß man sie eigentlich nicht hat, aber braucht, damit man alles weiß, was für Management und politische Entscheidungen wichtig sein kann.

Anfahrts- und Anreisezeiten fallen zwar durch Telefonkonferenzen und Satelliten-Konferenzen zunehmend weg. Das befreit wichtige Meinungsbildner, Politiker und Wirtschaftsbosse aber nicht vom Genuß und der Bürde täglicher Zeitungslektüre. Wer up to date sein will, überläßt das selten anderen. Haben es doch Pressespiegel durchwegs an sich, zu spät und zu umfassend zu sein - für Dokumentationszwecke hervorragend geeignet. Nur Pressespiegel mit Sonderselektionen (Spezialthemen, Analysen und Kommentare aus internationalen Schlüsselmedien, Hinweise auf neue Themen und Entwicklungen usw.) sind für die Spitzen aus Politik und Wirtschaft aufschlußreich und verwendbar.

Eine logische Fortschreibung und Perfektionierung derart selektierter Pressespiegel ist die "persönliche Zeitung" für Tops.

In den Vereinigten Staaten befassen sich derzeit Kommunikationsexperten eingehend mit dieser Idee. Thomas P. Gibson, ehemaliger Pressechef von US-Präsident Ronald Reagan, ist fasziniert vom Gedanken, daß Führungskräfte künftig eine auf ihre speziellen Interessen, Fachbereiche und strategischen Ziele abgestellte Zeitung erhalten. Der Spitzenmann aus der Politik, nunmehr Senior Vice President von "The Wexler Group", weiß wovon er spricht: "Die Zeit, sich zu informieren, fehlt den meisten. Wer kann schon alle wichtigen Zeitungen, Magazine, Nachrichtensendungen, Dokumentationen usw. selber lesen oder anschauen?"

Die Umsetzung der Idee könnte schneller kommen, als vemutet. Thomas P. Gibson: "Politiker und Manager nennen die Kriterien, die ihnen persönlich bei der Auswahl der Meldungen wichtig sind. Nach diesen Kriterien wird die persönliche Zeitung zusammengestellt: aus Agenturmeldungen, aus Artikeln quer durch die am Markt befindlichen Fach- und Nachrichtenmagazine, herausgefiltert aus den Tageszeitungen, den Rundfunk- und Fernsehberichten". Diese "persönliche Zeitung" kann Online abgerufen werden. Oder liegt jeden Morgen zur gewünschten Zeit auf dem Schreibtisch. Ausgestattet mit allen relevanten Berichten, Informationen und Kommentaren, könnten mit dieser Zeitung viele Tops dem Zufallsprinzip - ob sie auf eine wichtige themen- oder fachbezogene Meldung stoßen - ein Schnippchen schlagen.

Einmischen und alles auf Öffentlichkeitswirkung hin überprüfen

Pressesprecher, Pressereferenten, Kommunikationschefs müssen die Härten der Spitzenposition, die ihre Chefin/ihr Chef innehat, im Detail kennen und alle Finessen beherrschen, den Alltag erträglicher zu machen - ausgestattet mit Querschnitts-Kompetenz.

Denn: Alles, was inhaltlich und organisatorisch von der Außenwelt registriert wird, ist Teil und Aufgabe eines Öffentlichkeitsarbeiters. Alles öffentlich beobachtbare und sichtbare prägt Image, Prestige und Akzeptanz.

Umsichtige, kompetente Medienmanager müssen sich daher in alles einmischen. Speziell, wenn interne Fehler und Schlampereien zur Gefahr für die Außenwirkung werden könnten. Diese umfassende Zuständigkeit ist unbestritten eine gewaltige Herausforderung an Kommunikationsverantwortliche. Verpfuschte Kampagnen, desaströse Imageeinbrüche und Abwärtstrends großer Organisationen sind beredtes Zeugnis für diese - viel zu oft - nicht zugestandene "Querschnitts-Kompetenz".
Der Pressemanager ist verantwortlich und muß Durchgriffsrechte haben, wenn strukturelle Schwachstellen im Büroablauf dem Chef die Zeit für Wichtigeres rauben - etwa für Gespräche mit Herausgebern, Chefredakteuren und Journalisten, für eine gute Interviewvorbereitung und konzeptionelles Erarbeiten nächster Kommunikationsschwerpunkte.
Pressebetreuer müssen sich auch mit Verhaltensregeln des Teams auseinandersetzen. Wenn arrogantes, intrigantes, unhöfliches Verhalten einreißt oder einzelne dem Machtrausch verfallen. Alles färbt auf die Spitze ab. Für die Mehrheit gilt nämlich der Spruch: der Fisch beginnt am Kopf zu stinken. Und wenn in der Umgebung einer Führungsperson - ob in der Politik oder Wirtschaft - Leute mit charakterlichen Defekten und schlechter Kinderstube werken, braucht man sich um Beliebtheits- und Imagewerte nicht mehr zu kümmern. Das erledigt sich von selbst - und konterkariert glatt jeden Hochglanz-Folder.

Im folgenden eine "Kummer-Liste", die bei sorgfältigem Check ein Leitfaden für notwendigen Handlungsbedarf für Pressechefs ist:

Checkliste für's Wohlbefinden

- **Unterschriftenmappe:**
  Täglich ein zwei Meter hoher Stapel an Unterschriftenmappen ist in der Regel weder ein Zeichen steigender Popularität für den Politiker, noch zunehmender Beliebtheit, sondern eines miserabel organisierten Büros. Top-Leute müssen delegieren können - auch beim täglichen Post- und Aktenlauf. Beistriche in Bettelbriefen oder Grußworten für die Broschüre des Bienenzüchter-Vereines können andere einfügen.

- **Terminsekretariat:**
  Wenn Veranstalter einige Tage vor einem Besuch oder einem zugesagten Referat keine verbindliche Zusage erhalten, verdient das Terminsekretariat höchstens die Bezeichnung "Tohuwabohu-Zentrale". Aussagen, wie "das können wir Ihnen noch nicht sagen", "es sind noch drei weitere Termine eingetragen", "die definitive Entscheidung fällt erst in der Terminbesprechung am Vorabend", "wie lange er (sie) dort sein kann und referiert, ist noch nicht fix", zeugen von eklatanter Unhöflichkeit gegenüber Veranstaltern und peinlicher Entscheidungsschwäche.

- **Sekretariat:**
  Ellenlange Warteschleifen sind selbst dann fahrlässige Provokation, wenn noch so wohlklingende Stimmen Gewißheit vermitteln: "You will be connected as soon as possible." Wer - außer im Katastrophenfall - nicht ausreichende Telefon-Kapazitäten organisieren kann, sollte keine offiziellen Ämter und Funktionen bekleiden. Er beleidigt Bürger wie Journalisten am laufenden Band.

- **Telefonkultur:**
  Weder Maschinenpistole, noch honigsüßes Säuseln ist gefragt. Diese akustische Visitkarte zählt zu den klassischen neuralgischen Punkten in vielen Unternehmen - politischen, wie wirtschaftlichen. Ein außerordentlich anspruchsvoller Job, den nur Personen befriedigend erledigen können, die Herz und Hirn für kompetente und freundliche Erstauskünfte haben. Fehlbesetzungen fallen direkt und indirekt nur einem auf den Kopf: dem Chef persönlich.

- **Pünktlichkeit als Höflichkeitsgebot:**
  Terminschlampereien, die dazu führen, daß ständig großzügigst über das Zeitbudget anderer verfügt wird, müssen abgestellt werden. Ansonsten erweckt man nur den Eindruck, daß Anstand und Höflichkeit Fremdwörter sind, mit denen man nichts anzufangen weiß. Spit-

zenleute sind pünktlich, notorische Zeit-Diebe auch in anderen Arbeitsbereichen chaotisch und in Wahrheit für Führungspositionen nicht geeignet.

- **Büroatmosphäre:**
  Zwischen der kolportierten Buckingham-Palace-Stimmung und einem Büro mit "Gänsehäufel-Atmosphäre" liegen Welten - ähnlich jener zwischen Büros in verschiedenen Chefetagen. Besucher spüren sofort den Unterschied zwischen gelassener Professionalität, kontrolliertem Streß und selbstbewußter Freundlichkeit. Und einer Betriebsamkeit, die das Resultat planloser Hektik ist. Tarnung mittels besonderer Freundlichkeit nützt überhaupt nichts, nur Handeln. Eine Pressefrau/Pressemann mit Gespür für Optik und Wirkung kommt gar nicht mehr umhin, auch in solchen Fällen personelle Fehlbesetzungen zum Thema zu machen. Und die Chefin/den Chef auf mögliche Image-Beschädigungen durch grantige, überforderte oder selektiv freundliche und kooperative Sekretäre und Referenten aufmerksam zu machen.

- **Gastfreundschaft:**
  Noch haben sich das Prinzip der Selbstversorgung, das mancherorts unter guten Freunden gang und gäbe ist, schon mangels der in Wartezimmern und Besucherecken nicht vorhandenen Getränkeautomaten nicht eingenistet. Auch nicht der Hinweispfeil zur Kaffeeküche inklusive Kühlschrank. In Büros politischer Spitzenrepäsentanten schon aus Sicherheitsgründen undenkbar. Jeder Besucher, jeder Journalist, Fotograf und Kameramann hat aber selbstverständlich Anspruch auf gewisse Grundregeln der Gastfreundschaft: auf eine bequeme Sitzgelegenheit, angebotene Drinks, Zeitungslektüre und die Möglichkeit, während auf das Gespräch oder Interview gewartet wird, Hörfunk- oder TV-Nachrichten zu konsumieren. Ein Besuchertelefon in Reichweite gehört ebenfalls zur Grundausstattung jedes stark frequentierten "Vorzimmers".

- **Bekleidungsstil:**
  Über Geschmack läßt sich vortrefflich streiten. Auch ohne regelmäßiges Studium der In- und Out-Hitlisten. Es muß ja nicht unbedingt ein durchgestyltes Brocker-Outfit oder der lupenreine Jill-Sander-Look sein. Angemessene Kleidung kann und muß von jeder Führungskraft und seinen engsten Mitarbeitern verlangt werden. Dem jeweiligen Status, Alter und der Figur angepaßt. Solche Kriterien sind nie eine Frage des Budgets, wohl aber des Gefühls für eine geeignete persönliche Linie.

Selbst der teuerste Designer-Fummel kann bei Frauen wie Männern billig und deplaciert wirken, wenn er die jeweilige Person verpackt, statt deren Persönlichkeit unterstreicht.

- **Simply the best: "Entschuldigung":**
  Selbst bei größter Umsicht können Flops und Fehler passieren. Sei es, daß zu spät, unvollständig oder aufgrund eines bereits überholten Wissensstandes informiert wurde. Da hilft nur eines: ein einfaches, ehrliches "Entschuldigung". Schuldzuweisungs-Ping-Pong ist lächerlich und wird immer nur als Beweis für Kleinmütigkeit und Charakterschwäche interpretiert. Das gilt für Pressemenschen, die andere Referenten an den Pranger stellen, um sich selbst zu schützen und für Politiker, die den Ball Kollegen oder Mitarbeitern zuspielen. Stark ist, wer zu Fehlern steht.

"Gut ist nie gut genug" - Effizienzsteigerung immer möglich

Es ist keineswegs eine Schande, nicht zu den promovierten Betriebswirten und akademisch ausgebildeten Manager zu zählen. Wer eine öffentlich relevante Funktion innehat, kommt ohne Grundkenntnisse in Mitarbeiterführung und Themenmanagments nicht aus. Plus der Bereitschaft, von Anfang an optimale Kommunikationsstrukturen aufzubauen. Das gehört zum Einstiegsprogramm, Perfektionieren ist dann das Perpetuum mobile.

Gut ist nie gut genug. Aufstieg und Niedergang nirgends so nahe beieinander, wie bei Funktionen und Ämtern, die zu einem wesentlichen Teil von öffentlicher Resonanz getragen werden. Fixpunkt muß daher sein, in regelmäßigen Abständen gezielt Fragen hinsichtlich einer möglichen Effizienzsteigerung zu stellen und die für Kommunikations- und Öffentlichkeitsarbeit zuständige Crew auf Schwachstellen und ungenutzte Energiepotentiale hin abzuklopfen.

Im Umgang mit den Medien, bei der Aufbereitung von Themen und der Intensivierung von Informationsleistungen sind ständig Verbesserungen und Nachjustierungen notwendig. Interne Strukturen sind externen Erfordernissen unverzüglich anzupassen - sei es, daß neue Zeitungen und Sender auf den Markt kommen, die thematische Diversifizierung in den Redaktionen erweitertes Expertentum in den eigenen Reihen erfordern oder still und leise eingeschlichener Sand in der internen Kommunikationsstruktur entfernt werden muß.

Diese Verpflichtung zum periodischen Check vorhandener und ausbaufähiger Potentiale im Chefbüro und in den Presseabteilungen vergessen Führungskräfte viel zu oft. Und übersehen, daß viele inhaltliche oder präsentationsmäßige Unsicherheiten mit Sand im eigenen Getriebe und nicht mit fremdgesteuerten Kampagnen der Medien zu tun haben.

Jedes Team und jede Bürogemeinschaft ist so gut wie die Transparenz von Entscheidungsabläufen und Zuständigkeiten. Das gilt in extensivster Form für Kommunikations- und Presseabteilungen mit den vorgelagerten Entscheidungsebenen. Ebenso für alle Abteilungen, die den Entscheidungsträgern zuarbeiten und pressetaugliche Daten, Fakten und Konzepte liefern sollen.

In den meisten Organisationseinheiten sind innerhalb weniger Monate Abgrenzungskanten ausgefranst, geänderte Projekte und Programmschwerpunkte führen zu Kompetenzüberschneidungen oder Unklarheiten. Selbst bei bester Stimmung und totaler Identifikation mit der Sache werden Abnützungserscheinungen sichtbar und spürbar. Entweder rechtzeitig erkennen, wann Gereiztheit und Fehlerquoten im Team überproportional ansteigen, oder - noch besser - grundsätzlich im Halbjahresabstand ein General-Reinemachen in Form von Effizienzsteigerungs-Seminaren, Hausklausuren oder Abteilungsmeetings außerhalb der Büroräume einplanen. Das bewahrt vor nachhaltigen Teamschädigungen und bewährt sich immer, auch im Hinblick auf internen Corpsgeist.

Geführt von externen Profis schwemmen Klausuren oder Seminare unter dem Stichwort "Effizienzsteigerung" stets mehr an die Oberfläche, als jeder Büro-, Ressort- oder Politchef zu denken wagt. Spätestens nach zwei Stunden "menschelt" es, daß manchem Hören und Sehen vergeht. Für einzelne Teammitglieder manchmal hart an der Grenze des Erträglichen, lohnt sich solches Großreinemachen immer. Wer das Risiko nicht scheut, als Chef mit eigenen Unzulänglichkeiten konfrontiert zu werden, sondern darin vielmehr gleichfalls einen wichtigen Ansatz zur eigenen Effizienzsteigerung - oder zum Abgewöhnen von Fehlverhalten, das Mitarbeiter bis zur "inneren Kündigung" treiben kann - sieht, wird absolut profitieren. Als Mensch und als Führungskraft. Solche Klausuren sind nie eine Kosten-, immer nur eine Willensfrage.
Und jede Führungskraft ist gut beraten, sich und ihr Team solchen Wettkampfsituationen zu stellen. Denn alles, was unter der Tuchent schwelt, zwischen einzelnen Proponenten des Teams gärt, behindert und verhindert Erfolge.

Plötzlich werden sie nämlich allen bewußt, die vielen Aggressionspotentiale und Lustkiller:

- Chefs, die nach Lust und Laune Informationen weitergeben oder von der Sekretärin, ihrer Stellvertretung, dem ersten und zweiten Referenten und seinem Büroleiter - und vielleicht auch noch vom Sektionsleiter, der ihm beim Händewaschen oder in der Toilette über den Weg gelaufen ist - ein und diesselbe Unterlage urgieren.

- Kollegen, die Grüßen nicht gelernt haben, aber freudig erregt habtachtstehen, sobald Höhergestellte den Raum betreten.

- Macho-Sprüche-Klopfer, die alle mit ihrem Gequatsche nerven, selber aber nichts weiterbringen. Verbale Grapscher und Kollegen, die jedes weibliche Wesen entweder als Zufallserscheinung in einer Männerwelt betrachten oder als Zugeständnis an die Frauenquote.

- Kriecher und devote Bürdenträger, die keinen höhergestellten oder der Karriere vielleicht förderlichen Hintern auslassen.

- Die genialen Abbeutler, die Aufträge überhört, vergessen oder selbstverständlich an andere weitergegeben haben. Natürlich ohne entsprechendes schriftliches Memo und ohne Zeitvorgabe.

- Doppelgeleisigkeiten, verursacht durch unklare Vorgaben und diffuse Zuordnungen, enthalten doppeltes Konfliktpotential. Sie führen immer zu Urheberstreitigkeiten, weil die Rekonstruktion von Erfolgen und Mißerfolgen überaus mühsam ist. Und zu schwerem Frust, weil sich selbst der größte Workaholic mißbraucht fühlt, wenn ein zweiter und dritter dieselben Telefonate oder informelllen Vorgespräche führte.

- Telefonanlagen, bei denen Umschaltungen nicht funktionieren und nur die größten Geduldesel wirklich ausharren, bis sich irgendeiner erbarmt und nach dem zehnten Signal endlich den Hörer abnimmt und zum D'rüberstreuen dann die Bemerkung röhrt: "Sie sind im falschen Büro. Ich verbinde weiter!" - und neuerlich geht es ab ins Nirwana, weil man beim Verbinden aus der Leitung geschmissen wurde.

- Wo Streß und Hektik zum Tagesgeschäft gehören, ist selbt das Ignorieren kleiner, aber stetiger Lustkiller gefährlich. Wie zum Beispiel Schlampereien von Arbeitskollegen, die nichts mit dem Recht auf "Intimzone Schreibtisch" zu tun haben, sondern mit ästhetischer und optischer Belästigung durch einen Misthaufen. Und jede Suchaktion nach einer vom Vorgesetzten gewünschten Unterlage zu einer unzumutbaren "Miststierlerei" wird.

- Oder Verhaltensmuster von Führungspersonen, die glauben, immer drei Dinge auf einmal erledigen zu müssen: Zuhören, Zeitunglesen, Post erledigen. Ergebnis guter Klausuren ist, daß Ihnen die Mitarbeiter beibringen, wieviel Ärger Sie damit auslösen, welche Respektlosigkeit so ein Verhalten gegenüber Besuchern, Gesprächs- und Sitzungsteilnehmern bedeutet.

- Sogenannte "Kommunikationsgenies", die in Wahrheit chronisch unpünktlich oder unzuverlässig sind, werden brühwarm serviert bekommen, daß es Ihre Kollegen satt haben, aus Kollegialität und betriebsinterner Solidarität immer für Sie einspringen zu müssen.

- Ebenso kann es Vorgesetzten ergehen, die Entscheidungen laufend umstoßen, spontan revidieren und sich dann über nicht eingehaltene Zeitpläne mokieren. Ihnen soll die süß-saure Erfahrung nicht erspart bleiben, daß ihre Hauptfähigkeit im Improvisieren, nicht im Führen liegt.

- Opfer-Typen, die jedem Kollegen ihre privaten oder gesundheitlichen Problemchen mitteilen und das Büro mit einer Telefonseelsorge verwechseln. Auch diese Fürsorge-Menschen werden, meist unfreiwillig, endlich mitbekommen, daß jeder einzelne mit seinem Aufgabenbereich genügend ausgelastet ist und Informationen über das aktuelle Projekt, nicht aber Schilderungen über die bevorstehende Hüftgelenksoperation der Großtante brauchen kann.

- Nachtschwärmer, die bei jeder Morgensitzung vor sich hindösen, im Nachhinein aber alles besser wissen, brauchen ebenso die Abreibung durch das Team, wie Pressebetreuer, die das Handy nie eingeschaltet haben, wenn man sie braucht - schon gar nicht nach 18.00 Uhr oder am Wochenende.

- Klausuren und Seminare zur Effizienzsteigerungen bringen immer einen Mehrfachnutzen:

- straffere Organisation
- klarere Strukturen
- eindeutigere Zuständigkeiten
- Ansätze zur Bereinigung zwischenmenschlicher Probleme und
- damit in Summe motivierende Schubkraft

Schweigen heißt Strafen - vor allem sich selbst

Presseleute haben einen Sonderstatus. Er pendelt zwischen veritablem Mißtrauen, was Vertraulichkeit anlangt, und deklariertem Informationsmonopol nach außen.

Ausgestattet mit der Fähigkeit, das Gras wachsen zu hören und Texte auf Schreibtischen auch umgekehrt lesen zu können, sind Pressemenschen den meisten suspekt. Gekoppelt mit ständigem Zeit- und Termindruck eine fast unerträgliche Spezies. Dazu die Begehrlichkeit, über alles frühzeitig Bescheid wissen zu wollen, weil sie zur rechtzeitigen Plazierung in den Medien die redaktionellen Umsetzungszeiten miteinkalkulieren müssen. Alles in allem eine Mixtur, die Sympathiewerten nicht gerade förderlich ist.

Aus diesem Schlamassel gibt es kaum ein Entrinnen.

Wer einen Kommunikationsjob innehat, muß alles wissen. Und jedes Mal bei jedem Gesprächspartner mit größtem Feingefühl entscheiden, was ungefiltert, gefiltert oder überhaupt nicht berichtet wird. Diese Entscheidung kann aber nur jemand treffen, der über die Prinzipien des Chefs, seine Stärken und Schwächen, Ziele und Umsetzungspläne, Strategien und Maßnahmen, Aktions- und Notprogramme bis ins kleinste Detail informiert ist.

Kühe, die man melken will, muß man zuerst füttern.

Pressesprecher und Pressereferenten als Informationsträger und -quelle für Journalisten leben davon, ob der Informationstransfer vom Politiker zu ihnen funktioniert oder nicht. Führungskräfte, die permanente Kommunikation scheuen, kennen daher in erster Linie die eigene Jobdiscription nicht. Und können offensichtlich in zweiter Linie die Folgeschäden nicht abschätzen, die durch Kommunikationsunlust und Unvermögen entstehen.

Völlig daneben sind Vergeltungsschweiger. Wer schweigt, um zu strafen - weil irgendeine holprige Entscheidung und zwiespältige Aussage von den Medien kritisiert wurde -, ist sich selbst der größte Feind. Solche Strafaktionen sind Schüsse in beide Kniekehlen. Aber ausschließlich in die eigenen.

Den eigenen Standpunkt neu zu überdenken, sich beraten zu lassen und zu neu starten ist die einzig kluge Alternative - Schweigen hingegen die Bankrotterklärung.

Pressebetreuer haben Anspruch, ja müssen einfordern:

- Generell ungehinderten Informationszugang
- uneingeschränkte Transparenz über Fakten und Umstände
- ungeteiltes Vertrauen bezüglich der professionellen Umsetzung und
- größte Informationsintensität in allen heiklen, sensiblen und von vornherein unangenehmen Fragen

Sitz und Stimme im Parteipräsidium und in Vorständen vorausgesetzt.

Wer sich dagegen sträubt, soll sich beamtete Kommunique-Verteiler engagieren. Und nicht hochqualifizierte Pressebetreuer.

Fallbeispiele falscher Informationssperren

Es soll Politiker geben, die heikle Personalfragen - Ministerwechsel u. ä. - ihrer eigenen Presseabteilung verschweigen.

Konsequenzen daraus:
- Perfekt gelungener Anschlag auf die Loyalität der eigenen Mitarbeiter.
- Vertrauenskrise in entscheidenden Journalistenkreisen gegenüber dem Pressestab.

Es soll Parteigranden geben, die Umfrageergebnisse so lange uminterpretieren, bis alle Sand in den Augen haben - und am Wahlsonntag mehr zusammenbricht, als nur das Lügengebäude getürkter Zahlen.

Konsequenzen daraus:
- Unerwartete Schocks, die die Glaubwürdigkeit und das Image, in Extremfällen sogar den Kandidaten, auf Dauer ruinieren.
- Spott und Hohn als Folge der Konfusion, die durch unrealistische, überzogene Erwartungshaltungen entstehen und

- automatisch fehlendes Krisenmanagement für die Zeit danach, weil man sich intern ja nicht mit dem Negativ-Szenario auseinandersetzte, sondern einige wenige ihr Herrschaftswissen in unternehmensschädigender Form pflegten.

Schließlich gibt es Politiker, die mit ihren Koalitionsträumen fremd gehen - bevor sie in eigenen Reihen Vor- und Nachteile offen analysieren und Follow-up-Management betreiben. Und solche Fehltritte dann mit klatschenden Bauchfleck sühnen müssen.

Konsequenzen daraus:
- Die gesamte Medienwelt kann die schlecht vorbereiteten Argumentationslinien nicht nachvollziehen,
- die eigenen Pressebetreuer schlittern in einen lähmenden Begründungsnotstand und
- die in kürzester Zeit entstandenen Prestige- und Imageschäden sind nur mehr langfristig reparierbar.

Allen ist eines gemeinsam:
Nichts, aber auch gar nichts, wurde verhindert. Die Wahrheit kam immer ans Licht. Zeitverzögert - dafür mit umso größerer Wucht. Betrogene reagieren aber immer heftiger, als in aller Offenheit und korrekt Informierte. Was bleibt, ist eine Glaubwürdigkeitskrise, auf die jeder locker und leicht verzichten kann.

Was für menschliche Beziehungen gilt, nämlich, daß sich in der Krise Spreu vom Weizen trennt, gilt speziell in der Kommunikationstätigkeit. Und weil sich - je nach Fall - die Trennungslinien zwischen Krisen-PR und Kampagnen-PR nahezu überschneiden, sind strategische Kommunikationsplanung und Krisenmanagement in der Presse- und Öffentlichkeitsarbeit ähnlich und artverwandt. Beiden ist gemeinsam, daß die Schlagzeile vorhersehbar und somit planbar ist; daß alles, was gesagt wird, wahr sein muß; daß die Eigendynamik von gezielt in Umlauf gebrachten Informationen abschätzbar ist; daß auf Informations- und Unterstützer-Lobbyismus zur Realisierung oder zum Beschleunigen bestimmter Vorhaben großer Wert gelegt werden muß.

Die Medien-Call-Girls und -Call-Boys:

Primäre Aufgabe von Pressesprechern und Pressereferenten - den Medien-Call-Girls und -Call-Boys - ist es, Mittler und Vermittler zu sein und den Journalisten jedes nur denkbare Informationsservice zu bieten.

Bis an den Rand gefüllte Informations-Fundgrube zu sein bedeutet, daß Presse- und Kommunikationschefs permanent Wissen auftanken, selbst den absolut jüngsten Stand der Entwicklungen kennen.

- Verlangt wird nicht nur ein hohes Maß an Routinewissen,
- verlangt wird auch jedes nur denkbare Spezialwissen über Personen und Projekte. Oder über die laufende Kampagne. Und sei es über die beabsichtigten Plakatwellen und Zielgruppen-Veranstaltungen in Vorarlberg und Tirol.

Wie das für den eigenen Zuständigkeitsbereich erforderliche Routine- und Spezialwissen angeeignet wird, ist weitgehend von den vorhandenen personellen und infrastrukturellen Rahmenbedingungen abhängig.

Unverzichtbar für Kommunikationschefs, die ihrerseits top sein wollen, sind

- Sämtliche österreichische Tages- und Wochenzeitungen und Nachrichtenmagazine plus ein repräsentativer Querschnitt der namhaftesten internationalen Spitzenzeitungen. Im Minimum bedeutet das, zwischen 15 und 20 Tageszeitungen täglich zu lesen oder quer zu lesen. Dazu kommen noch mindestens ein Dutzend wöchentlich und monatlich erscheinende Nachrichten- und Fachmagazine.

- Routine-Nachschlagwerke wie Journalisten-Indizes, Amtskalender, Journalisten-Lexika über Fachbegriffe bis hin zu den Subskriptionsexemplaren der Medien-Literatur sind Standardausstattung.

- Ebenso die Angebote der Agenturen - in Österreich an erster Stelle die Austria Presse Agentur. Deren Selektions- und Dokumentationsofferte sind aus keinem Pressebüro wegzudenken: APA-Online (Datenbank), APA-HOST (Firmen-, Zeitungs- und Wirtschaftsdatenbank), APA-DOK (Informationsdatenbank mit Schwerpunkten aus Politik, Wirtschaft, Sport, Medien, Zeitgeschehen usw.), APA-SELECT (speziell auf eigene Wünsche abgestimmtes Informationsmaterial), APA-RECHERCHE (Recherche-Wünsche werden innerhalb von Minuten per Fax angeliefert), APA-OTS (Originaltext und -bildservice), APA-FINANZ (mit Börsenberichten bis hin zu Unternehmens- und Aktienanalysen), APA-OST-ECO (Marktinformationen über Ost- und Südosteuropa), APA-W&B (Informationssystem zu den Themen wie Wissenschaft oder Forschung).

- Persönliche Medienbeobachtung und Konkurrenzbeobachtung heißt außerdem, daß Hörfunk- und Fernseh-Nachrichten im Idealfall stündlich, zumindest aber fünf Mal den "News Cycle" (Hauptnachrichten-Sendungen am Morgen, mittags, zwischen 17.00 Uhr und 19.00 Uhr, Zeit im Bild 1 und ZiB 2) zu sehen bzw. zu hören. Oder, daß ein entsprechendes Media-Service abgerufen wird. Ob zur hausintern organisierten Medienbeobachtung zusätzlich noch externe Oberserver-Dienste und Monitoring-Service in Anspruch genommen werden, ist unerheblich. Informiert sein muß man - allein schon zwecks Weitergabe an den Chef.

Dieses ständige "à jour"-sein ist mit einem erheblichen Zeitaufwand verbunden. Gleichzeitig aber unverzichtbar, weil der aktuelle Stand der Diskussion oder der Mainstream für das pressegerechte Plazieren von Meldungen von größter Bedeutung sind.

Als Kommunikationsdrehscheibe zählt die Erreichbarkeit zu den wichtigsten Anforderungen. Journalisten müssen zu jeder Zeit einen Pressesprecher anrufen können. Oder die Pressestelle, die vermittelt bzw. autorisiert ist, zitable Auskünfte zu geben.

Jederzeit heißt in diesem Fall: Tatsächlich zu jeder - für die Produktion einer Zeitung oder einer Sendung gängigen und üblichen - Zeit. Wenn für das Hörfunk-Morgenjournal (Beginn: 7.00 Uhr früh) noch ein Live-Einstieg geplant ist ebenso, wie nach 20.00 Uhr, sollte für die Nachrichtensendungen "ZiB-Abendstudio" oder für den "Runden Tisch" noch ein Politiker gefragt sein.

Der voraussehbare Anruf um die Mittagszeit aus Tageszeitungsredaktionen, die um 14.00 Uhr und 15.00 Uhr Redaktionsschluß haben, verlangt im Vergleich dazu schon geringere Präsenzdisziplin, weil ohnehin an der Tagesordnung. Aufgefettet durch die restlichen "Deadline-Vorgaben", sind Pressesprecher/innen im wahrsten Sinn des Wortes Medien-Call-Girls und -Call-Boys, mit einer von ihnen erwarteten Erreichbarkeit von 6.30 Uhr bis 22.00 Uhr. Ausgeklügelte Stellvertretersysteme und "Radl-Dienste" (Schichtdienst)

- können partiell Erleichterung bringen, sind aber auch tückisch. Muß doch in diesem Fall totale Informationstransparenz zwischen den Beteiligten gegeben sein.

Unverzichtbare Standards:

- Absolute Bereitschaft, Journalisten umfassendes Service zur Recherche-Erleichterung zu bieten.
- Telefonische Erreichbarkeit zu jeder Tageszeit - durch Mobiltelefone problemloser denn je.
- Erreichbarkeit für Medien, die am Wochenende erscheinen, auch am Samstag und Sonntag.
- Hörfunk und Fernsehen (regional und überregional) verlangen ein zusätzliches Monitoring und demzufolge auch eine auf deren Sendezeiten abgestimmte Erreichbarkeit.
- Pressebetreuer sollen nicht nur begnadete verbale Kommunikationsgenies sein, sondern ein gerütteltes Maß an journalistischen Fähigkeiten aufweisen - wie z. B. wesentliche Inhalte auf wenige Zeilen reduzieren zu können.
- Hand in Hand damit geht die Fähigkeit, in Schlagzeilen zu denken und mögliche (Negativ-) Schlagzeilen vorauszuahnen.
- Ausreichendes Detailwissen, um Hintergründe und Zusammenhänge zu erklären.
- Umgangsformen, die das Telefonieren mit ihr/ihm zum Spaß machen.
- Rund um die Uhr, ohne Einschränkung, eine Kontaktschiene zum Politiker/Politikerin, den man betreut.
- Profunde Kenntnis über Möglichkeiten, wie Präsentationsstil und Methoden individuell verbessert werden können.
- Souveränes Auftreten - auch in Streßsituationen.
- Zivilcourage im Aufzeigen und Ansprechen von Schwächen bei jenen Personen, die er/sie verkaufen und für die er/sie Medienarbeit betreiben soll.

Wer Kommunikationsarbeit ablehnt, hat in Führungspositionen nichts verloren

Für Politiker, Spitzenunternehmer, Spitzensportler und Künstler gibt es kein Entrinnen vor den Medien und der Kommunikationsarbeit. Sie brauchen beides für ihre Erfolge. Und in der Krise noch viel mehr. Welche Spielart der Kommunikation der einzelne bevorzugt, hängt von Einfluß, Machtsphäre, Freundschaften, Kontaktnetzen, vom Produkt und der Person als wichtigstem Kommunikator ab. Fragen der gewählten Kommunikationsstrategie und Kommunikationsintensität entscheiden - unabhängig vom verfügbaren Budget - über Erfolge oder Mißerfolge. Oder ob eine Krise zu einem Akzeptanz-, Popularitäts- oder Sympathieverstärker umgekehrt und genutzt werden kann.

Wer als Führungskraft - egal in welcher Branche - Kommunikationsarbeit ablehnt, hat in Spitzenfunktionen nichts verloren.

Wie man Kommunikationsarbeit vollzieht - ob als genialer Einzelkämpfer mit hilfreichen Geistern im Hintergrund, oder als Teamspieler, der seine Top-Leute gezielt und aus einer bestimmten Unternehmensphilosophie heraus bewußt präsentiert und einsetzt - ist weniger relevant. Entscheidend ist die kompromißlose Festlegung, daß offensive, in einen strategischen Plan eingebettete Kommunikationsarbeit geschieht. Und zu geschehen hat.

Es gibt keinen erfolgreichen Firmenboß, der nicht gute Kommunikationsarbeit leistet und mit Journalisten auf gutem Fuß steht. Es gibt gleichzeitig aber auch viele, die noch viel besser sein könnten, ihrem Unternehmen noch weitaus mehr bringen würden, wenn sie simple Standards der Presse- und Öffentlichkeitsarbeit - speziell aber der proaktiven internen Kommunikationsarbeit - stärker berücksichtigen würden.

Und weniger ihren Status als "Chefin/Chef" ausspielen, das Recht der Mitarbeiter auf vorzeitige und frühzeitige Information beherzter und professioneller sicherstellen und die Medienpräsenz auch vor der Aufsichtsratssitzung oder der Bilanzpressekonferenz als willkommene Partner ansehen.

Daß einem seriösen Unternehmer oder Manager die flotten Sprüche weniger von den Lippen purzeln, als einem Politiker, der Immunität genießt, ist absolut kein Hindernis für eine erfolgreiche Medienarbeit. Ebenso nicht die Tatsache, daß sich Interpretationsfehler durch die Medien oder kritische Schlagzeilen auf das Image und die Unternehmenspolitik brutaler auswirken können, als vergleichsweise im politischen Alltag.
Das mag ein Grund für die vielfach noch sehr ausgeprägte Zurückhaltung mancher Unternehmen sein, wesentlicher aktiver und langfristig konzipierterer als bis dato in die Presse- und Öffentlichkeitsarbeit einzusteigen. Bedeutet aber gleichzeitig, daß die Chancen einer professionelleren strategischen Kommunikationsplanung immer noch unterschätzt werden. Und in den meisten Fällen nach dem Motto: "Wir haben eine gute Werbelinie. Das genügt." Auch noch die jährliche Bilanzpressekonferenz ist selbstverständlich und eine Information über einen Wechsel in der Direktionsetage bzw. im Vorstand.

Werbung ist ein wichtiger Teil der Kommunikationsarbeit erfolgreicher oder aufstrebender Unternehmen. Aber eben nur ein Teil davon. Strategische Kommunikationsplanung, unverkrampfte und offensive Medienarbeit ist weitaus umfassender. Einsicht und Verständnis dafür meistens unterentwickelt und erst allmählich in Zielformulierung und Intention akzeptiert.

Wesentlich häufiger anzutreffen ist bei florierenden Unternehmen mit starken Persönlichkeiten an der Spitze ein Denken, wonach man die Presse erstens nur dann informiert, wenn man es (persönlich) für richtig hält und zweitens nur als Chef (Eigentümer oder Vorstandsvorsitzender) dafür zuständig ist.

Grundsätzlich richtig im Ansatz - grundsätzlich falsch in seiner Eingeschränktheit.

Kommunikationsarbeit, die Personen und Produkte in ihren unternehmerischen oder politischen Zielsetzungen unterstützt, Käufer- und Wählerinteressen weckt und vergrößert, kommt nicht aus ohne

- ehrliche und umfassende Analysen

- eine Vielzahl kreativer Ideen, um eine Sache oder eine Person verkaufbar zu machen

- eine Bündelung von Maßnahmen aus dem ganzen Spektrum an Ideen

- eine geplante und in einen geordneten Zeitraster eingebettete Kommunikationsarbeit

- eine personelle und technisch zeitgemäße Infrastruktur

- ständiges Hinterfragen der einmal festgelegten Maßnahmen

- offenes und strategisch selektives Kontaktnetz zu den Medien und in die Redaktionen und

- eine professionelle Mannschaft, die bei der Planung und Umsetzung der Medienarbeit entweder permanent oder projekt- und aktionsbezogen zur Seite steht.

Die Gefahren bei Personalunion Chef plus alleiniger Kommunikationsträger nach außen liegen auf der Hand: Im Krisenfall wird immer das interne Managen der Krise Vorrang haben. Und die ganze Kraft und Kapazität in Anspruch nehmen. Der Rest der Zeit wird dazu verwendet, sich möglichst zeitökonomisch auf ein Pressegespräch oder ein Interview vorzubereiten.

Daß die Grenzen zwischen dem Management, der Krise nach innen und nach außen selbst bei vorhandenem Pressestab und eigener Presseinfrastruktur fließend sind, macht die Sache eher schwieriger, denn leichter. Und es sind nun einmal die Krisen, die die Nagelprobe sind, ob ein wohlüberlegter Kommunikationsplan und ein professioneller Kommunikationsstil gepflegt werden - oder eben nur Feuerwehr-Aktionen. Wobei unter Krise eine Unzahl von Ereignissen subsummiert werden kann: überraschende personelle Änderungen, eine Produktentwicklung, die ein Flop ist, sinkende Umsatzzahlen, Desinformationskampagnen der Konkurrenz, Strukturbereinigungen mit Personalabbau, rigorose Sparprogramme, amoklaufende Betriebsräte, Standortverlegungen, korrupte Mitarbeiter und Manager, ein Virus in der EDV, Betriebsunfälle, unseriöse Lieferanten, verscharrte Giftmüllfässer oder eine Ungezieferplage im Lebensmittelbereich. Ganz zu schweigen von Katastrophen: Brand, tödliche Unfälle, Überschwemmungen, Austritt giftiger Chemikalien, Flugzeugabstürze.

Die Liste ist so vielfältig, wie das Wirtschaftsleben. Daher kann nur die individuell geplante, überlegte und strategisch ausgerichtete Kommunikationsarbeit wirklich erfolgreich sein. Weil jede Branche ihre spezifischen Chancen kennt. Ebenso die Risken und scheinbar unvorhersehbare Eventualfälle.

Die Kommunikationsarbeit soll man daher Profis überlassen. Und sich als Chef/Chefin den zentralen Grundsätzen guter Medien- und Kommunikationsarbeit "unterwerfen", damit man "d'rübersteht", den Kopf frei hat für die Entwicklung oder Verfeinerung von Unternehmensstrategien, für die Koordination und die Auseinandersetzung mit dem Management, für die Pflege externer Kontakte und dafür, Beziehungsnetze zu knüpfen, die sehr wohl integraler Bestandteil einer erfolgreichen strategischen Kommunikationsplanung sind.

Personality-Show: Wer sich dagegen wehrt, beraubt sich vieler Chancen

Wer in der Öffentlichkeit steht, kann es sich nicht immer aussuchen, wann öffentliches Interesse an seiner Person besteht. Und wird sich oft die Frage stellen, warum von einem Tag auf den anderen ein Thema zum Thema wird, Aussagen auf Resonanz stoßen, die bis zu einem bestimmten Zeitpunkt ignoriert wurden - oder wegen eines mit der eigenen Personen nicht einmal im Entferntesten zusammenhängenden Anlaßfalls plötzlich reges Interesse an der Privatsphäre herrscht.

"Infotainment", ein Mix aus Information und Unterhaltung, ist so gesehen nur eine logische Weiterentwicklung des Bedürfnisses von Menschen, inhaltlich und emotionell angesprochen zu werden. Personen, die wichtige öffentliche Funktionen einnehmen, will man als Zeitungsleser, Fernseh- und Hörfunkkonsument ganzheitlich erfassen, spüren und erfühlen.

Das zu ermöglichen und zuzulassen, gehört heute zu jeder umfassenden Kommunikationsstrategie. Jene, die sich ausschließlich auf kühle Intelligenz und Strategie verlassen, werden auf der Verliererseite stehen. Soziale Intelligenz und die Bereitschaft, auch Persönliches und Privates zugänglich zu machen, gehören zum Anforderungsprofil erfolgreicher Menschen.

Genauso eingebunden in einen strategischen Kommunikationsplan, wie eine wirtschaftpolitische Strategie und wie diese abgeklopft auf Stärken, Konfliktbereiche und "Grauzonen".

Die Bedürfnislage der Bürger nach Sinnlichem ist entscheidend, nicht das Bedürfnis des Politikers auf Wahrung der Privatsphäre.

Die Sensibilität, mit der man sich präsentiert und präsent ist, Persönliches und Privates zugänglich macht, kann langfristige Erfolge fördern oder behindern.

Selbst dann, wenn man einen ganzen Clan in die Auslage stellt. Großes Fingerspitzengefühl ist bei "Human-touch-stories" aber oberstes Gebot.

Personalisierung - ein immer bedeutenderes Kommunikationselement

Der "Deal" mit Journalisten setzt dabei einige Grundverständnisse über deren Arbeitsbedingungen und Erfolgsdruck voraus. Ahnungslosigkeit über Streß und Hektik in den Redaktionen führt dazu, daß man sehr schnell im Out sein kann. Wer sich nicht damit abfinden kann, daß Redakteure einen anderen Zeitbegriff haben als Politiker, wird scheitern. Sofort heißt in der Journalistensprache tatsächlich sofort und nicht nach Ende der Vorstands- oder Präsidiumssitzung.
Abgabetermine für Dreispalter lassen sich ebensowenig verschieben, wie der Gongschlag und Einstiegsjingle für die Nachrichtensendung.

Und wer sich weigert, sich als Person ganz einzubringen und zugleich auch journalistische Tagesabläufe zu akzeptieren, soll um politische Top-Positionen einen großen Bogen machen. Er erspart sich und den Medien viel Ärger.

Die permanent vorhandene Redaktionsschluß-Rute im Fenster wird niemand eliminieren können. Und die vielfach kritisierte Personalisierung geht in Wahrheit nur vordergründig zulasten von Inhalten. Versteht man sie als eines der vielen Elemente, die für den Transport und die Verbreitung von Inhalten notwendig sind, kann und muß jeder Personalisierung akzeptieren, der Kommunikationsarbeit umfassend sieht.

Gewiefte Profis unter den Kommunikationsstrategen wissen damit umzugehen. Und tun gut daran, das ganze Repertoire eines Politikers auszuspielen. Tageszeitungen, Magazine und Sendezeiten werden durchschnittlich nur zwischen 5 - 15 Prozent mit politischen und wirtschaftlichen Fakten "gefüllt". Der Rest (sprich: überwiegende Platz) wird, mit wenigen Ausnahmen, der gesamten übrigen Bandbreite gewidmet: Zeitkritisches, Zeitgeschichtliches, Kulturelles, Sportliches, Lifestyle, Gesellschaftfragen.

Wer hier die Chancen, die sich anbieten, nicht nutzt, bei dem sind Rückschlüsse auf unterentwickeltes Chancendenken und Handeln in Sachbereichen nicht zwingend, aber zulässig. Hadern mit dem Schicksal, mit einer oberflächlichen Medienkultur bestraft zu sein, nur fadenscheiniges Täuschungsmanöver. Angriffe auf Journalisten-Ethos und Niveau in diesem Fall die schlechteste Selbst-Verteidigung des eigenen Dilletantismus. Begreifen der medialen Begehrlichkeiten und offensives Mitmischen die einzige vernünftige Aktivstrategie.

Damit man nicht eines Tages verwundert registrieren muß, daß das politische Gegenüber anscheinend über Nacht vom faden Nadelstreif-

Banker zum Medien-Liebkind mutierte. Oder sich quälend fragt, ob denn alle Adabei- und Gesellschaftskolumnisten bestochen oder belämmert sind, weil immer dieselbe Clique Eingang findet in die Berichterstattung. Und Zweifel an den Fähigkeiten aller Herausgeber und Chefredakteure aufkommen, weil die wiederum dulden, daß Golf- und Charity-Events breiter kommentiert werden als die jüngsten Ergüsse über die nächste geplante Etappe der Steuerreform.

Liberalisierung des Medienmarktes, Meinungsfreiheit und Medienvielfalt erfordern marktgerechtes Verhalten. Der Leser, Fernsehkonsument und Radiohörer will Information, aber auch Unterhaltung. Und genau dieses Unterhaltungselement ist es, mit dem so viele Politiker noch immer auf Kriegsfuß stehen.

Die politische Ebene, auf der sich "Unterhaltung" im Sinne von Aktionen, die Symphathie und Populäritat bringen, abspielt, ist unerheblich für den individuellen Nutzen. Auch nicht eine Frage des Budgets, sondern der Bereitschaft, die Medien und somit die Öffentlichkeit (= Wähler) am eigenen Leben teilhaben zu lassen. Ihnen die Möglichkeit einzuräumen, den "Privatmann" oder die "Privatfrau" ebenfalls kennenzulernen.

Die Hüttenwanderung, von einer Umweltministerin oder dem Umweltsprecher einer Partei organisiert, kann atmosphärisch genausoviel bringen, wie das Candlelight-Dinner zu Ehren des Präsidentschaftskandidaten oder eine Diskussion mit Studenten im privaten Salon des Wissenschaftsministers, die Diplomaten-Schiwoche mit dem Außenminister im gleichen Maße dazu beitragen, den Minister privat zu erleben, wie der Stammtisch eines Bürgermeisters in einem Wirtshaus.

Eine Vielzahl exklusiver Klubs (mit Erweiterungspotential) bieten Männern in Spitzenpositionen zusätzliche Möglichkeiten für Kontakte ohne wiehernden Amts- oder Funktionsschimmel. Plattformen, die aus einem angenehmen Mix aus Lobbying, Informationsaustausch und neuen Gesprächspartnern bestehen, sind für unterstützende Freundschaftsbande ebenso hevorragend geeignet, wie für freundschaftliche Politik- und Geschäftsbande.

Der diesbezügliche Nachholbedarf für Spitzenfrauen aus Politik, Wirtschaft und Journalismus ist evident. Qualitätsvolle Klubs als neue, anspruchsvolle Kommunikationsebene für weibliche Führungskräfte sind heute keine Emanzipationsfrage mehr. Sie sind ein Muß geworden. Ob als institutionalisiertes Kamingespräch mit einem Expertinnen-Referat, einer "Sport-am-Montag"-Runde, einem Business-Club, einem sonntägigen Brunch-Zirkel oder als Club, der sich wöchentlich trifft.

Top-Leute aus Politik und Wirtschaft werden an ihrer Kommunikationsfähigkeit gemessen. Auch außerhalb des Chefbüros.

Das Denken, das hinter der Bereitschaft steckt, sich von der privaten Seite zu zeigen und das Agieren bei solchen Anlässen bringt zusätzliche Symphathie. Bilder, Berichte und Wahrnehmungen von persönlichen Begegnungen erleichtern die Identifikation. Erhöhen bei Politikern die Popularität. Weg von der Abgehobenheit des Amtes oder der Funktion, entsteht so etwas wie ein emotioneller "Chorgeist", der im Bedarfsfall sehr viel nützen kann.

Gerade in der Wahlzelle ist kühles, emotionsloses Abwägen von Sachkompetenz häufig weniger ausschlaggebend, als die persönliche Einschätzung und das Bild, das sich der Wähler - über die Medien oder direkt - vom Politiker machen konnte. Optische Eindrücke über Auftreten und Verhalten im Gespräch oder in einer Konfrontationsrunde, via TV ins Wohnzimmer geliefert, sind nicht von ungefähr für viele die letztendlich entscheidenden Kriterien. Bevor man für oder gegen jemanden votiert, will sich jeder selbst ein "persönliches" Bild von den zur Wahl stehenden Personen machen. Sei dies nun live - oder live im Fernsehen.

Trotzhaltungen - "ich verschließe mich diesem Personen-Kult" - führen zu nichts. Die kompromißlose Trennung zwischen "öffentlicher Person" und "Privatperson" zeugt nicht nur von Kurzsichtigkeit, sondern von Blindheit gegenüber Marktbedürfnissen und Marktmechanismen.

Medien wollen und brauchen auch solche Zugänge zu den wirtschaftlichen und politischen Spitzen. Sich im Konkurrenzkampf durchzusetzen heißt, Leserbedürfnisse und -wünsche sehr genau zu kennen. Und das Angebot danach auszurichten. Vor allem dann, wenn die Zahl der Wähler (Käufer) über einen kleineren elitären Kreis hinausgehen soll.

Ein spektakulärer Beweis, wie mit einem dem Zeitgeist entsprechenden Konzept Erfolgsstories geschrieben werden, ist in Österreich seit 1992 am Markt. Das Nachrichtenmagazin "News" schaffte innerhalb der Sensationszeit von knapp 2 Jahren die Schallmauer von 900.000 Leserinnen und Lesern zu durchbrechen. Die Kronen Zeitung schreibt diesbezüglich als Tageszeitung mit einer Reichweite von 39 % (durchschnittlich 2.536.000 Leser) seit Jahren schon Mediengeschichte.

Die große Kunst wird künftig darin bestehen, noch weitaus spezialisierter vorzugehen, als bisher. Qualitätszeitungen, Kultmagazine, Yellow-Press-Ausgaben, Tages- und Fachzeitungen unterschiedlicher

Provenienz verlangen exaktestes Abstimmen von Informationsangeboten. Events, die für ein Lifestyle-Magazin coververdächtig sind, können in einem anderen Medium bissige Kursiv-Zeilen bringen. Bei den elektronischen Medien, ebenfalls an der Schwelle zum "elektronischen Zeitungskiosk", wird die angebotsorientiertere Kommunikationsarbeit - auf Sender und Sendung unterschiedlich abgestimmt - ebenfalls einzige Garantie, überhaupt noch berücksichtig zu werden. Alles andere wird nicht einmal mehr ignoriert werden.

Nur eine offensive Kommunikationsplanung und Strategie, die auf die Marktbedürfnisse, mit denen die Medien kämpfen, Rücksicht nimmt und Kommunikationsstrategien entsprechend diversifiziert, wird erfolgreich sein. Unterstützt von einem persönlichen Stil, der vermarktbar ist und einem Umgang mit Journalisten, der die Türen weit aufmacht. Und nicht aus einer arroganten "mir-san-mir-Mentalität" heraus zuschlägt.

Der Medien-Supermarkt kann nicht mit einer Greißler-Einstellung im schlechten Sinn des Wortes bestückt und genutzt werden. Schneller, attraktiver und spezialisierter - alles andere landet im Container für Mittelmäßigkeiten.
Unabhängig davon, ob es sich um einen (vorerst) kleinen Regionalsender oder um ein bundesweites Nachrichtenmagazin handelt.

Infotainment als Trend und Chance:

Hauptfragen sind und bleiben: Wie muß meine Botschaft beschaffen sein, um sie trotz steigender Konkurrenz in den Medien plazieren zu können? Was macht mich effizienter als andere? Wie muß eine Message konzipiert sein, damit sie möglichst nachhaltig wirkt und auf Interesse stößt?

Verbunden mit der steigenden Medienvielfalt und einer immer größeren Segmentierung wird die Entwicklung in Richtung medialer "Feinkostladen" gehen. Mit Wettbewerbsvorteilen für Mischungen aus Information und Unterhaltung. In den USA unter der Bezeichnung "Infotainment" längst schon etabliert, zeichnet sich der Trend - weil dem Bedürfnis der Mehrheit der Konsumenten entsprechend - auch hierzulande deutlich ab. Erfolgreiche "Probeläufe" bei TV-Magazinen und bei Belangsendungen wahlkämpfender Regierungsparteien sind deutlicher Beweis dafür. Die Erfolgsstory des österreichischen Nachrichtenmagazins "News", der Relaunch der Tageszeitung "Kurier" und das noch zu beweisende Gelingen einer ähnlichen Frischzellen-Kur für den "Trend"

und "Profil" mehr als nur Indizien dafür, daß auf dem Printmediensektor idente Entwicklungen wie in den Vereinigten Staaten im Gange sind.
Davon zeugen neue Produkte wie "Der Standard" und Relaunches anderer Tageszeitungen wie "Die Presse", der "Kleinen Zeitung", der "Salzburger Nachrichten" etc. Egal, welche Zielsetzungen den herausgeberischen oder journalistischen Entscheidungen für den Neuanfang bzw. die Rundumerneuerung zugrunde lagen, sie alle bewirken ihrerseits wieder eine notwendige Adaptierung der Informations- und Kommunikationsangebote.

Jede Verfeinerung und Erweiterung der Angebotspalette beim einen, treiben den anderen weiter. Herausgeber, wie Chefredakteure. Politiker, wie Wirtschaftsbosse. Je nach bevorzugtem Lesersegment konzentriert man sich auf die Ressorts "Innenpolitik", "Lokales", auf Spezial-Journale, auf Sonderbeilagen usw. Medienbedürfnisse, Informationsangebote und Änderungen im Kommunikationsverhalten sind so gesehen untrennbar miteinander verbunden. Ein Tor, der sich dem widersetzt - es sei denn, er stampft sich seine eigene Zeitung aus dem Boden und verfügt über ausreichenden finanziellen Atem, sich ein Hobby dieser Art leisten zu können.

Information-Super-Highway:

Washington, D.C., Hill and Knowlton, Public Affairs Worldwide Co., Jeffrey B. Trammel und Allan A. Myer, beide Senior Vice President, zählen zu jenen Kommunikationsspezialisten, die britisch distanziert auf jede Glorifizierung amerikanischer Medien-Verhältnisse reagieren. Für österreichische Seelen, die gerne nach Übersee schielen und dazu neigen, Medienprodukte und Kommunikationsformen in anderen Ländern als besser und fortschrittlicher zu bezeichnen, eine nicht unangenehme Erfahrung.

Jeffrey B. Trammel und Allan A. Myer sehen in der Explosion des Medien- und Informationsangebotes neben zweifellos damit verbundenen Chancen auch handfeste gesellschaftspolitische und ethische Probleme. Ihrer Ansicht nach ist es die uneingeschränkt größte Herausforderung, "nicht eine Zwei-Klassen-Gesellschaft entstehen zu lassen. Mit einer Klasse, die vom Zugang zum Informations-Super-Highway wirtschaftlich, politisch und gesellschaftlich profitiert. Und einer zweiten Klasse, die nur noch Unterhaltung konsumiert." Für beide ist die Gefahr einer derart zugespitzten Entwicklung heute schon gegeben. Ein

Trend, dem man gegensteuern müsse, weil er im Extremfall ein Verdummungsinstrumentarium darstellt, das, strategisch eingesetzt, äußerst bedenkliche Konsequenzen hätte.

"To loose news and start entertainment" nicht als Kompromißformel, die dem Bedürfnis nach unterhaltsam verpackter Informationen gerecht wird, sondern als sich gegenseitig in letzter Konsequenz nahezu ausschließende Komponenten. Mit dem Ziel: Unterhaltung statt Information. Oder Pseudo-Information unter dem Mantel "Entertainment". Bereits Ist-Zustand oder Vision? Vorerst wird eine derartige Entwicklung noch explizit als "größte Herausforderung" bezeichnet. Schnelles Gegensteuern durch eine Bildungsoffensive sehen Experten derzeit als einzigen sinnvollen und praktikablen Ausweg aus dem prophezeiten Dilemma. Dringend notwendig, damit aus ihrer Projektion nicht das wird, was sie verhindern wollen: eine "self full filling prophecy".

Lobbying: Die Kunst des effizienten politischen Smalltalk

Wien. Politisiert wird in allen Restaurants, Cafés und Beisln. Politik gemacht in einigen auserwählten. Die Kunst des effizienten politischen Smalltalk - gute österreichische Tradition. Angesiedelt zwischen alemannischer Geschäftstüchtigkeit und wienerischer Heurigenkultur, funktioniert das für Außenstehende schwer nachvollziehbare Netzwerk bestens.

Österreich besticht noch durch nicht deklariertes Lobbying.

Hier entwickelte sich ein Lobbying, das zwar nicht der strengen Definition laut Duden entspricht, bei den Ergebnissen aber locker mithalten kann mit jenen, die Profi-Lobbyisten in anderen Ländern erzielen.

Einige Parallelen gibt es allemal. Speziell im Typus der erfolgreichen Lobbyisten und beim bevorzugten Ambiente. Gemütlich. Gepflegt.
Nichts geht über den persönlichen Kontakt. Und schon gar nicht ohne diesen.
Nichts über das Gespür, Gespräche absolut zielgerichtet zu nutzen. Für den eigenen Wissensvorsprung. Oder den angepeilten Deal.

Bei Arbeitsessen, weltmännisch Business-Lunch oder Business-Dinner genannt - erfährt man mehr als in Parteizentralen und in Vorstandsetagen. Essentielleres allemal. Österreich - insbesondere Wien - ist anders. Was in Deutschland wohl organisiert, in Washington Capital Hill bzw. Key Street und in New York unter anderem der renommierte "Club 21" ist, wird hierzulande bei einer Melange, Schlumberger Sparkling oder Tafelspitz besprochen.

Wien heißt Lobbying. Auch wenn diese Sparte im Branchenführer nicht aufscheint. Was anderswo offiziell läuft, beherrschen hier unzählige Könner inoffiziell. Protokolle obsolet, gutes Gedächtnis Ehrensache.
Ein herzliches "Grüß Gott" oder "Grüße Sie" in der "Grotta Azzurra", der "Bristol-Bar", beim "Bauer Gustl", im "Steirereck" oder beim "Eckl": ergebnisreicher als Präsidiumssitzungen. Die Triangel Medien, Politik und Wirtschaft benötigt längst schon keine Männerbünde und Verbände mehr, um zu den relevanten Informationen und Deals zu kommen. Auch wenn sie nach wie vor sehr hilfreich sind. Sehr wohl aber das "Sacher" und das "Corso", ein "Cafe Landtmann" und "Griensteidl" und das "San Carlo".

Denn ganz Wien ist ein Lobbyisten-Club rot-weiß-roter Provenienz. Das Netzwerk der Beziehungen und Kontakte dichter als anderswo. Wem eine Tür geöffnet wird, der befindet sich mitten in der Informations-, Spekulations- und Gerüchteaustauschbörse. Weil sich die Kreise überschneiden und die Info-Kugel bestens rollt. Wer sich den offizielleren Lobbyisten-Treffs entzieht, muß oder will sie privat organisieren. Oder geht zumindest auf die Jagd und besucht den Opernball. Ansonsten lebt er zwar in der Stadt am Donau-Strome, steht aber ziemlich daneben.

Den wichtigen Informationszirkeln entzieht sich kein halbwegs Vernünftiger.

Für Journalisten und Medienvertreter ein paradiesischer Zustand. Die Recherche in Wien ist Lebensqualität. Berücksichtigungswürdig lediglich Wegzeiten zwischen den Treffpunkten und ein feines Gespür dafür, mit wem man sich wo trifft, um beobachten zu können. Oder eben nicht.

Ein Auslandskorrespondent, der nach langjährigen Aufenthalten in Paris, Zürich und Bonn zur Zeit des "Rosenkrieges" in Wien weilte, brachte seine Freude auf einen Nenner: "Ich kenne keine Stadt, die so liberal und offen ist. Wo man sich einfach im Café trifft und alles erfährt ..."

Die aktuelle Liste der In-Treffs ändert sich zwar immer wieder - ähnlich der Grenzlinien des legendären "Bermuda-Dreiecks" -, die Kernzonen bleiben aber Konstante, auf die man sich verlassen kann. Ob First-Class-Restaurant oder Szene-Beisl, entscheidend ist weniger der Rahmen, als die Atmosphäre.

Und die stimmt in allen "Triangel-Prominententreffs": Grotta Azzurra, Corso, Sacher, Steierereck, Schwarzenberg, Bristol. Oder: Landtmann, Griensteidl, Tirolerhof, San Carlo, Domizil, Oswald & Kalb, Gutruf, Bauer Gustl, Eckl. Zu gegebener Zeit auch in der "Eden". Kostproben eleganter und diskreter Gesprächs- und Informationskultur. Aber auch - je nach Stil und Klasse - gezielter Indiskretionen.

Es ist eben Wien, wo sich Medienmogule mit politischen Spitzenrepräsentanten en passant in gepflegten Hotel-Bars oder im Wintergarten von Spitzenrestaurants treffen, Herausgeber und Miteigentümer spektakuläre Mediencoups besprechen, Journalisten oft Augen-, manchmal auch unerwartet Ohrenzeugen großer oder mittelgroßer Deals werden - ohne gesicherte Polstertüren überwinden zu müssen.

Der Variantenreichtum österreichischer Lobbying-Versionen ist damit längst nicht erschöpft. Für Journalisten schwieriger zugänglich, aber nicht gänzlich ausgeschlossen, komplettieren Exklusivzirkel wie die "Rotarier" oder "Lions" mit ihren regelmäßigen Treffs in Clubräumen und VIP-Etagen angesehener Hotels das Info-Angebot. Wenn es eng wird mit der Verwertbarkeit von Informationen, ist nicht von Mauern die Rede, sondern von Ehrenkodizes. Auf verläßliche, versteht sich.

Für Journalistinnen ist der Ausschluß aus reinen Männer-Klubs heute fast kein Wettbewerbsnachteil mehr, die Balance zwischen offenen und geschlossenen (Männer-)Zirkeln gegeben. Jener Kreise, wo sich die Mächtigen und Einflußreichen aus Politik, Wirtschaft und Kultur tummeln. Den Rest gleichen Medien-Frauen im Handumdrehen durch Hartnäckigkeit und professionelle Geschicklichkeit aus.

Sie beherrschen die hohe Kunst des Info-Networking als Gegenstrategie zu den männerdominierten Bünde-, Verbände- und Clubeliten oft besser als ihre männlichen Pendants. Und schaffen es auch ohne "Zund" aus diesen Reihen.

Pressebetreuer, die vielzitierten "wohlinformierten" Kreise, Fachreferenten, ausgewiesene wie selbstdeklarierte Experten - das sind heute jene, die die oft entscheidenden Hintergrundinformationen geben und zuspielen. Die erste Reihe, zuständig für O-Töne und für die zitablen Kurzstatements, ist darauf längst schon eingestellt. Die Spitzen aus Wirtschaft und Politik, zumeist Tops im Lobbying, genießen und nützen Informationslobbying österreichischen Zuschnitts persönlich. Oder haben eine diesbezügliche Koryphäe im Kabinett.

In nächster Nähe. Ohne würden sie sich bald nackt fühlen. Spätestens jedoch dann, wenn die nackten Zahlen beweisen, daß ohne österreichisches Lobbying der "return of invest" quälend lange auf sich warten läßt.

Lobbying im Wandel?

Lobbyismus beschränkt sich längst nicht mehr auf die Beeinflussung von Abgeordneten durch Interessensgruppen und Interessensvertretungen. Auf diesen Kern reduziert existiert hierzulande Lobbying nicht. Ebenso verdient sich noch keiner mit der offiziellen Berurfsbezeichnung "Lobbyist" goldene Löffel.

Noch nicht.

Österreich ist dennoch eine Lobbyisten-Hochburg der Sonderklasse. Charme, Ausdauer und Köpfchen als Trumpf in der Hand. Darüber verfügen sie alle, die Informations-Lobbyisten, Geschäfts-Lobbyisten, Medien-Lobbyisten.

Einfluß nehmen. Einfluß geltend machen. Gespräche und Kontakte nutzen.

Das liegt Bürgern von David-Staaten wie Österreich wahrscheinlich schon gerechtigkeitshalber im Blut. Sozusagen als Ausgleich zu Umsatz-, Kapital- und Reichweiten-Größen.

Beeindruckend erfolgreich, wenn österreichische Lobbyisten Arm in Arm mit Medien marschieren. Und seien es einzelne.

Jüngstes Paradebeispiel dafür:
Das sensationelle Zwei-Drittel-Votum für einen EU-Beitritt. Regierung und Wirtschaft hätten sich die Finger und Werbebudget wund affichieren können, die 50-Prozent-Marke wäre trotzdem Illusion geblieben. Erst das Durchstarten und Durchhalten eines Pro-Kurses im Finish von seiten der wichtigsten Tageszeitungen, Nachrichtenmagazine und des ORF sicherte den Erfolg.

Von einer "Zitterpartie" zur Zwei-Drittel-Mehrheit im Zieleinlauf: ein Lehrbeispiel für ergebnisorientiertes Nutzen von Einflußmöglichkeiten. So sieht Lobbyismus in Reinkultur aus.

Ohne den überragenden Anteil einzelner Personen, die Leistungen des Verhandlungsteams und der Hundertschaft von Experten, Referenten und Koordinatoren im Hintergrund schmälern zu wollen - erst die Geschlossenheit medialer Befürwortung eines EU-Beitritts plus Emotionalisierung durch den "Europa-Helden" Mock macht dieses Ergebnis nachvollziehbar und verständlich.
Die Dramaturgie in den letzten acht Tagen vor der Volksabstimmung war perfekt. Und mußte jeder oppositionellen Skepsis und opportunistischen Gegenbewegung den Boden unter den Füßen wegziehen.

Je nach Standpunkt, als Chance oder Bedrohung empfunden, ist die extrem geschickte Einbeziehung der Medien heute unverzichtbarer denn je geworden.

Entscheidet über Erfolge und Mißerfolge. In den kommenden Jahren wird die dynamische Weiterentwicklung am Mediensektor noch wesentlich größere Professionalität und Diversifizierung im Medien-Lobbying nötig machen.

Ernstzunehmende Konkurrenten für Quasi-Monopolisten brachten ihre Startpflöcke bereits in Position. Privatradio, Privat-TV, "Österreich-Fenster" ausländischer Sender und neue Printmedien werden Märkte und Mächte zusätzlich in Bewegung bringen. Die Umsetzung politischer oder marktwirtschaftlicher Ziele mehr noch als bisher davon abhängen, ob man mit alten und neuen "Zielmedien" kann, Verständnis für journalistische Abläufe aufbringt und bereit ist, sich mit größtmöglicher Flexibilität auf das Tagesgeschäft der Medien einzustellen.

Auf den Punkt gebracht, gibt es nur zwei Möglichkeiten: Kooperation mit den Medien oder als Don Quichotte unterwegs zu sein.

Lobbying à la USA - Transfermasse oder Ideenlieferant?

Bedingt durch ein anderes politisches System und das Fehlen einer Interessensvertretungstradition österreichischen Zuschnitts, ist der in den Vereinigten Staaten praktizierte Lobbyismus zwar nicht 1 : 1 mit hiesigen Beeinflussungsmechanismen vergleichbar. Parallelen gibt es sehr wohl. Ebenso die jetzt schon absehbare Tendenz, daß sich in den nächsten Jahren ein amerikanisch-österreichisches Mischsystem herausbilden wird.

Der Beitritt Österreichs zur Europäischen Union und das Zurückdrängen bzw. Verschwinden der Verstaatlichten Industrie wird hierzulande zu einer adaptierten Blüte des US-Lobbyismus führen. Zur österreichischen Spielart der inoffiziell aktiven Lobbyisten werden sich bezahlte Lobbyisten dazugesellen.

Möglicherweise schon ausgestattet mit den sich in den USA abzeichnenden Änderungen in den Lobbying-Techniken.

Kommunikationslobbyisten hinter den Kulissen

Georg Stephanopoulos, genialer Kampagnen-Manager Bill Clintons, der 1992 für kurze Zeit das Headquarter der wahlkämpfenden Demokraten in Little Rock (Bundesstaat Arkansas) in eine Pilgerstätte für wissensdurstige Kommunikationsfreaks aus Europa umfunktionierte, charakterisiert sich und seinen Job zwei Jahre später (laut Bob Woodwards Buch "Die Tagesordnung") als etwas, "das mehr einer mißhandelten Frau, denn einem Berater des Präsidenten gleicht. Die vielen Schimpftiraden, denen er ausgesetzt war, hätten ihn taub gemacht und ihn in der Gewißheit bestärkt, daß seine Hauptaufgabe darin besteht, sich jeden Morgen anschreien zu lassen." Ein Star ward geboren, ein Star wurde fallengelassen.

Ein Medienarbeiter und Kommunikationsexperte, der Hochgefühle und Erniedrigungen eines Menschen im und als Schatten eines Machtträgers in jeder nur denkbaren Formation und Ausprägung erlebte und erlitt. Am Arbeitsstil änderte sich oberflächlich wenig zwischen seinem Engagement in Little Rock und später im Weißen Haus in Washington. Immer "stand by". Ständig als Info-Lobbyist und Info-Stratege unterwegs. Nach innen fußfrei an den verschiedendsten Informationskanälen sitzend. Nach außen ungeschützt im Fadenkreuz der Kritik. Prellbock zwischen Medien und Präsident. Ausgelaugt und verbraucht nach kaum drei Jahren.

Die überragende Rolle, die in den USA damals wie heute Lobbyisten im Kampf um politischen Einfluß spielen, auch in Europa - in der nationalen Politik unter anderen Vorzeichen, in der Europazentrale Brüssel jedoch verdammt ähnlich - geht an keiner noch so wissenschaftlich fundierten, mit allen Geldern und Tricks ausgestatteten Kommunikationsstrategie spurlos vorbei.
Erfolgreiche Kommunikations- und Medienarbeit von Politikern und Unternehmern war und ist allzu häufig gnadenlos mit erfolgreichem Lobbying verknüpft. Kommunikationsstrategien im Flug durchkreuzt, wenn sich eine Industrie- oder Unternehmenslobby dagegen wehrte. Auch dann, wenn Informationsofferte an die Medien nicht halten, was sie versprechen.

Funktionsfähig und angenommen nur dann, wenn der Informationskreislauf ein Up-Cycle ist.

Informationskreislauf Politik - Wirtschaft - Medien

Der Informationskreislauf "Politik-Medien" und "Wirtschaft-Medien", wird in Österreich nach dem 1.1.1995 durch die Plakette "Lobbyisten-Medien" erweitert sein. Mehr als eine offene Deklaration einer längst schon vorhandenen Etikette ist es ohnehin nicht. Lobbying funktionierte hierzulande schon vor dem EU-Beitritt glänzend. Verbesserungen der Qualität sind weniger erforderlich, als Änderungen in der Quantität.

Nie konkret nachweisbar, höchstens durch Indiskretionen aufdeckbar, werden künftig Lobbyisten und deren Expertennetze "Ghostwriter-Funktionen" für Wirtschaftspläne übernehmen; ihren Einfluß auf Verordnungen, Gesetzesvorlagen und Gesetzesnovellen geltend machen. Ausgerüstet mit Argumentarien, die alles abdecken und mit Journalistenkontakten, die keine wesentliche Lücke aufweisen.

Wie nahe Informations- und Beeinflussungs-Lobbying dem Bereich Korruption kommt, entscheiden Charakterstärke und ethische Werte der Lobbyisten.

Kritiker, denen die Denkvariante eines Direkt-Transfers amerikanischer Verhältnisse auf Österreich und Europa kalte Schauer über den Rükken jagt, fürchten den Rückfall in tiefsten Maciavellismus, verschärft durch den Super-Info-Highway des Satellitenzeitalters.

Nutznießer sehen nahezu ausschließlich die individuellen und gruppenspezifischen Vorteile der kommenden Lobbying-Ära.

In den Vereinigten Staaten werden jedenfalls wieder einmal die Notbremsen gegen Lobbying-Auswüchse gezogen. Steuerbegünstigungen für Lobbying-Ausgaben fallen. Lobbyisten werden verpflichtet, zu deklarieren, für wen sie arbeiten und wie hoch ihre Honorare sind.
Europa steht vorerst noch relativ unbelastet, bestenfalls angereichert durch US-Erfahrungen, an der Schwelle zu einem neuen Lobbying-Zeitalter. Empörungen über Auswüchse wären zur Zeit noch künstlich. Die hohe Kunst des nicht-deklarierten Lobbyings exzellent beherrschend, geht es jetzt darum, Richtlinien und Ehrenkodizes zu erarbeiten. Verhindern kann man Lobbying ohnehin nicht. Umso mehr, als dies in der österreich-spezifischen Ausformung unter Erfolgsträgern

längst schon Routine ist und überall, wo Macht existiert und Einfluß zugunsten persönlicher, wirtschaftlicher oder politischer Interessen wahrgenommen wird, an der Tagesordnung ist.

Was sich ändern wird, ist die offizielle Deklaration, das Entstehen und das Bekenntnis zu einem neuen Berufszweig.

Geändert haben sich zusätzlich, zumindest in Europa, die medialen Voraussetzungen für erfolgreiches Lobbying. Manche sprechen diesbezüglich nüchtern von einem überfälligen Nachziehverfahren: Vorbild Vereinigte Staaten.

Wir nähern uns langsam aber sicher auch den amerikanischen Medienverhältnissen. Öffentlich-rechtliche Rundfunk- und Fernsehanstalten müssen sich der unerbittlichen Konkurrenz privater, kommerziell ausgerichteter Sender stellen. Ein immer dichteres und zielgruppenspezifischer agierendes Printmediennetz komplettiert das Angebot. Kultur- und Bildungsauftrag nach Meinung mancher Beobachter nicht unbedingt am höchsten Fahnenmast vor sich hertragend. Andere sind jedoch überzeugt, daß die zusätzliche Konkurrenz am Mediensektor viel eher die Funktion von Fett-Abbaupillen übernimmt. Zu saturiert und träge geworden durch jahrlange Monopolstellung ein wichtiger Ansatz für dringend notwendige Frischzellen-Kuren.

Das bisherige Betätigungsfeld der Info-Lobbyisten wird zur Lustwiese für Könner und Kenner der Szene.

Ohne Lobbying keine Kommunikationsstrategie vollständig

Strategische Kommunikationspläne ohne Lobbying gibt es nicht. Eine Interessensvertretung kann die visionärsten Zukunftsprogramme entwickeln, intern exzellenteste Vorarbeiten leisten und in der medialen Umsetzung ein Highlight nach dem anderen produzieren - wenn eine mächtige Branche zum Gegenangriff bläst, geht jedem Kommunikationsplan die Luft aus. Ein oder zwei Pfeile gegen das mediale Flaggschiff - und es schrumpft zu einem erbärmlichen Überrest, der nur noch ins letzte Eck geschossen werden kann.

Gute Kommunikationsplanung und Lobbying sind engstens verschränkt. Top-Meldungen und Messages erst dann perfekt, wenn die beabsichtigte Schlagzeile von keinem torpediert wird. Oder den gewünschten und einkalkulierten Aufschrei von Exponenten der anderen Seite bringt und somit die geplante Botschaft zusätzlich verstärkt wird. Zonierte Konflikte in den eigenen Reihen, provozierte Attacken von Konkurrenten und Unterstützungserklärungen eingebundener Lobbying-Teile sind tragende Elemente einer strategischen Kommunikationsplanung. Sie gehören zum selbstverständlichen Repertoire von Spezialisten.

Daß im Extremfall eine 15 Zeilen umfassende Meldung bis zu 20 Mal umgeschrieben wird, Fach- und Kommunikationsexperten sich Schreiduelle bei der Formulierung einzelner Sätze liefern, zeigt, wie schwer es sein kann, eine Message professionell aufzubereiten. Eine effektvolle politische Meldung muß mindestens fünf Kriterien erfüllen:

- sprachlich einfach sein, damit sie verstanden wird
- eine zentrale Botschaft beinhalten, die deutlich "'rüberkommt"
- die Interessenslage mächtiger Lobbying-Gruppen berücksichtigen, will man Gegenreaktionen verhindern, die die eigene Message konterkariert
- mit einflußreichen Verbündeten abgesprochen sein, sollen deren O-Töne im Follow-up als Verstärker und zur Festigung des Meinungsklimas eingesetzt werden
- Teil eines strategischen Gesamtplanes sein

Der politische Alltag bietet zur Beobachtung von Lobbying-Versäumnissen herzerfrischende bis herzzerreißende Beispiele en masse.

- **Anti-Raucher-Kampagne:**
  Schmerzhafter Bauchfleck für den Gesundheitsminister. Ohne Tabak-Austria-Chef Beppo Mauhart ging bis dato gar nichts.

- **Kampf gegen die 0,8-Promille-Grenze - für eine Absenkung auf 0,5-Promille:**
  Kein ausreichendes Lobbying und unzureichende Themen-Aufbereitung bzw. Problematisierung führten ins Out.

- **Anti-Ausländer-Hatz kontra Menschenkette:**
  Ein Lobbying-Paradebeispiel. Allen bösen Ahnungen zum Trotz mobilisierte die überparteiliche Initiative SOS-Mitmensch das größte Lichtermeer gegen Faschismus und Ausländer-Haß, das es jemals in der Bundeshauptstadt Wien gab.

Möglichkeiten, über eine aggressive oder argumentativ bestechende Medienkampagne politische Absichten im Ansatz zu vereiteln, gibt es ebenso viele, wie umgekehrt Beispiele, bei denen durch strategisch geplante, kluge Medienarbeit politische Ziele - vielfach trotz vehementer Gegenwehr - erreicht wurden.

Wie eng gutes Lobbying mit erfolgreicher Kommunikationsarbeit verknüpft ist, bewies die Kampagne der Gegner von Clinton's Gesundheitsreform. Zielscheibe der Gegner war die Ankündigung des US-Präsidenten, eine Mehrwertsteuer zur Finanzierung der Reform des amerikanischen Gesundheitswesens einzuführen. Sofort ging man zum Gegenangriff über. Mit enormen personellen und finanziellen Mitteln starteten die Gegner über die Medien eine Verhinderungskampagne, die sich gewaschen hatte:

- Der Einzelhandel verstärkte umgehend seine Opposition. Die neue Steuer hätte logischerweise gravierende Auswirkungen auf die Preisgestaltung gehabt.

- Mittels einer Telefon-Konferenz schworen sich die Gegner der Steuer auf einen gemeinsamen Standpunkt ein. Statements und Argumentarien wurden ausgearbeitet.

- Via Konferenzschaltung wurde ein Briefing der Verbündeten in verschiedenen Städten durchgeführt.

- Gleichzeitig startete ein nationales "Telephon-Media-Briefing". Ziel war es, aus Zweiflern klare Gegner der Steuer zu machen, Argumente und Fallbeispiele über die negativen Auswirkungen der Steuer zu liefern.

- Die Gegner kontaktierten flugs die einflußreichsten Medien, Zeitungen, Rundfunk- und Fernsehanstalten, sowie Agenturen. Hier wurde nach einer klaren Prioritätenliste vorgegangen.

- Per Fax und per Post stiegen die Gegner anschließend in eine breiter gestreute Medien-Informationskampagne.

Bilanz der "orchestrierten" Informationsarbeit

Zahlreiche Medien nahmen sich sofort des Themas an - obwohl die Pro-Kampagne Clintons auch nicht gerade dilletantisch war.

Die Tops unter den Wirtschaftsjournalisten erhielten die Statements blitzartig per Fax und wurden zusätzlich telefonisch bearbeitet. Das Meinungsklima änderte sich. Die professionell aufgebaute und umgesetzte Gegenkampagne brachte einen grandiosen Etappensieg der gegnerischen Mannschaft.

Der Druck der Medien war so groß, daß selbst der Präsident "gezwungen" war, quasi als Angeklagter in den Ring zu steigen und Stellung zu nehmen. Schließlich wußten aufgrund der Medienkampagne die Bürger in allen Bundesstaaten Bescheid über die Bedenken und Kritikpunkte des Einzelhandels, von dem diese Gegenstrategie entwickelt worden war.

Die Administration mußte wohl oder übel eine "Alternativstrategie" entwickeln und bekanntgeben, daß andere Wege zur Finanzierung der Gesundheitsreform überlegt werden.

Dimension, Geldmittel und Personen-Ressourcen, die in einer solchen Kampagne stecken, sind sicher nicht so schnell vergleichbar. Methodik und Konsequenz in der Durchsetzung aber absolut auf kleinere Einheiten übertragbar.
Derart aufgebaute und duchgezogene Informations- und Medienkampagnen funktionieren in jedem anderen politischen oder wirtschaftlichen Bereich und in jeder Kommunen-Größe nach denselben Grundsätzen.

Lobbyismus zur politischen Einflußnahme

Trotz unterschiedlicher Struktur ähneln Intentionen und Arbeitsweisen von "Lobbyisten" in Österreich jenen der Job-Lobbyisten der Vereinigten Staaten. Vertreter der Sozialpartner, Mitglieder oder Vorsitzende parlamentarischer Ausschüsse und Abgeordnete in Wien trachten als "Interessensvertreter", Einfluß auf die Politik und auf Gesetzesvorlagen zu nehmen.

Als Beleg dafür genügen drei Stichworte: Mietrecht, Promillegrenze für Autofahrer, Ansiedlungsprojekte der Autoindustrie. Argumente der Beschäftigungspolitik und Arbeitsplatzsicherung stehen im Vordergrund. Nicht anders die offiziell deklarierten Absichten beruflicher Lobbyisten in Washington und Brüssel. Und wenn es sich um ein sogenanntes Sozial- oder Gesundheitsprojekt handelt sind es eben gesundheits-, sozial- oder umweltpolitische Interessen, die es zu vertreten gilt - denen zum Durchbruch verholfen werden soll.

Frühzeitige Informationen über beabsichtigte Gesetzesänderungen sind ein gutes Startkapital für Lobbyisten, die das Handwerk beherrschen. Ob Pro oder Contra - die Maschinerie funktioniert immer nach dem gleichen Muster:

- Suche nach und Kontakte zu möglichen Verbündeten in der Politik.
- Mobilisierung eigener Kreise zur Forcierung oder Verhinderung einer geplanten gesetzlichen Änderung.
- Briefing-Gespräche mit einflußreichen Journalisten.
- Ausarbeitung von Stellungnahmen; Aufbereitung von Faktenmaterialien.

Nach dieser Hintergrund-Arbeit Startschuß für einzelne öffentliche Gegen-Statements oder Befürworter-Aussagen.

Oder sofortige breitangelegte Medienkampagnen.

Persönlichkeit und Professionalität entscheidet

Ohne Medienarbeit und die Unterstützung durch Journalisten wäre die Arbeit von Lobbyisten und/oder Interessensvertretern weitaus mühsamer und langwieriger. Politikern oft ein Dorn im Auge, von Journalisten aus deren Berufsverständnis heraus weitgehend akzeptiert, können

Lobbyisten mit Mißverständnissen über sich und ihre Arbeit gut umgehen. Während in Österreich der Vorwurf, "parteiisch" zu sein, zumindest nach außen noch einzelne bekümmert, sind Washingtoner und Brüsseler Lobbyisten diesbezüglich unverkrampfter.

Sie sehen im "Partei-Ergreifen" ganz einfach ihren Job. Bekennen sich offen dazu. Entscheidend für den Deal mit der Öffentlichkeit und mit Journalisten ist ihre Persönlichkeit und Professionalität. Beste Ausbildung und bestes Auftreten vorausgesetzt. Information ist ihr Geschäft - frühzeitige Information ihr Kapital. Diese Seelenverwandtschaft mit den Journalisten ist überall spürbar. Auch im Umgang mit Journalisten als tragende Glieder der Erfolgskette.

Bloomfield: Nichts kann persönlichen Kontakt ersetzen

Einer, der als Prototyp erfolgreicher Lobbyisten in Washington gilt, Mark Bloomfield, versteht es blendend, als Vermittler zwischen den Interessenslagern tätig zu sein. Beherrscht die Kunst des Fragens und Hinterfragens, als wäre er Mitglied des angesehendsten Journalisten-Elite-Klubs. Eine seiner effizientesten Lobbying-Methoden ist es, Menschen privat an einen Tisch zu bekommen.

"Ich lade alle sechs Wochen Kongreßabgeordnete, Journalisten und Wirtschaftsvertreter zu einem Abendessen ein. Nichts kann das persönliche Gespräch ersetzen. Es gibt keinen besseren Kontakt - und Informationsbasis als 'face to face'." Mark A. Bloomfield, President of American Council for Capital Formation (Washington), bevorzugt diese Zusammensetzung aus mehreren Gründen: Politiker nehmen die Einladung an, weil sie sich von den journalistischen Kontakten in eigener Sache etwas versprechen. Wirtschaftsbosse schätzen die Tuchfühlung mit Politikern aus demselben Grund. Journalisten wiederum erhalten die für sie wichtigen Informationen aus erster Hand. Sein Washingtoner Büro in der Key Street strahlt jene typisch amerikanische Understandment-Business-Atmosphäre aus, die Erfolgsträger gerne auszeichnet: teuer-bescheiden in der Ausstattung, selbstbewußt-offensiv in der Foto-Auswahl an den Wänden. Dezent gerahmte Hinweise: hier ist Insider-Macht zu Hause - mit den Mächtigen auf Du und Du.

Bloomfields Kommunikationskonzept funktioniert nicht nur auf der Ebene der Home-Parties. Sein Credo des durch nichts zu ersetzenden persönlichen Kontaktes führt ihn genauso nach Sofia, Budapest oder Wien. Letzteres möglicherweise auch, um auf den Spuren seiner aus Wien stammenden Mutter zu wandeln.

"Sogar seine Gegner mögen ihn und er genießt weithin das Ansehen einer sympathischen und fähigen Person mit großer Durchsetzungskraft", heißt es im Bestseller "The Lobbyist" von Jeffrey H. Birnbaum.

Um an anderer Stelle bis ins Persönliche abgleitend, Distanzierung zu dokumentieren: "Er (Bloomfield) machte auch einen etwas steifen und formellen Eindruck und sein Habitus glich dem eines Europäers. Er wurde ja auch in Wien als Sohn eines Diplomaten geboren und verbrachte seine Jugend zum großen Teil in Ostblockstaaten."

Bei aller Anerkennung der Leistung, die Lobbyisten erbringen, scheint ihr Berufstand auch in den USA in verhältnismäßig regelmäßigen Abständen unverhohlener Kritik ausgesetzt. Schon die Präsidenten Wilson, Truman und Kennedy versuchten, diesem "Gewerbe" zu Leibe zu rücken. Der amtierende Präsident der Vereinigten Staaten, Bill Clinton, betonte gar, er würde nicht eher ruhen, bis sich die Spielregeln grundsätzlich ändern würden. Laut Birnbaum haben sie sich geändert. "Clinton rekrutierte aus den Reihen der Lobbyisten Angestellte für seine Administration. Einige Leute seines Kabinetts und hohe Beamte des Weißen Hauses waren ehemalige Job-Lobbyisten. Ohne Zweifel wird uns Lobbying erhalten bleiben", heißt seine Schlußfolgerung.

Lobbying-Logo österreichischer Provenienz: "Europäische Sozialpartnerschaft".

Je höher, desto dünner wird die Luft

Anruf: "Ich brauch' Dich zwei Stunden pro Woche!" Frage: "Wofür?" Antwort: "Um mit Dir zu reden." Frage: "Regelmäßig?" Antwort: "Ja, bis der Vorwahlkampf gelaufen ist!"

Je höher die Funktion, desto dünner die Luft. Führungspositionen verlangen Totaleinsatz und totale Präsenz. Und Menschen in der beruflichen Umgebung, denen man total vertrauen kann. Zumindest einen Menschen. Supervision im kleinen, die einem erlaubt, sich offen grün und blau zu ärgern und mit allen Emotionen auszusprechen.

Variante 1: Partner oder Ehegespons übernehmen diesen emotional wichtigen Part.

Variante 2: Der oder die Vertraute im Kabinett, in der Vorstandsetage, im Generalsekretariat.

Variante 3: Freund, Coach, Manager.

Die Variante 1 führte in der Schweiz schon zu einem Rücktritt, weil beide Ehepartner politische Spitzenpositionen innehatten. Stichwort: Unvereinbarkeit.
Variante 2 verlangt ein außergewöhnliches Maß an Charakterstärke, weil die Nummer Zwei im Vorstand rasch zur Nummer Eins werden kann.
Variante 3 schließlich steht oft am Beginn lebenslanger "Seilschaften" - unter der Bedingung allerdings, daß "Revierüberschneidungen" ausgeschlossen sind.

Und dennoch wird es ohne Supervision nicht gehen. Die menschlichen Anforderungen, die an Führungskräfte in absoluten Top-Positionen gestellt werden, sind zu umfassend, zu groß.

Die Aussprache mit einem Freund und Vertrauten ist oft der rettende Anker, mit dem man sich aus einer schwierigen, als unerträglich empfundenen Situation herauszieht. Spitzenpolitiker und Top-Manager, die ihren inneren Rückhalt allein aus ihrem Glauben schöpfen, sind zu beneiden. Aber eher selten - zumal die alltäglichen Gemeinheiten, die vermeintlichen oder tatsächlichen Intrigen und Illoyalitäten der aktiven Reflexion durch einen Gesprächspartner bedürfen, um wieder dort zu landen, wo sie hingehören: in die unterste Schublade - mit Karacho zugeschlagen.

Während die Möglichkeit der Supervision mittels Freund oder Vertrautem von manchen noch als hilfreich aber nicht zwingend angesehen wird, ist der persönliche "Braintrust" unter allen Umständen aufzubauen. Natürlich können die Grenzen fließend sein und ein oder mehrere Freunde Mitglied dieses Braintrusts sein, der oder die im kleinen Supervision ermöglichen.

Grundsätzlich sollte der persönliche "Braintrust" aber mehrschichtig sein. Zusammengesetzt aus Freunden, Experten, Vertrauten und in der Sache Verbündeten.

Je nach Gesprächsrunde, ob regelmäßig einmal pro Monat ihm Rahmen eines privaten Abendessens, einer Tarock-Runde oder als Jagd-Begleiter, die Etikette ist nebensächlich.

Wesentlich ist, daß sukzessive mehrere Ebenen aufgebaut werden:

- gesellschaftlich
- auf Expertenbasis
- als Geschäftsfreunde und/oder Verbündete.

Vorteile liegen nicht nur im freundschaftlichen Schlag-Abtausch und in der nicht weisungsgebundenen Kritik.

Sie liegen vor allem im "Batterie aufladen", im Input für den eigenen politischen Bereich, dem Ansprechen und Aussprechen von Fakten und Eindrücken, die nicht der selektiven Wahrnehmung und Wertung durch die - noch so wohlwollende - unmittelbare berufliche Umgebung unterliegen. Menschen, die Beiträge zu vernetztem Denken liefern, können schlußendlich langfristig jene Netzwerke bilden, die Erfolge abfedern und fortschreiben.

Kluge Führungspersonen kennen die Kraft, die von solchen Braintrusts ausgeht. Der feine, aber wichtige Unterschied zum Lobbying liegt mehr in der Vertraulichkeit, denn in der Auswahl der Menschen, die den persönlichen Braintrust bilden.

Keiner fällt als Medien-Zauberer vom Himmel

Kein ernstzunehmender Politiker oder Manager würde in eine Vorstandssitzung gehen, ohne sich intensiv darauf vorzubereiten. Das widerspräche jedem Hausverstand und jeder Professionalität. Da werden selbstverständlich mehrere Szenarien gedanklich und faktisch durchgespielt, Alternativen zur Alternative ausgetüftelt, Unterstützer und Verbündete vorinformiert und Lobbying betrieben, daß es eine reine Freude ist. Und selbst der Part des "advocatus diaboli" ist selbstverständlich Bestandteil des Vorbereitungsrepertoires.

Szenenwechsel: Interviewwunsch. Bewährte Vorbereitungsrituale werden schlagartig als qualvolle Zeiträuber empfunden. Die Terminisierung des Journalistengesprächs - zwischen zwei Sitzungen hineingepreßt - als Beweis großer Medienfreundlichkeit und Flexibilität angesehen.

Coaching und Simulation? Allein die Frage kann Aggressionen auslösen. Oder die gereizte Gegenfrage: Nach 20.00 Uhr gefällig? Wobei mehr oder weniger offen der Vorwurf mitschwingt, daß man wohl keine Ahnung hat, wie randvoll der Tageskalender mit wirklich bedeutenden Terminen, Sitzungen, Besprechungen, Telefonaten und Beratungen schon ist. Und überhaupt: man ist zum Managen, zum Politik machen geholt worden - und nicht dafür, mehr oder weniger blöde Journalistenfragen zu beantworten. Diese geistigen Nackerpatzerln verdrehen ohnehin alles, schreiben und berichten nur das, was ihnen in den Kram paßt, rennen Spekulationen nach, die mit dem täglichen Kampf in der Partei, im Ministerium oder im Unternehmen herzlich wenig zu tun haben. Also: maximal ein Telefonat, wenn es sich nicht vermeiden läßt. Und wenn es hoch kommt, ein kurzes Briefing-Gespräch. Zu mehr will und kann man keine Zeit finden.

Ersucht eine geachtete "grande dame" des Journalismus oder ein geschätzter Kollege der journalistischen Elitetruppe um ein Gespräch, gibt es noch eine andere Form der Annäherung.

Die latent vorhandene Aggression gegenüber den medialen Störenfrieden verwandelt sich dann gerne in Stakkato-Befehle an Abteilungsleiter und interne Experten: so schnell als möglich die erforderlichen Fakten - aufbereitet natürlich - vorlegen; wesentliche Inhalte fein säuberlich mit Gelbstift hervorgehoben, sodaß die telefonische Simultanübersetzung gegenüber dem Journalisten mit einem Blick pro Seite bestens klappt. Coaching und Simulation erst recht wieder zeitraubender Luxus wäre. Denn: Jetzt entscheidet die Klasse der Unterlagen über die Güte des Journalistengespräches.

Die prophylaktisch inkludierte Mitschuld jener, die Unterlagen für ein Interview liefern, als vorsorglich deponiertes Schutzschild für die Manöverkritik. Eine feine Methode, um sich selbst zu schonen und durch Softies in der eigenen Umgebung bestätigt zu bekommen, daß in Wahrheit mangelhafte Unterlagen der Zuarbeiter das Interview verhunzten. Sonst nichts. Beruhigend auch für die Konkurrenz. Sie wird mittelfristig noch besser schlafen.

Der Pfad der Tugend ist sehr schmal

Tausendfach erlebt, können Medienberater, Pressereferenten und Kommunikationschefs ein Lied davon singen, wie schmal der Pfad der Tugend und wie breit die Autobahn der Mittelmäßigkeit ist, wenn es um die Vorbereitung für Interviews geht.

Permanent unter Zeitdruck, ist es nicht selten die sprichwörtliche Unduldsamkeit von Erfolgsträgern oder solchen, die Erfolge bringen sollen, die professionelle Interviewvorbereitung verhindert.

In der Bedeutung unterschätzt und in der Sinnhaftigkeit angezweifelt, werden Coaching und Interview-Simulation gerade noch im Krisenfall innerlich akzeptiert. In der Regel aber eher als Zeitvergeuder eingestuft.

Genau das Gegenteil ist der Fall. Mit einem Interview, einer Pressestunde, einer Pressekonferenz oder einem ZiB-Statement erreiche ich zwischen hunderttausend und 2,3 Millionen Leser, Hörer und Seher. Da dürfen zusätzliche Stunden für die inhaltliche und präsentationsmäßige Vorbereitung nicht einmal eine Sekunde lang zur Diskussion gestellt werden.

Professionelles Coaching und Simulation von Interviewsituationen sind keine Angelegenheit von einer Stunde, sondern, je nach Anlaßfall, von bis zu vier Stunden - in Spezialfällen mit mehreren Durchgängen. Unter Umständen verteilt auf mehrere Wochen. Beispiel: Neues Team eines Vorstandes oder einer Partei präsentiert sich; eine für das Unternehmen strategisch wichtige Kampagne, eine Fusion oder ein Strukturbereinigungsprogramm wird vorgestellt.

Coaching ist hartes Training und/oder Controlling, wie man sich mediengerecht präsentiert, auftritt und gewünschte Inhalte so formuliert, daß bei der Wiedergabe über die Medien keine wesentlichen Botschaften verlorengehen oder Fehlinterpretationen erfolgen. Am effektivsten mit Kamerabegleitung werden in Coaching- und Simulationsrunden

1. Interviewsituationen "durchgespielt",

2. kompakte und sprachlich präzise Formulierungen trainiert,

3. Inhalte und Aussagen auf den Prüfstand gestellt,

4. Aussehen und Kleidung dahingegehend analysiert, ob sie typen- und kameragerecht sind,

5. die Sprechweise bei Bedarf durch Rhetoriktrainer verbessert,

6. geübt, wie man sich gegenüber provokaten, aggressiven oder mit Überraschungstricks arbeitetenden Interviewpartnern verhält,

7. aufgrund der Videoaufzeichnung Schritt für Schritt analysiert, wo Nachjustierungen gut wären.

8. Kurzinterviews und Kurzstatements geübt: Was sage ich in 30 Sekunden? Welche Botschaft kann ich in einer Minute (in 3 Minuten, in 5 Minuten) vermitteln?

Gutes Coaching und Simulationen können nie ident sein, sondern sind immer exakt auf die Person und die Situation zugeschnitten. Wenn es alle Beteiligten ernst nehmen, immer eine heikle Sache. Unter dem Titel "konstruktive Kritik" müssen nämlich sehr wohl alle nur denkbaren unangenehmen Fragen, Hinweise auf Schwachstellen in der Argumentation und persönliche Angriffsflächen einbezogen werden. Für viele ein Grund, externe Fachleute zu engagieren.

"Wessen Brot ich esse, dessen Lied ich singe." Im Hinterkopf eingespeichert, kann diese Haltung bei hausinternen Coachingrunden Ursache für Barrieren und falsche Zurückhaltung sein. Ist diesbezüglich bei einigen Gefahr in Verzug, hilft das Beiziehen externer Profis. Coaching und Simulation ist Arbeit mit dem Skalpell. Soll messerscharf dort ansetzen, wo Außenstehende einhaken sollen oder könnten. Nicht jedermanns/-frau Sache. Schon gar nicht, wenn der Chef oder die Chefin Sinn und Zweck des Coachings mißverstehen, Kritik als Unverschämtheit auffassen.

- Professionelles Coaching und Simulation sollen auf- und anregen.
- Rüstzeug für jede nur erdenkliche Gesprächssituation liefern.
- Aussagenstärke und Auftrittsbrillanz fördern.
- Sicherheit und Glaubwürdigkeit fördern.

Fragen-Raster für Simulationsrunden

Maßgeschneidertes Coaching und das Durchführen einer auf Thema und Medium abgestellten Simulationsrunde garantiert, daß die gewünschte Botschaft gut transportiert wird, einen optimalen Niederschlag in den Medien findet und keine einzige Überraschungsfrage gestellt wird.

- Was muß, kann und soll Inhalt der schriftlichen Presseinformation (Presseunterlage, Waschzettel, Pressemappe) sein?
- Welcher Journalist führt das Gespräch? Welche Medien sind bei der Pressekonferenz vertreten? Wer ist Moderator/in?
- Welche journalistische Vorlieben hat/haben die jeweiligen Medienvertreter? Wo liegen ihre besonderen Stärken?
- Worauf konzentrierten sie sich in der Berichterstattung der letzten Wochen?
- Welche Schlagzeile würde ich mir wünschen?
- Wie kann ich meine zentrale Botschaft in mehrere Antworten einpakken?
- Was sollte idealerweise zitiert werden?
- Mit welchen Angriffen, Untergriffen, Provokationen muß ich rechnen?
- Wie antworte ich auf diese?
- Wo sind die Schwachstellen im präsentierten Modell?
- Welche Informationen können meine Gegner dem Journalisten zugesteckt haben?
- Mit welchen Themen, zusätzlichen Informationen usw. kann ich mich "frei spielen"?
- Durch welche Dokumente, Statistiken usw. kann ich meine Aussagen untermauern, Beweise auf den Tisch legen?

- Was sage ich auf Fragen nach der derzeit aktuellen Buchlektüre, der Lieblingsspeise, was ein Liter Milch oder ein Fahrschein kostet, dem politischen oder menschlichen Vorbild, dem Zeitpunkt des letzten gemeinsamen Abendessens allein mit meiner Frau, meinen Hobbies, dem am meisten geschätzten Sänger, Dichter, Sportler usw.?

- Wie lautet die Antwort auf die Frage nach dem nächsten Karriereziel?

- Wie reagiere ich auf Beurteilungswünsche: Was vom Bundeskanzler, seiner Gattin, zu halten ist? Wie der Vizekanzler, die Minister XY, der eine oder andere Landeshauptmann, die Liberalen, Grünen, usw. gesehen werden?

- Welche strategisch wichtigen Aussagen muß ich treffen?

- Welche Fragen sind eine Gefahr, weil eine umfassende Antwort zuviel von meiner Gesamtstrategie verraten würde?

- Wie knapp müssen die entscheidenden Antworten sein, daß nicht "geschnitten" oder so geschnitten werden kann, daß dennoch der Kern der Aussage im O-Ton wiedergegeben wird?

- Welche Auswirkungen haben meine Aussagen in den eigenen Kreisen, im Unternehmen, in der Partei?

- Welche Nachstoß-Fragen können zu den einzelnen Themen kommen?

- Wo ist freundliches, verbindliches Verhalten angebracht? Wo Härte?

- Gehe ich offensiv auf Tagesmeldungen ein?

- Welche Ausweichantworten gebe ich, wenn intern ungeklärtes, noch in Ausarbeitung oder Planung befindliches angesprochen wird?

Coaching als Stimulans

Personal-Coaching ist umfassendes und vernetztes Training, um die eigene Persönlichkeit zum "Strahlen" zu bringen. Stärken optimieren, Schwächen minimieren - im Auftreten, persönlichen Stil und in der Art und Weise, wie man mit anderen Menschen, speziell aber mit Medienvertretern, kommuniziert.

Nicht verändern, verkleiden, Persönlichkeit brechen, um sie dann nach Schema F wieder idealtypisch aufzubauen, ist das Ziel. Sondern das in jedem steckende Repertoire zu entdecken und es erfolgverstärkend einzusetzen. Mut zur Kontur und zum starken Profil geben. Ebenso Gelassenheit und Sicherheit in medialen Streßsituationen.

Coaching von Politikern weist starke Parallelen mit dem Training von Spitzensportlern auf. Nur daß es in der Politik imaginäre Startschüsse sind, nach denen bestmögliche Leistung erbracht werden soll: der Gang zum Rednerpult, der Griff zum Mikrofon oder die Fragen von Journalisten.

Lipizzaner sind beide, Spitzensportler wie Politiker. Durch enormen Erwartungs- und Leistungsdruck unduldsam, verwöhnt durch subjektive oder objektive Erfolge, von der Öffentlichkeit geachtet, manchmal auch verehrt - wollen und brauchen beide immer einen nächsten Sieg. In Summe gesehen keine leichte Situation, sind doch die Grenzen zwischen gesunder Ichbezogenheit und arroganter Überheblichkeit fließend, Selbsteinschätzung und mediales Echo oft konträr.

Notabene werden - bei so vielen Wechselbädern zwischen Gunst der Stunde und des Publikums - die Medien mit ihren Bedürfnissen nach "Persönlich-allzeit-bereit-Politikern", die inhaltlich firm und sachpolitisch kompetent sind, als Störfaktor empfunden.

Schließlich erfordert die Arbeit, das Vorantreiben der Sache, volle Konzentration und hundertprozentigen Einsatz der eigenen Kräfte.
Zwar sind Zieleinläufe und Siegerinterviews bei Politikern - im Gegensatz zu Spitzensportlern - wesentlich seltener. Auch die Kraft und Motivation, die man daraus für die nächste Anstrengung schöpft.
Dennoch muß der Politiker selbst bei sogenannten routinemäßigen Auftritten mit Öffentlichkeit - ob bei Veranstaltungen oder im Gemeinderat, Landtag, National- und Bundesrat - ständig Spitzenleistungen anstreben und erbringen. Routineleistungen bringen keine Schlagzei-

len. Medienberichte beeinflussen jedoch entscheidend Symphathie- und Popularitätswerte.

Gute Medienpräsenz ist daher unverzichtbar, um als Politiker mittelfristig erfolgreich zu sein.

Politiker müssen, so betrachtet, dieselben Anforderungen erfüllen, die an einen 400-Meter-Läufer gestellt werden: Kondition und Ausdauer eines Langstreckenläufers gepaart mit der Sprinterstärke eines 100-Meter-Läufers. Ständig die Laufgeschwindigkeit kontrollieren, um den Vorsprung ins Ziel zu bringen; das Rennen richtig angehen und die Kräfte so einteilen, daß ein Überraschungsangriff möglich ist; gekonnte "Feindbeobachtung", damit ein Zwischenspurt rechtzeitig erkannt und pariert werden kann.

Und ähnlich dem Trainer, der vom Spielfeldrand aus den besseren Überblick über Spielaufbau und Publikumsreaktionen hat, hilft der Coach seinem Politiker durch ein extrem feines Sensorium - wie persönliches Auftreten wirkt, wie sich Aussagen und bestimmte Verhaltensweisen auswirken, welche Reaktionen absehbar sind.

Sicher ist, daß Politikern die beste Schauspielleistung nichts nützt. Wer sich nicht mit seinen proklamierten Inhalten identifiziert, an sich und seiner Arbeit zweifelt und nicht hundertprozentig siegen will, wird nie Erster sein. Siegerwillen, Integrität und Seriosität können weder aufgeschminkt, noch übergestülpt werden. Der Bürger spürt's und fühlt es. Und quittiert's mit Rückzug.

Eckpfeiler von Personal-Coaching:

1. Im Normalfall:
Perfektionierung der persönlichen und inhaltlichen Präsentation.

2. In Krisensituationen:
Schadensbegrenzung durch Offensivstrategien.

Journalisten als Vermittler politischer Botschaften leben vom permanenten Service, von der Kooperation mit Entscheidungsträgern, deren Informationsbereitschaft und Kommunikationsfreude. Der Geschäftsgegenstand heißt Information. Die Geschäftsbedingungen diktieren die Medien - wenn man es zuläßt. Daß man nicht in die zahlreichen Fallen tappt, jeden Auftritt zielgerichtet und professionell - auch zum eigenen

Vorteil - nutzt und die eigene Persönlichkeit, Kompetenz und Stärke für anderer faßbar macht, dazu braucht jede anspruchsvolle Führungskraft Profis aus der Branche im Windschatten und für Sondersituationen zusätzliche Kapazitäten.

Genau hier setzt die Arbeit von Personal-Coaching an. Die Aufgabenteilung ist klar: Der Coach beherrscht die Spielregeln, kennt die Geschäftsbedingungen im Umgang mit Medien - der Politiker wiederum ist Spielmacher.

Coachen, managen, führen, persönlich beraten - es ist völlig egal, wie es bezeichnet wird. Tun muß man es. Und machen lassen muß man.

Jede Spitzenposition verlangt danach. Unabhängig, in welchem Bereich. Sobald Medien als Kommunikationsdrehscheibe und Journalisten als Informationspool im Spiel sind, um politische oder unternehmerische Zielsetzungen zu unterstützen, öffentliche Meinungen wichtig sind, Marktanteile erobert werden sollen, ist Expertentum gefordert. Setzt man überwiegend auf eigene Durchgriffsmöglichkeiten und Macht, kann das Erwachen bitter sein. Einflußsphären können schnell ihren Aktienwert verlieren.

Führungskräfte finden nie - selbst wenn sie es wollten - ausreichend Zeit, sich mit den Medienvertretern, ihrer persönlichen Wirkung nach außen, den sich häufig ändernden Standards im Umgang mit Medien und den Entwicklungen in der Medienlandschaft (personelle Änderungen, dem Relaunch in einer Zeitung oder neue Medien am Markt) auseinanderzusetzen.

Ebenso ist es vermessen, zu glauben, daß den Eindruck, den ich von mir habe, andere eins zu eins teilen. Die Beurteilung durch andere und die Wirkung auf andere erfolgt in einer Pressekonferenz, während eines Statements im Fernsehen oder im Zuge eines Hörfunktinterviews innerhalb von Sekunden oder Minuten. Chance und Härte zugleich.

Wer sich dessen bewußt ist, handelt danach. Die in Österreich neuen Politikern großzügigerweise zugestandene "100-Tage-Schonfrist" kommt nicht jedem zuteil, der mit der Presse zu tun hat. Zumal es überhaupt wenige Personen öffentlichen Interesses gibt, denen eine derartige Medienpräsenz-Dichte zugestanden wird. Der Anteil jedes einzelnen Medienkontaktes an der Meinungsbildung ist daher umso größer und entscheidender.

Äußerlichkeiten sind keine Nebensächlichkeiten

Optische Spontaneindrücke, der Klang der Stimme, ein sympathisches, offenes Lächeln kann nachhaltiger die persönliche Bewertungsskala des Lesers, Hörers oder TV-Konsumenten beeinflussen, als intellektuelle Brillanz. Die Betonung liegt auf "kann".

Bilder "sagen mehr, als tausend Worte". Sie sind die auf visuelle und optische Reize reduzierte Schlagzeile. Dahinter steckt - unausgesprochen - immer eine Story. Die assoziative Kraft eines Fotos spricht diese Story an und aus - ohne wortreich darauf einzugehen.

Eine optische Momentaufnahme - mehrfach wiederholt - vertieft Eindrücke, prolongiert und verfestigt Einschätzungen über eine Person.

Wobei stets viel subtilere Bewertungskritierien zum Tragen kommen, als die Schwarz-weiß-Beurteilung "schön"- "häßlich", "modisch" - "altvaterisch" usw.

Auftreten und Erscheinung eines Politikers wecken im Betrachter im günstigsten Fall den Wunsch nach Identifikation. Die Mega-Stars wissen das. Sie arbeiten daran genauso hart, wie an inhaltlichen und sachpolitischen Herausforderungen. Und respektieren, daß die optische Taxierung durch andere Teil des Jobs ist. Daß der Betrachter mangels persönlicher Kontakte darauf angewiesen ist, sich in Sekunden oder Minuten "ein Bild" von ihm zu machen. Bei Wiederholungen solcher Kurzeindrücke erfolgt dann die Bestätigung für den Rezipienten, daß er richtig lag mit seiner Einschätzung. Besonders angenehm bei Erfolgen - schließlich ist jeder gerne auf der Gewinner-Seite. Das Phänomen des "band-waggon"-Effekts" zieht dann Hundertschaften an ursprünglich skeptischen Menschen auf die Seite jener, die einen Erfolg landeten, anständig und respektabel handelten oder in einer zutiefst schmerzlichen Situation Sympathien auslösten.

Wie groß die assoziative Kraft von Bildern - ob im Fernsehen oder in Zeitungen und Magazinen - ist, soll hier an einigen Beispielen aufgezeigt werden:

- Christine Vranitzky,
  Gattin des österreichischen Bundeskanzlers, am Golfplatz.

- Marilies Flemming, Ex-Umweltministerin,
  im rot-weiß-roten Kostüm als Anti-Wackersdorf-Kämpferin.

- Edith Klestil, Gemahlin von Bundespräsident Dr. Klestil,
  beim Philharmonikerball 1994 in Wien.

- Niki Lauda,
  auf den Trümmern der abgestürzten Lauda-Air-Maschine.

- Thomas Muster,
  Tennis-Top-Profi, mit neuer Freundin in Kitzbühel.

- Hans Peter Heinzl,
  Kabarettist, auf einem Krebshilfe-Plakat.

Bilder, die auch ohne Bildtexte Emotionen wecken, Mitgefühl auslösen: Freude, Solidarität, Trauer, Respekt, Sympathie, Hochachtung. Alles Bilder, die in der Erinnerung ein Kettenreaktion an faktischem und vermeintlichem Wissen über die betreffenden Personen zur Folge haben. Dem Betrachter subjektiv das Gefühl geben, diesen Menschen zu kennen. Und somit die Möglichkeit, für ihn/sie zu sein, mitreden zu können.

Optimales Personal-Coaching als Erfolgsverstärker

Personal-Coaching setzt dort an, wo Inhalte und persönliches Erscheinungsbild die Meinung bestimmter Zielgruppen positiv beeinflussen soll. Durch öffentliche Auftritte und Aussagen.

Die wahre Kunst liegt darin, mit größter Sensibilität die Wirkung auf andere zu checken, Wohltuendes zu verstärken, Schwachstellen erträglich zu machen und ein gesamthaft "stimmiges" Erscheinungsbild zu fördern. Ja nicht kreieren, indem man schauspielert, verkleidet, in der Person nicht Evidentes aufpfropft. Das funktioniert höchstens kurzfristig. Wenn überhaupt. Ist an der Person selbst und an der Öffentlichkeit aber letztendlich nichts anderes als ein professionell zustande gebrachter Betrug, dessen Aufdeckung dann weit über einen kurzfristigen Imageeinbruch hinausgeht.

Die beste Kontrolle ist die optische. Wer sich selbst in einer typischen Diskussions-, Interview- oder Gesprächssituation am Bildschirm beobachtet, sieht meistens sofort, wo Fehler und Stärken liegen.

Beispiel 1:
Erklärung eines politischen Zusammenhanges:
Eine wortgewandte, ausführliche Darlegung über die Zielsetzung des neuen Wohnrechtes kann in ein Co-Referat ausarten. Oder anhand eines griffigen Beispieles mit wenigen Sätzen auf den Punkt gebracht werden. Die erste Variante ist möglicherweise unerläßlich und richtig für den parlamentarischen Ausschuß oder eine Vordenker-Runde mit Experten. Für die Medienarbeit allerdings ungeeignet, weil in jeder Sendung höflich, aber bestimmt, der Ausführende unterbrochen werden müßte und jeder schreibende Journalist das tun muß, was der Politiker nicht schaffte: auf wenige Sätze reduziert den Kern der Sache wiedergeben.

Beispiel 2:
Interview über die politische Zusammenarbeit:
Die Sehnsucht der österreichischen Seele nach Harmonie zu befriedigen, gleichzeitig aber der Notwendigkeit nach Unterscheidbarkeit und eigenständigem Profil gerecht zu werden, kann zur berühmten "Quadratur des Kreises" werden. Ein Hochseilakt zwischen Festigkeit in der Argumentation und Durchlässigkeit der Körpersprache. Nur wenn ver-

bal bekundete Überzeugung, Mimik und Gestik ein "stimmiges" Gesamtbild ergeben, wird man in so heiklen Gesprächssituationen punkten. Nichts kann mehr decourieren, als der Widerspruch zwischen Gesagtem und Gesichtsausdruck. Die "Ehrlichkeit" des Mediums Fernsehen oder Fotoapparat schlägt - selbst bei Pokerface-Politikern - voll zu.

Personal-Coaching erzielt dann meßbare Erfolge, wenn Politiker bereit sind, sich jener Fachleute zu bedienen, die Substanz und Strategie mit persönlichem Stil und Design in Einklang bringen.

Politiker, die die Bedeutung der Außenwirkung richtig einstufen. Die aber auch wissen, daß die Selbstbeobachtung nie und nimmer durch professionelle Fremdbeobachtung ersetzt werden kann. Personal-Coaching ist zumeist eine verdammt heikle Gratwanderung zwischen feinsinniger Motivation und harscher Kritik, je nach Temperament und Stabilität mit Zuckerbrot und Peitsche. Mit dem Ziel, Respekt und Anerkennung nicht aufgrund einer bestimmten Funktion, sondern basierend auf der Persönlichkeit und deren sympathischer Ausstrahlung im Umgang und über die Medien zu erreichen.

Wer sich dessen nicht bewußt ist, soll die Finger davon lassen. Nichts ist fahrlässiger, als Hinweise auf einen abenteuerlichen Kleidungsstil als persönliche Beleidigung aufzufassen.

Statt darauf zu vertrauen oder sich selbst am Video zu vergewissern, daß die grelle Krawatte nicht nur Geschmacksache ist, sondern von der Aussage derart ablenken kann, daß eine Stunde später nichts mehr beim Beobachter zurückbleibt, als die Erinnerung an diesen gräßlichen Schlips. Nichts ist kontaproduktiver, als Hinweise auf politische Phrasiologie als Attacke auf die Politik zu mißinterpretieren. Aufgabe eines Personal-Coach ist es nun einmal, darauf aufmerksam zu machen, daß Nicht-Politiker viele Aussagen als leere Worthülsen empfinden müssen, wenn nur noch politische Fach-Terminologie angewandt wird.

Der Blick durch die Kamera

Training, Analyse und die Korrektur von Aussagen und Verhalten sind dann besonders wirkungsvoll, wenn Gesprächssituationen mittels Video-Kamera aufgezeichnet werden.

Gerade bei Fernseh-Auftritten entscheidet mehr die Gesamtwirkung einer Person als einzelne "Sager". Sieht man sich in Ruhe eine Aufzeichnung an, ist jeder fähig, zum Beispiel einzelne positive oder negative Aspekte in der Körperhaltung, Körpersprache, Formulierungsstärke oder beim Kleidungsstil zu erkennen.

Hier kann die betreffende Person jede einzelne Sequenz Revue passieren lassen, selber nachvollziehen, wie mühsam und unverständlich Formulierungen in Schachtelsätzen sein können. Sich selbst anhand von Standbildern überzeugen, wie der Fotograf den Augenblick wiedergeben würde bzw. müßte, wenn er "ehrliche" Bilder schießt.

Ein weiterer Vorteil von TV-Coaching ist die Gewißheit, daß ein guter Coach auch Kritik anbringt, die die Herzerln in der eigenen Umgebung nicht schaffen.

Gewöhnung ist der größte Feind für den kritischen Blick. Wer täglich mit schlecht sitzenden Anzügen oder der Disharmonie von Farben und Design konfrontiert ist, gewöhnt sich irgendwann einmal daran. Wer den letzten Wutausbruch bei der Debatte über solche Nebensächlichkeiten noch im Ohr hat, wird aus einer devoten Grundhaltung heraus den nächsten scheuen. Beides ist kontraproduktiv und schadet den Tops.
Politiker, die anhaltenden Erfolg haben wollen, stellen sich, ihr Outfit und ihre Fähigkeiten aber bewußt auf den Prüfstand. Regelmäßig, ohne Selbstmitleid und Selbstüberschätzung.

Beim Einstieg in kurzen Abständen - später in etwas längeren. Stets vor Augen, daß die Akzeptanz einer breiten Öffentlichkeit über das politische Schicksal wesentlich mitentscheidet und daher die Wirkung auf eben diese Öffentlichkeit wesentlich ist - nicht nur die Fans der engeren Umgebung.

Politisches Personal-Coaching ein total auf die Person abgestimmtes Training und Controlling. Auf jeden übertragbare Erfolgsrezepte unseriös.

Die große Kunst besteht darin, aus dem Gesamtrepertoire der Persönlichkeit jene Fähigkeiten zum "Strahlen" zu bringen, die als individuelle Stärke das unverwechselbare persönliche Profil ausmachen; Verhalten oder Auftrittsmuster, die andere irritieren, Schritt für Schritt zu ändern; ein Gefühl für situationsgerechtes Agieren zu entwickeln oder zu verstärken; sich auf die oft gegensätzlichen Rollen einzustimmen. Jeder Auftritt ist in der Dramaturgie und Inszenierung auf die unterschiedlichen Erwartungshaltungen abzustimmen.

Gutes Coaching ist so variantenreich wie die Auftritts-Palette. Die Vorbereitung für eine feurige Mobilisierungsrede anläßlich des Startschusses für das Wahlkampffinale wahrscheinlich von vornweg zeitintensiver. Ebenso für eine Pressestunde. Grundsätzlich gilt aber, daß das auf zehn Minuten beschränkte Coaching für ein Mittagsjournal-Statement denselben Stellenwert im Terminkalender hat, wie die Vorbereitung auf die nächste Fernseh-Debatte.
Mit einem Unterschied: Der dreistündige Spaziergang zum Einstimmen, Entspannen und Abschalten vor der TV-Konfrontation ist sicher Pflicht.

Die Videoaufzeichnung zeigt, was gut und was fehl am Platz ist

Souveränes und sympathisches Verhalten hängt von unzähligen Signalen ab, die man im Verlauf einer Diskussion, eines Statements, einer Rede oder eines Interviews als Person "sendet". Bewußt - und allzu oft unbewußt.

Handbewegungen, Mimik, Sitzhaltung, der Augenkontakt zu Mitdiskutanten, Blättern in Unterlagen oder nicht dem Anlaß entsprechende Kleidung - alles für sich gesehen "Kleinigkeiten" mit großer Wirkung. Im Positiven, wie im Negativen. Für den Betrachter in Summe gesehen eine Indizienkette, die Rückschlüsse auf menschliche Stärken und Schwächen zuläßt. Schließlich "kennt" man die Person ja nur vom und durch's Fernsehen, durch Hörfunk und Zeitungen.

Grundsätze und Beispiele:

- Aufrecht, aber locker sitzen und stehen - lümmeln verboten. Letzteres wird niemals mit Lässigkeit assoziiert, wohl aber mit schlechter Kinderstube.

- Interviewsituation mit Tisch. Da kann der hochgerutschte Anzugkragen, die schiefe Krawatte oder der zum Zerreißen gespannte Blusenknopf ungewollter Eyecatcher sein und die Aufmerksamkeit von allem anderen ablenken.

- Interviewsituation im Stehen: Ständig das Gewicht von einem Bein auf das andere zu verlagern signalisiert Unbehagen und Unruhe - mit keiner noch so festen Stimme zu kompensieren. Unter der Brust verschränkte Arme deuten auf Verschlossenheit, Hände hinter dem Rücken auf angespannte Vorsicht.

- Das Spielen mit Bleistift, Füllfeder, Brille oder das ständige Nesteln in Unterlagen spricht Bände über die innere oder sachbezogene Unsicherheit.

- Fatal die Wirkung eines Blickes, der - beim kurzen Nachdenken - nach oben gerichtet, den Eindruck erweckt, nur noch Eingebung oder der liebe Gott können helfen. Ebenso vielsagend die im falschen Augenblick gesenkten Lider.

- Beim Zweier-Gespräch wird eine leicht schräge, dem Gesprächspartner zugewandte Körperhaltung als freundlicher empfunden und läßt viele Möglichkeiten der unterstützenden Gestik zu. Die direkte Frontalhaltung schränkt den Bewegungsradius ein, wirkt optisch konfrontationsträchtiger.

- Gespreizte Beine bei Interviews im Fauteuil könnten bei Männern wie bei Frauen eine pikante bis peinliche Optik ergeben.

- Behaarte Waden, die zwischen Socken und hochgerutschtem Hosenbein hervorblitzen, ebenso unpretiös wirken, wie übers Kreuz geschlagene, stämmige Frauenbeine.

- Aggressive oder zynische Antworten auf Journalistenfragen werden zu 99 Prozent als Zeichen von Schwäche interpretiert und nur zu 1 Prozent als wohltuender Befreiungsschlag im Match zwischen Interviewer und Interviewpartner.

- Monologe killen die Frage-Antwort-Dramaturgie.

- Unterbrechen der Gesprächspartner kann sich in der Regel nur der Moderator leisten. Als Politiker muß man die Tugend des interessierten Zuhörens beherrschen und andere ausreden lassen - auch wenn es körperliche oder seelische Qual bedeutet.

- Hoppla-hier-bin-ich-Typen, penetrantes Strahlemann-Gehabe und ständige Positiv-Grinser lösen ebenso Widerwillen aus, wie Politiker, bei denen die Bürde der Würde immer und überall am Faltenwurf im Gesicht ablesbar ist - verstärkt durch den ständig sorgenvollen Blick.

Sprache und Sprechtechnik

Die politische Terminologie ist eine der größten Tücken und Gefahren in der Kommunikation mit und über Medien. Aus dem Dilemma, entweder kurze, prägnante politische Begriffe zu verwenden, die von Wissenden und einer qualifizierten Minderheit decodiert werden können oder allgemein verständliche Formulierungen zu suchen, gibt es nur den für die meisten Politiker mühsameren zweiten Weg: entweder sich generell eine Sprache anzueigenen, die jeder versteht, oder situationsbedingt zu variieren. Worauf man sich auf gar keinen Fall verlassen sollte, ist die Dolmetsch-Tätigkeit und Fähigkeit der Medien.

Gutes Coaching zeigt auf, wo Sprachbarrieren sind, wo Gesagtes nur für Insider verständlich ist, welche Möglichkeiten einer korrekten "Übersetzung" gegeben sind, wie komplizierte Zusammenhänge simplifiziert werden können.

Die einfachste und naheliegendste Annäherung ist die der Frage: Wie verstehen Sie das? Plötzlich beginnt der Politiker in einer Sprache, die nichts mit Amtsdeutsch, Politiker- oder Ausschußsprache zu tun hat, sein Anliegen, seinen Vorschlag zu erklären.

Verliert im Idealfall die Furcht und die Hemmung davor, Vielschichtiges auf eine Kernaussage herunterzubrechen. Für hypergescheite Personen eine quälende, extrem harte Überwindung.

Politische Phrasendrescherei entlarvt andererseits aber auch viele beschränkte Geister. Für sie sind die politischen Worthülsen nichts anderes als Flucht aus der eigenen Wortlosigkeit.

Beim Coaching werden Fragen vorweggenommen, die von Journalisten gestellt werden oder zu erwarten sind, sowie Fragen, die zur "Übersetzung" eines Sachverhaltes dienen oder notwendig sind.
Inklusive einer Kontrolle von Sprechgeschwindigkeit und Sprechtechnik. Zu schnelles Sprechen, undeutliches Artikulieren oder das Verschlucken von Silben rechtfertigen das Einschalten professioneller Rhetoriktrainer, wenn die Verständlichkeit des Gesagten zu sehr leidet.

Das erfolgreiche Absolvieren von Sprechtrainings oder der Übung, selbst mit Korken zwischen den Zähnen für andere verständlich zu sprechen, garantiert zwar noch keine nachhaltigen politischen Erfolge, verhindert aber unter Umständen, daß jede Ansprache und jedes Interview für den Zuhörer zur unzumutbaren Konzentrationsübung wird.

Oberste Prämisse für den Politiker ist, sprachlich verständlich und inhaltlich konsistent zu informieren und alle Ausdrücke zu vermeiden, die als "termini technici" nicht Allgemeingut sind. Das hat nichts mit einer anderen Art einer Slogan-Sprache zu tun, sehr viel aber mit Selbstdisziplin und Liebe zum Publikum.

Persönlicher Stil

Kleidung als Ausdruck der Persönlichkeit oder zur Unterstreichung derselben spielt nicht nur in der Yellow Press eine beachtliche Rolle. Kleidung als Ausdruck persönlichen Stils und als Hinweis auf die Person, die dahinter steckt, gibt die Möglichkeit zur Interpretation und Identifikation. "Kleider machen Leute" - auch in der Politik.

Situationsgerechte, mediengerechte und typgerechte Kleidung ist für manche ein spanisches Dorf. Andere bestechen durch perfekte Auswahl und schaffen dadurch eine gekonnte Harmonisierung der Gesamterscheinung, verstärken Sympathieelemente, rufen Nachahmungswünsche hervor. Der Sprung vom Politiker, der durch seine Persönlichkeit und sein Erscheinungsbild angenehme Gefühle auslöst, zum Politiker, dem man in der Wahlzelle seine Stimme gibt, ist kleiner, als bei einem Politiker, der fachlich akzeptiert, optisch aber eine Beleidigung ist - oder dessen Outfit ein nicht näher definierbares inneres Sträuben auslöst.

Für Farben- und Typberater ein weites Feld - viel zu selten konsultiert von Menschen, die tagtäglich Kontakte mit der Öffentlichkeit, mit den p.t. Medien haben.

Die Kleider-Tastatur, auf der Politikerinnen und Politiker tagtäglich spielen, weist wohltuende, aber auch schrille bis dumpfe Töne auf. Sie reicht vom Politiker, der Anzüge so lange trägt, bis der Hosenboden glänzt, bis zu Aufsteiger-Typen, die sich als modische Trendsetter sehen. Oder jenen unsäglich penetranten Personen, die den sozialen Aufstieg mittels politischer Funktionen nicht verkraften und der ganzen Welt durch unpassende, aber sündteuere Designermode, Accessoires und Schmuck beweisen müssen, daß sie wer sind.

Tadellose Frisur als wichtiger Bestandteil eines gepflegten Äußeren: Sauberes, frischgeföntes Haar ist ebenso ein Muß, wie perfekter Schnitt. Ein Politiker/in kann es sich nicht leisten, unfrisiert, mit fetten oder strähnigen Haaren zur einer Pressekonferenz zu gehen, ein Interview zu geben. Vor jedem Auftritt ist daher ein Friseurtermin einzuplanen. Zu jeder Zeit gewappnet sein bedeutet, daß man sich einen Friseur sucht, der um 7.00 Uhr früh genauso greifbar ist, wie am Wochenende. Ohne unanständige Sonder-, Sonntags- oder Erschwerniszulage.

Passender Haarschnitt und tip top frisiert:

Interviewzeiten korrelieren weder an Wahlsonntagen, noch an vielen anderen Tagen mit den handelsüblichen Öffnungszeiten. Daher ist hier Vorsorge zu treffen. Unter Vermeidung eines Bäumchen-wechsle-dich-Spieles. Ständiges Wechseln des Friseurs zeugt zwar von einer gewissen Experimentierfreude. Für den ständig unter Zeitdruck agierenden Politiker, der vor dem Interviewtermin vielleicht gerade noch eine Stunde für den Haarkünstler einteilen kann, aber einfach zu riskant.

Es gibt diese Sonderausgabe von Friseur, der eine ideale Übereinstimmung von Haarqualität und Haarschnitt schafft und dabei noch den persönlichen Typ, Gesichtsform und Anlaß berücksichtigt. Diese, gerade für gestreßte Politiker eigentlich unbezahlbare Idealausgabe eines Andreas Tampier (Friseursalon Bundy & Bundy, Wien), der neben der handwerklichen Professionalität auch über die Gabe verfügt, zu erkennen, ob eine Tasse Kaffee oder ein Glas Sekt, ein freundlicher small talk oder Schweigen gut tut. Und der bei jedem Anruf "Stand by" ist, egal ob der Salon übergeht oder er bereits einen 10-Stunden-Tag in den Beinen und Händen hat. Selbst Briefing-Gespräche während des Fönens nimmt eine derartige Sonderausgabe von Friseur mit stoischer Ruhe hin.

Das Entstehen einer idealen, typgerechten Frisur stößt möglicherweise nur bei Personen, die in der Weltpresse daheim sind, auf gesteigertes Interesse - Beispiel Hillary Clinton. Tadelloses Aussehen und gepflegtes Erscheinungsbild hängen aber auch bei allen anderen von einem guten Haarschnitt ab. Er komplettiert oder konterkariert den gewünschten Gesamteindruck.

Beweise dafür gibt es zuhauf. Angefangen vom lächerlichen Versuch, mit einigen langen Haaren die Glatze zu überpinseln, mangels Masse die Restbestände befremdlich hochzufönen oder mit betörender Lokkenpracht Volumen vorzutäuschen, das anderswo fehlt.

Typgerechte Frisuren unterstreichen die Persönlichkeit genauso wie typgerechte Kleidung. Und bedürfen derselben Sorgfalt in der Auswahl und bei der Berücksichtigung von Alter, Anlaß und Figur, wie angemessene Kleidung.

Kleider machen Leute - auch in der Politik

Zugegeben, Frauen in der Politik sind bei der Wahl ihrer Kleidung einer kritischeren Beurteilung ausgesetzt, als Männer. Abgeleitet wohl vom wesentlich variantenreicheren Angebot, das sich ihnen bei der Auswahl ihrer Kleidung offeriert.

Männer, die ständig zwischen ewig-grauem Flanell-Anzug und dunklem Doppel-Reiher wählen, können diesbezüglich verhältnismäßig wenig falsch machen. Spätestens aber bei der Auswahl von Hemden und Krawatten plus Stecktuch setzt der Schulenstreit ein. Und im übertragenen Sinn die Wahl zwischen zwischen Seriosität, Kühnheit und Koketterie. Das bevorzugt getragene Schuhwerk ist dann in der optischen Analyse des Mannes nur noch das Tüpfelchen auf dem I. Liebt er Handgemachtes aus Leder mit Schnürsenkeln, Plateausohlen, zierliche Slipper oder den geräuschvollen, festen (Auf-)Tritt.

Lösen bei Frauen häufiger knallende Farben Irritationen aus, sind es bei Männern Schnitt und Stoffqualität, die ketzerische oder süffisante Kommentare zur Folge haben. Knitterlook ist bei einem Werbemann fesch, beim Politiker deplaziert. Ein Null-acht-fünfzehn-Schnitt beim Anzug ein Zeichen für einen Null-acht-fünfzehn-Politiker.

Wer in seinem Beruf mit TV-Kameras und Fotografen rechnen muß, hat sich in Stil, Design und Farbgebung ein sicheres Gespür anzueignen. Oder muß es anderen überlassen.

Jeder einzelne Ausrutscher ist, einmal fotografisch festgehalten, hartnäckigster Bestandteil von Fotoarchiven. Und kann noch jahrelang im Einsatz sein. Im besten Fall witzig oder als wohlwollende Persiflage. Im schlimmsten Fall als Zerrbild - erniedrigend und demütigend.

Der erste Eindruck entscheidet über die Spontaneinschätzung. Wiederholte optische Eindrücke via Fernsehen und Fotos verfestigen ein Image. Und sind nur langfristig zu korrigieren. Leichtfertigkeit im Umgang mit Kleidungsstil und optisch wahrnehmbarem Verhalten daher völlig unangebracht.

- Über ein gewagtes Krawattenmuster wird allemal länger diskutiert, als über das geplante Museumsquartier samt Leseturm.

- Das dezente Business-Kostüm ist bei Aussagen über eine nächste Novelle zur Kfz-Verordnung eher angebracht, als eine mit Straßsteinen besetzte Bolero-Jacke.

- Die unter einer dunklen Hose sichtbaren weißen Tennissocken bei einem TV-Sommergespräch können mehr Beachtung finden, als die Ankündigung einer steuerlichen Freibetragserhöhung.

- Gleiches gilt für Hüte, Fliegen-Freaks und Jeansträger.

Sie alle begeben sich in die Gefahrenzone, daß über Äußeres und Äußerlichkeiten heißere Debatten entstehen, als über ihre politischen Inhalte. Wer dazu steht, soll glücklich werden und Erfolg haben - darf sich aber nicht über süffisante bis abwertende Diskussionen ärgern. Wo jeder Auftritt spontane oder nachträgliche Assoziationen in Richtung Kostümverleih auslöst, leidet die Seriosität von Aussage und Person. Und wenn Politiker bei der Farbkomposition ihrer Bekleidung und beim Brillen-Design zweitrangig sind, sollten sie sich nicht wundern, daß ihre Kompetenz zweitrangig ist.

Farben sind das optische Parfüm

Personen, die in der Öffentlichkeit stehen und jederzeit mit einem Interview rechnen müssen, mit der Einladung in eine Nachrichtensendung oder zu einem Fototermin, kommen nicht umhin, sich Gedanken über die farbliche Zusammenstellung ihrer Garderobe zu machen. Was bei Tageslicht, im Büro oder am Rednerpult elegant und tiptop wirkt, kann am Bildschirm störend sein. Mit dem Schicksal zu hadern, nützt nichts. Und die Einstellung, daß das Gesagte entscheidender ist, stimmt zwar in den meisten Fällen. Aber warum nicht alle Saiten zum Klingen bringen, wenn es sich machen läßt. Auch jene, die beim Betrachter - zumeist unbewußt - über die Farbe angesprochen wird?

Farbberatung durch Profis lohnt sich. Farben sind das optische Parfüm: Je nach Hauttyp unterschiedlich, die Persönlichkeit unterstreichend oder erschlagend.

Die individuelle Bestvariante, die mit Haut und persönlichem Typ harmoniert, bedarf fachkundiger Beratung oder ausgeprägtem Pfadfindergeist. Insbesondere dann, wenn die Garderobe immer noch einige Fundstücke aus vergangenen Tagen aufweist und der verschlafene Griff in den Schrank plus Tageslaune zum "falschen" Hemd, zum nachtschwarzen Rollkragenpullover plus Kostüm im Hahnentritt-Muster führte. Und justament um 9.30 Uhr, nach der ersten Redaktionskonferenz, ein Anruf mit dem Ersuchen nach einem TV-Statement kommt. Spätestens dann ist Eile angebracht. Entweder saust der Pressechef mit Chauffeur zur Wohnung oder klappert blitzartig einige Geschäfte ab. Daß es Ministerinnen und Minister gibt, die zwischen Bürositzung und Ministerrat selbst den Einkaufsbummel im Eiltempo absolvieren, kommt vor. Ist aber die extreme Ausnahme. Und führt meist zu Schweißausbrüchen bei Verkaufspersonal, Begleitung und Minister/in - was auch wieder nicht empfehlenswert ist.

Das verflixte ist, daß auch Farbtöne, die mit Haut und Typ harmonieren, im Fernsehen befremdlich und störend wirken können. Ob als Hemd oder Bluse getragen.

- Weiße Hemden, immer noch Favorit der meisten Führungskräfte, können mitunter viel zu hart kontrastieren. Eine strahlendweiße Bluse detto. Völlig anders wirkt eine weiße Bluse, die beispielsweise ein zartes Lochmuster hat - also weiß durchbrochen ist.

- Eine gute Alternative sind Pastelltöne. Blau kann eine wunderbare Farbe sein. Nicht von ungefähr gilt das "Blue-box-Blau" als Geheimtip für eine sichere Farbwahl für TV-Hintergründe. Manche Spitzenpolitiker und Top-Unternehmer entledigten sich längst schon der täglichen Farben-Zitterpartie, indem sie Stapel an Hemden in allen Hellblau-Nuancen ihr eigen nennen.

- Auch vor dem Chic gestreifter Hemden und der vermeintlichen Eleganz pastellfarbener und/oder gestreifter Hemden mit weißem Kragen warnen viele.

- Unter den Pastellfarben gibt es aber sehr wohl auch kranke Farben - wie zum Beispiel Grün. Zartes Grün kann nämlich auf die Gesichtsfarbe abfärben; Trägerin oder Träger wirken - ob sie es sind oder nicht - fahl im Gesicht und kränklich.

- Selbst die herrliche Signalfarbe Rot verliert ihre erotisierende Wirkung, wenn sie am Bildschirm "flimmert". Dann ist sie nur noch irritierend.

- Selbstverständlich ist bei allen sehr dunklen, düsteren Farben Vorsicht geboten. Solche Farben wirken im Fernsehen in der Regel noch eine Spur dunkler, als sie augenscheinlich sind. Diesbezüglich empfiehlt es sich, einige Zeit bewußt die Farbenwahl von Moderatorinnen und Moderatoren zu beobachten. Das dabei entwickelte Feeling hilft und gibt "Farbensicherheit".

- Meist vorteilhaft sind gebrochene Farben. Ebenfalls wohltuend für's Auge: dezente Muster, Verzicht auf rigorose Kontraste.

Äußerlichkeiten sind keine Nebensächlichkeiten. Sie beeinflussen alle, sind Wahrnehmungsteile und haben - bewußt und unbewußt - Auswirkungen auf das Urteil, das andere über Personen, die in der Öffentlichkeit stehen, fällen. Deshalb beinhaltet Personal-Coaching mehr als nur inhaltlichen Feinschliff und strategische Kommunikationsplanung. Auftreten, Kleidung, Körpersprache, Mimik und Gestik gehören dazu - als Bestandteil der nonverbalen Kommunikation, der an Erfolgen oder Mißerfolgen beträchtlichen Anteil haben kann.

Teil 5

Persönliche Ausstrahlung

Personen wirken immer - egal, ob sie Wert darauf legen oder nicht. Daß Führungskräfte und Politiker geflissentlich in jeder Situation daran denken sollten, ist ein frommer Wunsch. Die Realität sieht oft anders aus.

Da werden die einfachsten Gesetze von inhaltlich guter Vorbereitung, Höflichkeit und angemessener Kleidung mit einer solchen Selbstverständlichkeit verletzt, daß es Journalisten wie Pressebetreuer gleichermaßen schmerzt.

- Da wird ein in letzter Minute von zu spät informierten Mitarbeitern hingenudelter oder der Sekretärin selbst diktierter "Waschzettel" (PK-Unterlage) aufgelegt.

- Da glauben besonders Tüchtige, auf ein Schlafkontingent von drei bis vier Stunden besonders stolz sein zu müssen und haben dann bei entscheidenden Fragen ein Black-out oder reagieren auf dumme Fragen noch dümmer - weil aggressiv.

- Da wird auf gepflegtes Aussehen und Kleidung demonstrativ kein Wert gelegt - aus Unachtsamkeit oder Unbelehrbarkeit. Ungeputzte Schuhe, nicht manikürte Fingernägel, fette Haare, schlecht sitzende Anzüge und schreiend mondäne Kleider sind keine Frage des Geldes, sondern Ausdruck schlechten Geschmacks.

- Da werden Presse-Statements zu Referaten, die jeden langweilen - nur den Selbstdarsteller nicht, der eine Pressekonferenz mit einem Einführungsseminar verwechselt.

- Da werden Antworten auf konkrete, kurze Fragen zu ausschweifenden Co-Referaten, weil man weder Mumm noch Perspektive hat, schon gar nicht den Mut zur klaren Sprache und zur couragierten Profilierung.

- Und am Tag danach werden dann alle Journalisten und Berichterstatter als Idioten oder von der Konkurrenz gekaufte Mischpoche bezeichnet, weil die Ignoranten wieder einmal nicht verstanden haben, was das Wesentliche war und worum es ging.

Gepflegtes Aussehen ist kein Zufallsprodukt

Wer eine Führungsposition einnimmt, hat sich - mit oder ohne Medienkontakt - um ein gepflegtes Aussehen zu kümmern. Der erste Eindruck ist nun einmal wichtig. Und entsteht vornehmlich durch optisch wahrnehmbare Eindrücke: Gesichtsausdruck, gepflegtes Äußeres, gutes Auftreten, höflicher Umgang, dem Alter und der Figur angepaßte Kleidung.

Daß Gerüche auch eine Rolle spielen, wie man eine Person spontan einstuft und beurteilt, weiß jeder, dem schon einmal die penetrante Parfumfahne, das aufdringliche Rasierwasser oder der ekelhafte Schweiß- oder Mundgeruch eines Gesprächspartners die Luft nahm.

Nicht jedem wurde der sichere Griff zum optimalen Kleidungsstück in die Wiege gelegt. Wohl aber die Möglichkeit, sich Schritt für Schritt einen sicheren und passenden Kleidungsstil anzueignen.

Das hängt weder von der goldenen Kreditkarte ab, noch von der Zeit, sich durch die exklusiven Einkaufsboutiquen durchzuschlagen. Beides ist eher gefährlich, denn nützlich - wenn nicht Fingerspitzengefühl und geistige Kapazität harmonisieren.

Unpassende Kleidung konterkariert Kompetenz und Seriosität. Bei Politikern, wie bei Top-Leuten der Wirtschaft. In der Politik wirkt es nur noch um die Spur peinlicher und desaströser, als im Wirtschaftsleben - weil dort der gewollte oder ungewollte tägliche Kontakt mit Medienvertretern, Fotografen oder Kameraleuten einen mit Recht zu fürchtenden Multiplikatoreffekt bedeutet.

Eine einzige Presserunde im schlechten Outfit, mit einer unvorteilhaften Frisur, einem gewagten Dekolleté, einem Würge-Hemdkragen, einer verrutschten oder lächerlichen Krawatte kann viele tadellose Auftritte ruinieren.

Weil Lächerlichkeiten und optische Ausrutscher nachhaltiger wirken und länger in Erinnerung bleiben, als ein Foto mit korrektem Outfit. Im schlechtesten Fall wird genau dieses eine Foto in den Archiven sehr lange überleben - um dann, bei passender Gelegenheit, wieder einen Artikel zu garnieren.

Ebenso verhält es sich mit "Waschzetteln" oder Presseaussendungen. Inhaltlich dünn, schlecht formuliert oder ausschließlich dem Motto der Ankündigungspolitik verschrieben, wandern solche Exemplare ebenso häufig in den Papierkorb wie in das persönliche Archiv des Journalisten oder in das Stichwort-Archiv der Redaktion. Um dann bei einer TV-Pressestunde, einer "Im Journal zu Gast"-Sendung des Hörfunkes oder bei einem Duell im Rahmen eines Exklusivgespräches einer Redaktion genüßlich zitiert zu werden.

Ankündigungsspezialisten sind ein gefundenes Fressen für Fragen, wie und wann man denn endlich gedenke, das gegebene Wort einzulösen.

Körperliches Wohlbefinden "strahlt" aus

Voller Magen lähmt das Gehirn. Leerer Magen quält das Gehirn. Bei Pressekonferenzen wirkt sich beides unangenehm aus. Erfahrungsgemäß trifft eher letzteres zu, zumal Pressekonferenz- und Pressegespächstermine überwiegend vormittags angesetzt sind. Und da ist aus Nervosität oder Zeitmangel die Gefahr größer, mit knurrendem Magen zur Pressekonferenz zu marschieren. Zum Frühstück schnell eine Tasse Kaffee oder Tee hinuntergeleert, dann ab ins Büro, noch einmal schnell Korrekturlesen der Pressekonferenzunterlage - mit oder ohne Pressebetreuer - dann noch ein Dutzend unverzichtbarer Telefongespräche, ein Blick auf die Uhr und wiederum ab zur Pressekonferenz. Entspannung und freundlicher Gesichtsausdruck ade!

Einen schlechteren Dienst kann man sich selbst gar nicht erweisen, als mit leerem Magen in die Presse-Arena zu steigen. Fehlende Gelöstheit, verkrampfendes Lampenfieber, Konzentrationsschwächen und die Spur zuviel an Aggression werden die Folge sein. Dasselbe tritt ein, wenn man mit Kopfweh oder ähnlichen "kleineren" Wehwehchen glaubt, eine Pressekonferenz bestreiten zu können oder zu müssen.

Gut organisierte Politiker und professionell agierende Pressebetreuer verfügen daher immer über bewährte "Nothelfer". Für den Hunger: Obstschale. Für's Kopfweh: Meersalz. Eine Banane oder einen Apfel zu essen, braucht genauso viel Zeit, wie Händewaschen und Frisieren - gehört daher zum letzten Check, eine Viertelstunde vor einem Pressetermin. Und wenn sich Kopfweh einschleicht, helfen drei, vier Körner Meersalz, die man zwischen vorderer Zahnreihe und Vorderlippe zergehen läßt.

Ärger als Job-Element kann zwar niemand vor einem wichtigen Pressetermin oder einem Interview gänzlich ausschließen, Trouble-Shooter-Aktionen und die Belästigung mit Nebensächlichkeiten sehr wohl. Und überflüssige Ratschlaggeber. "Klammeraffen", die immer eine Chance wittern, mit wohlmeinenden Tips oder Empfehlungen ihrem Chef imponieren zu müssen - speziell vor einem Pressetermin - sind zu entfernen. Wenn es der Chef aus Höflichkeit oder als praktizierender Christ nicht zustande bringt, dann muß der Pressesprecher dafür sorgen. Und Sekretäre, die glauben, dieses oder jenes Telefonat noch unbedingt durchstellen zu müssen, Politstrategen, die in letzter Minute noch mit wichtigen Erkenntnissen ihre unverzichtbare Funktion unter Beweis stellen wollen, Haus-Statistiker, die es nicht schafften, rechtzeitig die Daten zu liefern, aber dafür zehn Minuten vor dem Pressetermin mit dem letzten Computerausdruck das Büro stürmen wollen - sie alle sind hochkant 'rauszuschmeißen.

Das Ergebnis hektischer Aktivitäten unmittelbar vor Journalistengesprächen bringt überhaupt nichts, weder entscheidende neue Erkenntnisse, noch die Über-Drüber-Idee, sondern nur zusätzliche Nervosität. So nützlich, wie Laufmaschen in schwarzen Strümpfen oder abgerissene Hemdknöpfe.

Peter Dowd, Vice president for Public Relations, Texaco

Mark Bloomfield, President of American Council for Capital Formation (Washington)

Franz Josef Hartlauer, Kaufmann, Hartlauer Kette

Mag. Karl Krammer, Kabinettchef und Pressesprecher von Bundeskanzler Franz Vranitzky

Am Foto rechts: Pam Hughes, Kommunikationsdirektor von Ted Kennedy (Washington)

Linda Robinson, Agenturchefin (New York)

Dr. Irmgard Bayer, Prokuristin, Hoechst-Austria AG

Dr. Rudolf Bretschneider, Fessel & GfK (Wien)

"Lebensgefühl" kann Botschaft sein

Der auch in Österreich feststellbare Trend zur politischen Personality-Show löst durchaus ambivalente Gefühle aus und wird in seinen Auswirkungen auf die Meinungsbildung und das Wählerverhalten unterschiedlich beurteilt.

Sicher ist, daß sich keiner dieser Entwicklung entziehen kann. Die Person eines Politikers, sein gesellschaftliches Umfeld, ist "Gegenstand" von Coverstories. Inklusive Familienleben.

Irrtum 1: Als Politiker muß ich mich dieser neuen Begehrlichkeit von Medien nicht stellen.

Das ist in seinem Absolutheitsanspruch falsch. Selbstverständlich muß man Fotografen und Reporter oder Kolumnisten nicht in den letzten Winkel der Privatsphäre vordringen lassen, kann Fotos der Kinder verweigern, Urlaubsziele geheimhalten, Lieblingsrestaurants so häufig wechseln, daß der Redakteur keine Chance hat, intimere Gesprächs- und Freundeskreise zu beobachten. Über das "wie" und in welchem Ausmaß der Öffentlichkeit ein Blick hinter die Amtskulisse gewährt wird, entscheidet jeder für sich. Nicht wegdiskutieren kann man allerdings das Faktum, daß ein berechtigtes Interesse der Bevölkerung besteht, Spitzenpolitiker ganzheitlicher einschätzen zu können, indem sie auch über deren Privatleben mehr wissen als den staubtrockenen Lebenslauf: geboren am 9. Oktober 1945, verheiratet seit 6. Mai 1975, Vorstandssprecher der Aktiengesellschaft XY, derzeit längstdienendes Kabinettsmitglied usw.

Irrtum 2: Die Öffentlichkeit (Medien) hat kein Recht auf Persönliches.

Der Trend, auch die Privatsphäre führender Politiker zu kennen, hängt nicht nur mit der latent vorhandenen Neugierde zusammen, wissen zu wollen: wie lebt er, was macht er außerhalb des Büros, seiner Amtsräume und mit welchen Leuten umgibt er sich in seiner Freizeit. Sondern auch mit der Tatsache, daß eigene Wünsche in Führungspersönlichkeiten projiziert werden. Der von solchen Personen gepflegte Lebensstil läßt eigene Träume zu. Identifikation auf der menschlichen Ebene wird möglich oder zumindest erleichtert.

Sozialer und wirtschaftlicher Fortschritt sind ein weiterer Grund für das signifikant gestiegene Interesse von Bürgern und Wählern an "Home"- und "Human-touch-Stories".

Für viele stehen nicht mehr existentielle Sorgen und Ängste im Vordergrund. Man kann sich mit scheinbaren Nebensächlichkeiten beschäftigen. Und für viele, die dem täglichen Existenzkampf in aller Härte und Brutalität ausgesetzt sind, sich diese Nebensächlichkeiten willkommene Ablenkung.

Irrtum 3: Personality-Shows bringen nichts

John F. Kennedy und Gattin Jaqueline gelten heute als Pioniere für exzellente persönliche Promotion. Wohl weniger aus Fadesse, sondern aus der kühlen Überlegung heraus, daß nicht nur mit politischen Programmen Wesentliches zu bewegen ist und ein wichtiger Teil der Kommunikationsarbeit die Vermittlung von Lebensgefühl und Selbstbewußtsein ist. Politik über "Kopf und Bauch" kommunizieren. Emotionen und Lustgefühle wecken. Sehnsucht nach Harmonie befriedigen. Bilder aus dem Oval Office im Weißen Haus mit Präsidentensohn John, der als 2-jähriger Knirps unter dem Schreibtisch des mächtigsten Mannes der Welt herumkrabbelt, gingen um die Welt. Ebenso von Gattin Jaqueline mit Tochter Caroline auf den Knien. Oder vom ersten Badeurlaub des Präsidenten-Paares nach dem Einzug ins Weiße Haus.

Ob Präsident, Bürgermeister oder Bundeskanzler: das gesellschaftliche und private Umfeld interessiert, kann Sympathieträger und Beliebtheitsverstärker sein. Und ist daher ein Faktor, den gute Kommunikationsstrategen berücksichtigen. Und zu nützen wissen.

Das Lustprinzip in der Politik mit voyeuristischen Tendenzen als gezieltes Mittel im Ringen um Sympathiewert und Bekanntheitsgrad birgt allerdings eine einzige Gefahr in sich: Bricht das veröffentlichte Bild über familiäre oder partnerschaftliche Harmonie zusammen, sind Imagedefekte unvermeidlich. Der Wähler verzeiht privaten Schwindel weniger als politischen. Das Pendel schlägt in die Gegenrichtigung aus - heftiger und nachhaltiger als bei jedem danebengegangenen politischen Deal oder Trick.

Irrtum 4: Privates geht niemanden etwas an - Krisenmanagement nicht nötig.

Die Trennung zwischen politischer und privater Person ist unmöglich. Egal, ob Privates bewußt aus der Kommunikationsarbeit ausgespart wird oder nicht - spätestens im Fall einer persönlichen Krise ist diese Trennlinie außer Kraft. Aus eigenem Zutun oder durch kräftiges Mittun von Gegnern. Daher sind auf der Ebene der Kommunikationsarbeit bei privaten Krisen mit noch größerer Akribie dieselben Kriterien zur Problembewältigung anzuwenden, wie in jeder politisch heiklen Situation. Daß die Privatsphäre in Krisensituationen extrem hohe Anforderungen an ein gutes Krisenmanagement stellt, führt oft dazu, daß überhaupt kein professionelles Krisenmanagement gemacht wird. Aus Borniertheit oder fehlendem Wissen um Wirkung und Möglichkeiten guter Kommunikationsarbeit. Immer aber mit dem Ergebnis beträchtlicher Imagedefekte.

Irrtum 5: Sachkompetenz und Substanz allein genügen

Für die Politik gilt es sicher, in der Wirtschaft (ab einer bestimmten Größenordnung des Unternehmens) immer mehr: Sachkompetenz und Substanz allein genügen nicht mehr. Der Stil, wie man mit Medienvertretern umgeht, ist langfristig immer mitentscheidend für faire Berichterstattung. Wer es sich leistet, Journalisten zu Bittstellern zu degradieren, kann eine langfristig faire Berichterstattung in den Kamin schreiben und vergessen. Könner auf dem Kommunikationssektor wissen, was der Medien-Markt will und braucht. Und bietet an - ohne sich bitten zu lassen. Der mediale Blick auf Privates und Persönliches kann nie Ersatz für politische Substanz sein. Die Beißhemmung ist bei kurzfristigen Tiefs aber größer, wenn die Öffentlichkeit auf mehr als nur ein einziges Beurteilungskriterium zurückgreifen kann. Die vernünftige, strategisch ausgewogene Mischung an Informationsangeboten ist es, die starke Persönlichkeiten auszeichnet und die veröffentlichte Meinung determiniert.

Teil 6

Das tägliche Geschäft um die Schlagzeile

Ob kalte oder freudige Schauer über den Rücken jagen, hängt bei der täglichen Presseschau natürlich vom jeweiligen Betrachter ab. Jedenfalls in zweiter Linie. In erster Linie aber von der Kommunikationsstrategie, den Vorbereitungen des "Sagers", der konsequenten Aufbereitung eines Themas.
Es kann keine "Überraschungen" geben, wenn ein Themen-Fahrplan und ein Aktionsplan existieren. Und im Vorfeld mit entsprechendem Know-how Daten und Fakten aufbereitet, analysiert, sowie Simulationen von Positiv- und Negativszenarien durchgeführt wurden.

1. Grundvoraussetzung: Vision, Leitbild, Themenfahrplan für 1 Jahr

Visionen oder Leitbilder, Unternehmensstrategien oder Wahlprogramme zu erarbeiten, ist härteste Knochenarbeit. Von Führungspersonen muß aber erwartet werden können, daß sie sich dieser Arbeit unterziehen. Zuerst mit sich, dann mit anderen in Klausur gehen und sich aller "Hilfsmittel" für die Letztentscheidung festgelegter Ziele zu bedienen wissen - von der Demoskopie bis zu Erkenntnissen, die aus dem persönlichen Braintrust stammen.
Zeiten sogenannter "Bauchentscheidungen" sind längst vorbei. Solche Bauchentscheidungen sind zu eng mit der eigenen Lebenssituation, Einstellungen, Kindheits- und Jugenderlebnissen und unbewußten Wünschen oder Ängsten verbunden, um stets auf der Waagschale der Beurteilung durch die Zielgruppen bestehen zu können.
Eigene Meinung und das Bekenntnis zu persönlichen Zielsetzungen sind wichtig. Ebenso aber die Gelassenheit, diese Pläne durch Focus-Gruppen, Umfragen und begleitendes Controlling (z.B. Testfragen in die zahlreichen, ständig laufenden demoskopischen Untersuchungen einzuklinken), auf Aktualität, Akzeptanz und allgemeine Bedeutung prüfen zu lassen.

Etappenpläne gegen unnötigen Kräfteverschleiß

Der Ehrgeiz, immer mit dem gelben Trikot bis zum Zieleinlauf unterwegs zu sein, ist zwar eine gesunde Wettbewerbseinstellung, kann aber auch zu einem frühzeitigen Kräfteverschleiß führen. Und zum Break auf halber Strecke. Zeitlich und inhaltlich exakt festgelegte und dramaturgisch intelligent inszenierte Etappenpläne sind das Geheimnis guter Strategen. Wichtig dabei ist, mit persönlichen, finanziellen, teamorientierten Ressourcen hauszuhalten. Schließlich bedarf jede Etappe zwischen Start und Ziel höchster Konzentration und Anstrengung.

Exakte Projektplanung mit Letztverantwortung - von Argumentarien bis "Brainfloating"

1. Argumentarien:

Erfolgreiche Projekte und Pläne basieren auf Unterlagen und Argumentarien, die für jeden - der nicht Projektleiter ist - plausibel und stimmig die Sinnhaftigkeit und Zielsetzung vor Augen führen.

Eine Person kann keine Aktion tragen, kein Thema so forcieren, daß es "durch" ist. Dazu benötigt man immer eine Crew, eine eingeschworene Mannschaft, interne und externe Verbündete. "Mündliche Überlieferungen" sind stets interpretationsanfällig. Nichts kann eine schriftliche Unterlage ersetzen.

Weiterer Vorteil: Fax und vernetzte Computeranlagen bieten die Möglichkeit, auch dann die wesentlichen Informationen an die Frau und an den Mann zu bringen, wenn psychische Anwesenheit nicht gegeben und akustische Direktverbindungen ausgeschlossen ist.

2. Info-Netzwerk nach innen:

Politiker und Vorstände neigen dazu, den Exklusivitätsanspruch für wichtige Informationen zu eng zu sehen. Das Potential bestens informierter Mitarbeiter wird nie ausgeschöpft. Während man sich über Direktmailing und externe Zielgruppen die Köpfe heiß redet, versanden Informationsträger in den eigenen Reihen.

Einmal zu checken, wer was von wem und wie z. B. drei Tage nach einer entsprechenden Entscheidung oder dem Startschuß für eine Initiative erfahren hat, wäre für manchen Chef heilsam bis erschütternd.

Kein Werbeetat der Welt kann gutmachen, was bei der internen Kommunikation versäumt wurde. Ganz abgesehen von den Identifikationsproblemen und der Verstimmung unter Mitarbeitern - die bis hin zu "innerer Kündigung", passiver Resistenz und potenziertem Frust führen.

3. Klare Projektverantwortlichkeit und Zuständigkeit:

Viele Köche verderben den Brei. Politische, organisatorische, inhaltliche, finanzielle und mediale Verantwortung liegt ausschließlich in zwei Händen. Wer daran rüttelt, möchte offensichtlich erst eine Kostprobe menschlichen Erfindungsgeistes genießen, wenn etwas daneben geht. Strukturelle Graubereiche führen immer zum Desaster.

4. Kurzmeetings zur Kontrolle:

Die Betonung liegt auf "kurz". Sitzungskultur bedeutet, rechtzeitig, mit Agenda ausgestattet, klar deklarierte Meetings einzuberufen. Projektbezogene Kontrollmeetings sind keine Sitzungen zur Erarbeitung grundsätzlicher Positionen, sondern dienen nichts anderem, als der Kontrolle des Fahrplanes, der Umsetzungsstadien und Teilergebnisse. Und der gegenseitigen Abstimmung. Mindestens zwei Mal am Tag - in der Früh und am Abend.

5. "Klammeraffen" als Projektleiter eliminieren:

Disziplinierte Abwicklung von Projekten setzt voraus, daß jeder weiß, wo seine Verantwortung liegt und in relativer Ruhe arbeiten kann. Projektleiter oder Wichtigtuer, die sich in alles einmischen und ständig am Telefon hängen oder in der Tür stehen, um andere mit Fragen und Hinweisen zu quälen, sind tödlich. Signalisieren sie doch maßlose Selbstüberschätzung, intellektuelle Arroganz oder Hilflosigkeit im eigenen Zuständigkeitsbereich. Solche "Klammeraffen" sind in ihrer breiigen Mittelmäßigkeit tödlich für jedes Projekt, jede Initiative und jeden dynamischen Entwicklungsprozeß.

6. Vorlaufzeiten beachten - ein wesentliches Erfolgskriterium:

Es gibt äußerst erfolgreiche Unternehmer, die als oberstes Ziel haben: zwei Jahre planen und vorbereiten - und in einem dreiviertel Jahr den Bau durchziehen. Natürlich abgängig von der Größe. Aber vom Prinzip her ein goldener Leitfaden. Wer Vorlaufzeiten unterschätzt, gerät ins

Trudeln. Entweder müssen Themen oder Aktionen unter einem irrwitzigen Tempo durchgepeitscht werden oder die Kostenseite explodiert. Allein die kreative Planungsarbeit für Publikationen, Plakate, Folder und sonstiges, einzuholende Vergleichsanbote, Focussierung auf Schwerpunkte und Zielgruppen bedeutet bei jeder Kampagne in den meisten Fällen genauso lange Vorlauf- wie Laufzeit.

7. "Brainfloating" und "Brainstorming"

Auf Knopfdruck funktionieren PC-Maus, TV-Fernbedienung und Tonanlage. Und das auch nur, wenn die Technik will. Mit Sicherheit nicht Ideenbörsen und Kreativitätsteams. Schon gar nicht, wenn ungeordnetes Chaos, Hektik und extensiver Tagesstreß ausarten und dann weltmeisterliche Ideen und Lösungsansätze verlangt werden.

Schade um die Zeit. Da helfen weder isometrische Übungen, Zynismus noch Schifferl-Versenken. Sondern nur aufstehen und einen neuen Termin vereinbaren.

Kreativität fließen lassen, kann man nur in animierender Umgebung, freundschaftlicher Atmosphäre, konfliktfreien Gesprächsrunden.

"Sozialpartnerschaft" auf gehobenem Niveau. Egal, ob es sich um die Regierungsmannschaft handelt, die abseits von Ministerrat und Koordinationsausschuß im Rotationsprinzip Sommersitz oder Wohnzimmer eines Kollegen bevölkern, Berg- und Stadtbeislrunden führender Köpfe, sporadisch regelmäßige Treffs in diskreten Tagesbars oder ein Sportwochenende.
Paßt der Rahmen, werden Rahmen gesprengt, beste Ideen geboren, Teams wachsen über sich hinaus und wachsen an jedem positiv Beteiligten.

8. Happy hour mit den Stabsstellen:

Nicht von ungefähr wissen wirkliche Spitzenleute solche Zirkeln zu pflegen. Bei der Kreation von Meetings mit Beraterstäben, Vertrauten und Freunden mit Expertenwissen sind lediglich zwei Dinge zu berücksichtigen: Phantasie und Regelmäßigkeit. Einmal nach Amtsübernahme auf der Woge absoluten Wonnegefühls enge oder engste Kreise privat einzuladen, ist zwar nett, reicht aber nicht.

Geistige Entspannungsübungen motivieren ungemein, aktivieren beide Gehirnhälften, lassen Träume zu, aus denen sehr oft die berühmten High-Lights entstehen.

- Wöchentlich eine "Happy hour" mit den Stabsstellen bringt mehr als fünf Flip-Chart-Präsentationen.

- Monatlich eine "Brain-floating-Runde" beflügelt mehr als jedes Motivationsvideo.

- Im Wechselschritt mit Vertrauten aus der "Außenwelt", die nach Begabung, Talent und/oder Expertenwissen den internen harten Kern ergänzen, entstehen so Kräftepools, die durch nichts ersetzbar sind.

Verfeinerte Handhabung führt zu einem perfekten Auffang- und Auftank-Netzwerk von Ideen, zu einem Frühwarnsystem für Problemzonen, einem Teamgeist, der mehr ist als lediglich das Summenspiel von "Good will" und Können.

Diese Fixtermine im Kalender jeder Spitzenkraft firmieren unter dem Titel "Ergänzungsprogramm". Manche meinen sogar, sie sind wichtiger, als jede noch so hervorragend vorbereitete Arbeitsklausur. Was sie keineswegs sind, ist ein Ersatz für Besprechungs-, Beratungs- und Planungssitzungen. Und Weiterbildungsseminare. Der diesbezügliche Bedarf allerdings ist enorm.

Der ganz normale Redaktions-Wahnsinn

Feiertag, 12.30 Uhr. Anruf in der Redaktion: "Könnten Sie mich bitte mit Herrn Redakteur Kindel verbinden?" "Ein Moment, ich verbinde." Anrufbeantworter: "Sie sind mit dem Apparat von Herrn Kindel verbunden. Ich bin derzeit in der Redaktion unterwegs. Sprechen Sie bitte eine Nachricht auf Band oder rufen Sie in dringenden Fällen meine Mobiltelefonnummer 0663/023888."

Anruf in der Redaktion einer Tageszeitung. Sonntag, 11.45 Uhr: "Bitte, die Ressortchefin." "Sie telefoniert gerade. Kann ich ihr etwas ausrichten oder können Sie in einer halben Stunde noch einmal anrufen? Ich glaube, es dauert länger!"

Zwei willkürlich herausgegriffene Beispiele, die symptomatisch sind für den "Rund-um-die-Uhr"-Job eines Journalisten. Sonntagsruhe und Feiertags-Erholung? Da stiehlt sich nur ein müdes Lächeln in das Redakteursauge. Ständig auf der Jagd nach Interviewpartnern, immer auf Recherche. Kein einziges Gespräch, ohne daß im Hinterkopf nicht schon der Computer eingeschalten ist, inwieweit die eine oder andere Information verwertet werden kann. Dazu ein Arbeitstag, der sich an keine Regel hält, an keine innere Uhr, schon gar nicht an Essenszeiten.

Und wenn man dann zwischendurch einfach einmal die Redaktion verlassen muß, weil man Gesichter und Geschichten nicht mehr erträgt, das Ringen um Worte einem die Luft zum Denken nimmt oder die vorgestern zugesteckte Top-Secret-Info im Konkurrenzblatt zu lesen ist - wenn man sich dann - wieder mit Zeitungen bewaffet - ins Café flüchtet, glaubt jeder: auch so einer, sitzt den lieben langen Tag herum, liest, läßt sich hofieren, um mit oder ohne Null komma Josef dem nächsten eine d'rüberzuziehen.

Auch eine Sicht der Dinge. Mit dem ganz normalen Redaktionswahnsinn so ident wie Schübling und Käsekrainer. Beides Würste - aber Welten dazwischen.
Der wahre Redaktionsalltag sieht anders aus. Personen, die mit Medien arbeiten, sollten darüber zumindest im Ansatz Bescheid wissen. Verstehen und nachempfinden können es ohnehin nur Branchenmitglieder.

Das Geschäft mit und um (die besseren) Informationen setzt den Journalisten unter denselben Arbeits- und Vorarbeitsdruck (sprich: Recherche), wie sein Gegenüber.

- Bevor er den Fuß über die Redaktionsschwelle setzt, sind ORF-Landesrundschau, Morgenjournal und Weltnachrichten angesagt. Teletext und ein zweiter Blick in die am Vorabend in Kolportage erworbenen Erstausgaben Frühstücksbegleiter.

- Mit Kaffee, Zigaretten und/oder Briochekipferl bestückt, erfolgt am Schreibtisch Konkurrenzbeobachtung en detail.

- Erste Redaktionssitzung - erste Aufträge. Gegen 9.30 Uhr hinaus zur Tür. Pressekonferenzen im Parlament, Landtmann, Mariott, Griensteidl - wo immer die Informationswilligen geladen haben. Oder zum Exklusivtermin - Vorausinformationen via APA-Selektion, Haus-, Hand- oder Gedächtnisarchiv des Chefs im Köcher.

- 12.00 Uhr ORF-Mittagsjournal, die für viele wichtigste Tages-Nachrichtensendung, wird im Idealfall mit Stöpsel im Ohr in der Straßenbahn gehört. Unterbrochen durch den zweiten "Kontroll-Anruf" aus der Redaktion. "Bin schon unterwegs. Spätestens in zehn Minuten da."

In der Redaktion zusätzliche Recherche-Anrufe. Verdammte Telefonschleifen. Zwei O-Töne müssen sein! Der Herr Vorsitzende ist bei einem Termin außer Haus. Nicht erreichbar? Dann den Presse- oder Kabinettchef! Auch außer Haus! Die Mobilnummer, es ist dringend! "Kein Anschluß unter dieser Nummer ..."

- Re-Check unmöglich. Der Zweispalter fix eingeplant. Und in einer Stunde Redaktionsschluß für die Erstausgabe. Das Call-Girl in der Redaktion glüht. Wurstsemmeln vertrocknen.

- Endlich die zwei versprochenen Rückrufe. Einer unbrauchbar, weil diffus; der zweite bedingt verwertbar. Also noch einmal zum Telefonhörer. "Ist in einer Sitzung. Darf nicht gestört werden!" "Muß aber! Entweder zur Bestätigung oder für eine Gegen-Stellungnahme." "Wer spricht bitte?"

- Der in der Sitzung Gestörte meldet sich. Fühlt sich gestört. "Rechnungshofbericht? Politische Verantwortung? Selbstverständlich. Die ist gegeben!" Konsequenzen? "Werden soeben beraten."

- Wieder Redaktionssitzung: Schlagzeile ändern. Diskussion mit dem Ressortchef. "Das ist der Aufmacher - nicht der Alleinverdiener-Absetzbetrag. "Was, der Sport? Die sollen hinten ordentlich schreiben und uns vorne in Ruh' lassen." Schluß der Debatte: Berger bleibt Aufmacher.

- 14.30 Uhr. Story eingegeben. Erster Kaffee, der in Ruhe getrunken wird. Zehn Minuten später beginnt die Jagd von Neuem. Interviewtermine vereinbaren. Treffen im Café. Recherche-Gespräche, verbindlich im Ambiente, hart in der Sache. Dann Telefonketten.

- 17.00 Uhr Journal. "Warum haben wir die Geschichte nicht?" "War ein Exklusivinterview." "Gibt es nicht!" "An die Front. Für die Wien-Ausgabe will ich 30 Zeilen. Aber ein bisserl mehr, als im Journal war. Wir mutieren - wie Du das machst, ist mir egal."

- "Kann ich den für 18.00 Uhr geplanten Termin auf 20.00 Uhr verschieben? Es ist was ausgebrochen." "Geht leider nicht - habe ein Referat. Morgen um 7.30 Uhr Frühstück im Tirolerhof?" "OK Danke!"

Und wieder sitzt ein Schreiberling in aller Hergottsfrüh im Café, hat nichts anderes zu tun, als Zeitungen zu lesen und mit einem feschen Mittvierziger zu plaudern.

Beliebig austauschbar. Beliebig erweiterbar.

Redaktionsschluß, Konkurrenzdruck und interner Wettkampf setzen Journalisten einem Streß aus, der mit Spitzenfunktionen in Politik und Wirtschaft durchaus vergleichbar ist.

Daß sie Schicksale in der Hand haben, mit einer Artikelserie Umfrageergebnisse und Umsatzgrößen beeinflussen können, hängt erst an dritter Stelle mit der möglichen Unfähigkeiten einzelner oder mit einer Herausgeberkampagne zusammen. In erster Linie entscheidet die eigene Professionalität und Kommunikationsqualität, wie man gecovert wird, wie Berichte ausfallen. In zweiter Linie die eigene Zivilcourage und Fähigkeit, sich gegen belegbare Verunglimpfung, journalistische Diffamie oder Fehlinformation zur Wehr zu setzen. Rundfunk-Kommission und Presserat sind dafür allemal geeignetere Disziplinierungsgremien, als Verdächtigungen, Pauschalangriffe gegenüber der Reportergilde und Informatonssperren. Glaubwürdigkeit, stichhaltige Argumentation, Fakten und eine Kommunikationsbereitschaft, die Redaktionsusancen respektiert, können aber durch nichts ersetzt werden. Schon gar nicht durch Presseanwälte.

Achtung Redaktionsschluß! Eine Liste hilft.

Den Kampf um Schlagzeilen, Berichte, Artikel und Meldungen entscheidet letztendlich die Uhr. Sorgfältige Vorbereitung, schmackhafte Aufmachung und inhaltlich Neues als Voraussetzung, ist es dann der eingehaltene Redaktionsschluß, der als letztes - aber wichtigstes Glied in der Kette - für die Veröffentlichung ausschlaggebend ist. Und an dessen Nichtberücksichtigung gute Stories häufig scheitern.

Eine Liste über die jeweiligen Schlußzeiten in den Redaktionen - griffbereit im Schreibtisch oder an die Pin-Wand gespickt - hilft, die "Deadline-Zeiten" immer im Auge zu haben.

1. Elektronische Medien - ORF, Privatsender:
Checken, welche Sendungen für den eigenen Zuständigkeitsbereich relevant sein können. Anruf in der Pressestelle des Senders, dem Aktuellen Dienst usw. - zu welchem Zeitpunkt Informationen noch sinnvoll sind, um entsprechend verarbeitet werden zu können.

2. Printmedien - regional:
Die regional bedeutenden Medien sind in ihrer Vielzahl und Leserdichte für politisch Aktive äußerst bedeutsam. Nicht nur, weil sie praktisch jeden Haushalt erreichen. Sondern auch aufgrund der Tatsache, daß Aktionen, Ideen und Verbesserungsvorschläge vom Platzangebot in der Zeitung ausführlicher dargestellt werden können. Beziehungsweise viele Initiativen - weil für einen ganz speziellen Leserkreis interessant - nur dort berichtenswert sind. Daher Gemeinde- und Stadtjournale, Bezirkszeitungen, Gratisblätter u.ä. ebenso mit Redaktionsschlußzeiten und ressortzuständigen Redakteuren auflisten, wie die großen Bundesländer-Zeitungen.

3. Printmedien - überregional:
Wer das Handwerk im Umgang mit den bundesweiten Medien beherrschen möchte, muß wissen, wann die "Innenpolitik", "Wirtschaft", "Lokales/Kommunales", Kolumnisten etc. die Seite "zumacht". Aber auch, wann Redaktionsschluß für Spezialteile wie "Immobilien", "Karriere", "Personalia" oder auch Rubriken ist, die vorproduziert werden.

Die einfachste Methode:

Listen mit Stichworten "Politik", "Wirtschaft", "Kommunales", "Adabeis", "Termine", "fixe Kolumnen" usw. anfertigen. Versehen mit Rubriken: Redaktionsschluß, zuständige Redakteure, Telefonnummer, Faxnummer, Mobilnummer, Sekretärin. Die Arbeit mit solchen Listen sichert nicht nur, daß immer der neueste Stand präsent ist, wer in welcher Redaktion wofür zuständig ist oder ob es Änderungen bei den Redaktionsschluß-Zeiten gibt, sondern daß im "Ernstfall" - wenn wieder einmal unter großem Zeitdruck möglichst schnell eine Meldung an die richtigen Personen weitergeben soll - keiner übersehen wird.

Linda Robinson, Agenturchefin, New York: "Man muß bereit sein, der Erste zu sein"

Die zentrale Zielformulierung erfolgreicher Medienarbeit heißt: Man muß bereit sein, der Erste zu sein. Mit allen Konsequenzen: Erster sein, bei der Aussage; Erster bei der Festlegung der Marschrouten; Erster bei der Auswahl der Helfer und Helfershelfer.

Für eine pro-aktive Medienarbeit bedeutet dies, zu erkennen, daß man selbst - in voller Größe und Bedeutsamkeit der Funktion oder des Amtes - wiederum nur ein relativ kleines Partikelchen im gesamten Informationsspektrum ist. Und daher umso zielorientierter, rascher und medienfreundlicher zu agieren hat, will man im Kampf um Sendezeiten und Plazierung in den Printmedien wirklich mitmischen.

Der Erste zu sein, heißt:

- **Themen fortschreiben:**
  Egal, auf welches Spezialgebiet sich ein Politiker stürzt, bei einer sorgfältigen Themenauswahl für die Kommunikationsarbeit ist darauf zu achten, immer nur Aussagen zu treffen, die eine inhaltliche Fortschreibung bringen.

- **Mut zum eigenen Standpunkt:**
  Der Politiker muß für etwas stehen, berechenbar und einschätzbar sein. Die Methode, allen nach dem Mund zu reden, funktioniert nicht, sondern bringt nur diffusen Meinungsbrei und Verwirrung.

- **Kompetenter als der andere sein:**
  Inhaltliche Substanz und Expertenwissen sind weder durch gekonnte Präsentationsformen, noch durch Aktionismus zu ersetzen.
  Nur ein ausgewiesenes Expertenwissen - und sei es in einem schmalen Themensegment - bedeutet, daß den Medien immer wieder Neues, Vorausgedachtes oder fundierte Analysen mit Schlußfolgerungen angeboten werden können.

- **Rücksicht auf Redaktionsschluß und Zeitdruck der Journalisten:**
  Aktive und offensive Medienarbeit ist mit dem Faktor "Redaktionsschluß" absolut vertraut und arbeitet gezielt darauf hin. Im übertra-

genen Sinn kommt sowohl beim Beachten des Redaktionsschlusses, als auch des chronischen Zeitdruckes von Journalisten das Sprichwort "Morgenstund' hat Gold im Mund" voll zum Tragen. Fünf Zeilen, die um 9.00 Uhr früh an die Presse-Agentur weitergegeben werden, können zum Tagesthema in mehreren Medien werden - eine rechtzeitig zur Haupt-Nachrichtensendung plazierte Botschaft die Spitzenmeldung sein.

- **Journalistenanrufe haben immer Vorrang:**
  Auf jeden Anruf einer Redaktion gibt es nur eine einzige richtige Reaktion: sich sofort darum kümmern. Und - höchstens nach Redaktionsschluß gestaffelt - umgehend Antworten geben oder vermitteln, Stellung nehmen, angeforderte Information zufaxen. Nichts ärgert mehr, als Hinhaltetaktik. Selbst Vertröstungen auf einen späteren Zeitpunkt können kritisch sein, sind aber manchmal nicht zu umgehen. Der Journalist wird dann zwar den Telefonhörer d'raufknallen und fluchen, weil das gewünschte Statement nicht gleich erfolgt, kann aber in der Zwischenzeit wenigstens weiterrecherchieren. Völlig dumm und unhöflich ist es hingegen, ohne präzise Zeitangabe auf "irgendwann" zu vertrösten oder sich gänzlich zu verweigern.

Mit zwei Zeilen im Vorsprung - das genügt

Pro-aktive Kommunikationsarbeit nützt dem täglichen Rennen der Medien um den kleinen oder großen Informationsvorsprung. Politiker, die das Spiel mit dem Faktor Zeit beherrschen, haben immer die Nase vorne. Diejenigen, bei denen Bedauern ob dieser Fähigkeit angebracht ist, sind eine "quantitee negligable", sodaß die allgemeine Gültigkeit dieser goldenen Regel nicht beeinträchtigt wird.

Die schnelle Information, an einen oder mehrere Journalistisch telefonisch (per Fax) weitergegeben, läuft heute "traditionellen" Methoden wie Pressekonferenzen und Presseaussendungen zunehmend den Rang ab.

Zwar spielen routinemäßig angesetzte Pressekonferenzen immer noch eine große Rolle. Je größer das Angebot, umso höher aber die Reizschwelle, umso wichtiger die überdurchschnittliche Sorgfalt bei der Auswahl von Inhalt, Zeitpunkt und Ort. Und umso entscheidender können sich Zeitvorsprung und frühzeitiges Aviso auswirken. Gerade auch bei den sogenannten Tagesmedien wie Agenturen, Tageszeitungen, Aktueller Dienst von Hörfunk und Fernsehen.

Wochenmagazine, Fachzeitschriften und periodisch erscheinende Publikationen koppeln sich - je nach Blattlinie und Spezifizierung - ohnehin weitgehend vom Gemeinschaftserlebnis der Pressekonferenzen ab. Sie bevorzugen in der Regel andere Info-Futtertröge.

Nach wie vor in der Wertschätzungsskala gut plaziert: Sonderevents wie Regierungsklausuren, Großkonferenzen, Auftakt-Pressekonferenzen für Aktionen, Kampagnen und Wahlkampfstarts.

Da werden auch die ebenfalls routinemäßig angesetzten Pressekonferenzen gerne besucht. Noch wertvoller ist aber die dabei gebotene Gelegenheit, Stellungnahmen "am Rande der Konferenz" einzuholen. Und schon beginnt sich der Kreis wieder zu schließen.

Der Massenandrang an Journalisten-Kollegen und das Großaufgebot an Politikern weckt bei vielen geradezu reflexartig den journalistischen Trieb nach Exklusivität. Das Spiel beginnt von vorne: als wichtig empfundene Informationen werden durch direkte Kontakte zum Politiker oder dessen Pressestab eingeholt, verifiziert, zur Exklusivstory für die eigene Zeitung aufgeblasen. Zwei Sätze oder zwei Zeilen - brisant und exklusiv. Mehr ist es nicht. Das Tauziehen innerhalb der Redaktion um den Dreispalter oder Aufmacher gewonnen, ein neuerlicher Punktesieg gegenüber der externen Konkurrenz errungen.

Das größte Kapital ehrgeiziger Journalistinnen und Journalisten sind Kontakte und Telefonlisten, die ihnen jederzeit und nach eigenem Bedarf exklusive Zitate und weiterführende Recherchen sichern. Voraus-Berichterstattung ermöglichen. Der erste Bericht, Hinweis - ob Punktmeldung oder Reportage, ein neuer Aspekt oder die erste Faksimile-Veröffentlichung eines journalistischen Beweisstückes sind Aphrodisiakum für jeden Redakteur. Und wenn dann andere die Geschichte "nachspielen" müssen, Zitate, die mühsam erkämpft wurden, im Domino-Effekt quer durch die Medienlandschaft aufgegriffen werden, können selbst die abgebrühtesten Zunftmitglieder Glücksgefühle und tiefe berufliche Befriedigung empfinden. Auch jene, die sich längst schon einen Status als "Aufdecker der Nation", "Grandseigneur" oder "Grande Dame der Innenpolitik" erarbeitet haben.

Das setzt aber Kenntnisreichtum und Rafinesse voraus. Wer mit Medien arbeiten will, muß wissen, wann der beste Zeitpunkt für ein Gespräch oder Telefonat und was Letztstand ist.

News im Sinne von News bewerten zu können, sichert Expertenstatus und Respekt. Alte Hüte hingegen sind genauso beliebt wie Schweißfüße, Sie sind schlichtweg eine Belästigung. Desinformation solcher Art wird doppelt krummgenommen. Erstens, weil der Journalist davon ausgehen muß, daß ihn der Informant offensichtlich für einen uninformierten Dolm hält und zweitens, weil ihm die Zeit für andere Gespräche mit wirklich verwertbaren Ergebnissen gestohlen wurde.

Maßnahmen zur Sicherung der Pole-Position

1. Rechtzeitiges, permanentes Themenmanagment:

Bevor der Arbeitstag in allen anderen Bereichen beginnt, ist zu überlegen, was in der eigenen Sache aktiv an die Medien kommuniziert wird. Im Gleichschritt mit der Kontrolle, welche Aktivitäten aufgrund der tagesaktuellen Berichterstattung erforderlich sind. Wer schnell auf einen Vorschlag, den man unterstützen kann, eingeht, oder einen Angriff pariert, ist Sieger.

2. Profis für inhaltlich gute Aufbereitung:

Das Sicherstellen bester Fakten für eine Top-Meldung kann ein mehrstündiges Meeting mit Experten, zahlreiche interne Telefonate und Koordinationsarbeit erforderlich machen. Wer gut ist, weiß, daß diese Arbeit eben am Vorabend nötig ist, um am nächsten Tag vor dem ersten "News-Cycle" - der ersten Nachrichten-Runde - die Meldung rechtzeitig parat zu haben. Und sei es eine 10-Zeilen-Meldung.

3. Redaktionszeiten sind unumstößliche Zeit-Vorgaben:

Wer in der ersten Reihe mitspielen möchte, muß akzeptieren, daß Redaktionszeiten unumstößliche Zeit-Vorgaben sind. Wer zuerst kommt, kann den Zungenschlag in der Berichterstattung mit beeinflussen, den Konkurrenten in die undankbare Defensivrolle zwingen, das Rennen um den Platz auf der Politikseite oder in der Nachrichtensendung usw. für sich entscheiden.

25 Erfolgskriterien für Pressekonferenzen

Die Pressekonferenz ist im Rennen um Schlagzeilen eine wichtige Etappe. Nicht mehr. Aber auch nicht weniger. Wer es in einer Stunde in der Hand hat, Millionen Leser, Hörer und Fernseher zu erreichen, hat die Verpflichtung, diese Chance bestmöglich zu nützen.

Welche Informationen von den Journalisten in ihren Artikeln verarbeitet werden, wie und mit welchem Zungenschlag das bei einer Pressekonferenz gesagte wiedergegeben wird - darüber entscheidet jeder, der eine Pressekonferenz gibt, höchstpersönlich. Professionelle Vorbereitung und eine perfekte Präsentation sind der beste Garant dafür, daß jene Botschaften "'rüberkommen", die für den Politiker oder das Unternehmen relevant sind. Damit nicht das geschieht, was vielen Angstträume bereitet: Eine Schlagzeile, die keiner wollte. Oder im schlimmsten Fall, nicht einmal eine mickrige Punkt-Meldung.

Wer eine Pressekonferenz vorbereitet und die Journalisten zu sich bittet, muß mindestens 25 Kriterien im Auge behalten.

25 Kriterien einer guten Pressekonferenz:

1. Inhaltlich gut vorbereitete Pressekonferenz-Unterlage:
Zentrale Botschaft - mit Zahlen und Fakten untermauert. Von Medienfachleuten oder Vertrauten auf "Politkauderwelsch" hin gegenlesen lassen.

2. Ausreichend Schlaf vor einem Pressetermin:
So selbstverständlich das klingen mag. Es lohnt sich, gesondert darauf zu achten, daß nicht am Abend vor einer Pressekonferenz einer der berühmten, unverzichtbaren Abendtermine angesetzt ist; "Zeiträuber" dieser und ähnlicher Art gehören aus dem Terminkalender eliminiert. Klarer Kopf und blitzende Augen sind bessere Stimulatoren, als nächtliche Meetings.

3. Letzt-Briefing unmittelbar vor dem Pressegespräch:
Diese letzte Besprechungsrunde - je nach Bedarf eine Stunde oder zehn Minuten - soll eine nochmalige Konzentration auf die "Botschaft" bringen. Unter Einbeziehung und Berücksichtigung neuester Meldungen, die an diesem Tag zufällig oder ohnehin erwartet zum eigenen Pressekonferenz-Thema erschienen sind (APA, ORF, Printmedien). In möglichst ruhiger Atmosphäre. Hektik schadet immer.

4. Nicht hungrig oder mit leerem Magen Interviews, Pressetermine bestreiten:

Der Griff in die Obstschüssel verhindert Fahrigkeit und Überreagieren, beides sehr schnell interpretiert als Ausdruck von Unbehagen - wenn die eine oder andere Frage gestellt wird.
Viele schwören in solchen Fällen auf die beruhigende und leicht sättigende Wirkung einer Banane. Hungergefühl provoziert umgekehrt sehr schnell diesen Schuß zuviel an Nervosität und Anspannung und läßt positives und notwendiges Lampenfieber in optisch wahrnehmbare Hektik übergehen.

5. Beeinflußbares Wohlbefinden:

Ausgeschlafen und mit einer kleinen Zwischenmahlzeit gestärkt sind Beeinträchtigungen - wie z. B. Kopfweh - eher selten. Ist schmerzendes Stechen in den Schläfen dennoch da, gibt es schnell wirkende, harmlose Hilfsmittel, die immer griffbereit sein sollen: etwa drei, vier Körner Meersalz.

6. Friseurbesuch vor jeder Pressekonferenz, jedem Foto- oder TV-Termin:

Es gibt sie - die Sonderausgabe "Friseur zur jeder Zeit". Spezialarrangements mit 7.00 Uhr Frühterminen oder Abendterminen gehören zu den Standards, um die man sich eben kümmern muß.

7. Dezentes Schminken - selbst oder durch Profis:

Überschminken macht alt. Wirkt billig. Meistens aber beides zusammen. Wer mit Lippenstift, Lidschatten und Wimperntusche nicht gekonnt umgehen kann, soll die Finger davon lassen. Eine Visagistin oder Kosmetikerin ist jederzeit abrufbar. Denkerstirn, Geheimratsecken oder Glatzen mit Deckpuder abtupfen. Glänzen durch Kompetenz und Ausstrahlung ist gefragt - nicht aber mittels Schweißtropfen auf Nase, Stirn und Glatze.

8. Kamera- und fotogerechte Kleidung:

Zwischen knalligem Bühnen-Outfit und mausgrauem Protestler-Look gibt es tausende Variationen. Typgerechte Kleidung, die am Bildschirm nicht flimmert, im Schwarz-weiß-Foto nicht als gräßliches Schachbrettdesign 'rüberkommt, kann vorhandene Seriosität unterstreichen oder genau das Gegenteil bewirken.

Schlichter, aber perfekter Schnitt - gute, knitterfreie Stoffe, absolute Zurückhaltung bei Schmuck. Klunkerdamen, die sich in Hülle und Fülle mit echtem oder Modeschmuck behängen, signalisieren Provinzialität statt Power, Dümmlichkeit statt wachem Geist.

9. "Spick-Zettel" für wichtige Daten, Fakten und "Botschaften":
Selbst bei bester Vorbereitung kann es zum gefürchteten "Blackout" kommen. Daher sind "Spick-Zettel", auf denen wesentliche Daten, Fakten und "Botschaften" stichwortartig aufgelistet sind, wertvoll. Allein das "Spick-Zettel"-Schreiben bringt schon den Vorteil, daß man sich in aller Kürze noch einmal auf die Eckdaten konzentriert. Und ihn auf dem Tisch liegen zu haben, noch mehr Sicherheit. Benötigt man ihn nicht, ist er eine feine Kurzfassung für das Archiv.

10. Sorgsame Brillenauswahl:
Der letzte Modeschrei kann bei Brillen wirklich das letzte sein. Hier schwatzen oft sogenannte In-Optiker ihren Kunden abenteuerliche Kreationen auf. Für den Betrachter steht dann zwar die modisch-gewagte Sehhilfe im Mittelpunkt und die Frage, wer denn so etwas verkauft, aber leider nicht mehr der Brillenträger und dessen Aussagen. Ständiges Aufsetzen, Ablegen oder Spielen mit der Brille während einer Pressekonferenz gehört in die Rubrik "Nägelbeißen", "am Kopfkratzen" und "im Ohr stochern" - und ist als solches zu vergessen.

11. Herumkramen in Unterlagen vermeiden:
Bewaffnet mit Flügelmappen, Ordnern und Redetexten läßt sich zwar beweisen, daß ordentlich vorbereitet wurde und fundiertes Wissen angenommen werden darf. Das ständige Herumkramen in Unterlagen zeugt aber schon wieder von "nicht à jour sein". Ausnahmen bestätigen die Regel. Nicht jede Zahl bei einer Bilanzpresse-Konferenz kann sofort abrufbar sein. Aber auch in solchen Fällen muß ein Griff (gewußt wo) genügen und minutenlanges Durchblättern und Suchen vermieden werden.

12. "Moderationsprinzip" beachten:
Blick und Gestik wandern lassen und damit alle anwesenden Journalisten mit Augenkontakt in das Statement miteinbeziehen. Für viele anfangs eine Überwindung, wächst die Sicherheit im Umgang mit dem Journalisten-Auditorium von Pressekonferenz zu Pressekonferenz. Ist man inhaltlich "firm", kann das Moderationsprinzip mit dem einfachen Trick - daß man eben abwechselnd einen Journalisten auf der rechten Seite, in der Mitte und auf der linken Seite anschaut - immer mehr verfeinert werden.

**13. Eigenkompetenz beachten,
Zuständigkeit des Co-Partners respektieren:**
Bei Pressekonferenzen mit zwei oder mehreren Teilnehmen die sogenannten "Ergänzungen zu Aussagen des Kollegen" unbedingt vermeiden. Sie sind nichts anderes als der Beweis dafür, daß der andere ein Schwachkopf ist, weil er einen wesentlichen Punkt vergaß. Und wenn

nicht, dann ist die "Ergänzung" erst recht verzichtbar und lediglich Ausdruck eigener Wichtigtuerei.

14. Interesse und Aufmerksamkeit für den Kompagnon:

Mehrfachbesetzungen bei Pressekonferenzen sind nicht der Weisheit letzter Schluß. Aus dem einfachen Grund: einer bestimmt die Schlagzeile, die anderen sind meist nur Staffage - und dafür sollten sie sich zu schade sein. Ist die Doppel- oder Dreifachbesetzung gewollt und aus guten Gründen zweckmäßig oder notwendig, hat jeder einzelne Anspruch auf die ungeteilte Aufmerksamkeit seiner Mitstreiter. Das bedeutet: während der eine spricht, sind Wünsche zu unterdrücken, in den eigenen Unterlagen zu blättern, gelangweilt die Stuckdecke zu studieren, Fingernägel zu putzen, die Telefonliste für den weiteren Arbeitstag zu komplettieren, mit gekonnter oder hinterfotziger Mimik das Gesagte nonverbal zu kommentieren oder mit der Journalistin in dritten Reihe einen Augenflirt zu suchen. Keiner verlangt, daß man mit fasziniertem Strahlemann-Blick permanent an den Lippen desjenigen hängt, der soeben am Wort ist. Aber: Interessiert zuhören, Kopf dem Sprechenden zugewandt, eventuell einen imaginären Punkt zwischen seinen und den eigenen Unterlagen fixieren, ihn immer wieder anschauen - das ist ein Minimum an dokumentiertem Interesse.

15. Alkohol, Essen und Rauchen sind verboten:

Am Präsidium, Podium, Pressekonferenztisch stehen maximal ein Juice- oder Mineralwasserglas, eine Kaffee- oder Teetasse. Eines davon allerdings auf jenen Fall. Oder es läßt sich nachreichen, falls unaufmerksame Organisatoren darauf vergaßen. Die Anspannung eines Pressegespräches kann zu einer trockenen Kehle führen, Hustenreiz auslösen. Dagegen hilft ein Schluck Mineralwasser.
Essen hingegen ist strikt verboten. Fotos mit mampfenden Politikern sind selten vorteilhaft und noch Wochen oder Monate nach dem Anlaßfall ein Ärgernis, wenn es wieder - in anderen Zusammenhängen - veröffentlicht wird. Bei Presse-Frühstück, Mittagessen oder Abendessen gibt es daher nur zwei Möglichkeiten: man ißt vorher - jedenfalls nicht, während Fotoapparate und Kameras im Raum sind. Oder untersagt nach den gewünschten Kameraschwenks und einer angemessenen Zeit den Fotografen weitere Aufnahmen.

16. Ausreichender Zeitpolster nach dem offiziellen Pressetermin:

Es ist eine Frage der Zeiteinteilung und/oder reiner Höflichkeit, nach einer Pressekonferenz nicht blitzartig davonzurauschen. Journalisten wollen im Anschluß an offizielle PK-Termine oft noch Fragen unter vier Augen stellen oder einen Termin für ein nächstes Interview vereinbaren. Dazu ist nach einer Pressekonferenz oft eine willkommene Gelegenheit und sollte genützt werden.

17. Sonderwünsche von Fotografen berücksichtigen:

Ähnlich sind die Begehrlichkeiten von Fotografen. Auch sie wollen oft noch die Chance wahrnehmen, das eine oder andere Foto zu schießen, im Gespräch mit der "eigenen" Redakteurin, vor dem Weltspartag mit einem Sparbücherl in der Hand - oder ganz einfach ein Politikerfoto ohne Mikrofon-Salat. Wer drei Minuten nach der Pressekonferenz schon den nächsten Termin ansetzt, bringt weder Geduld, noch Zeit für solche Foto-Op's (Foto-Opportunities) auf. Daß bei nächster Gelegenheit genau jenes vermeintliche oder tatsächliche Meuchelfoto Verwendung findet, das schon in der Vergangenheit den eigenen Adrenalinspiegel hinaufschnellen ließ, wundert dann niemanden - außer den gehetzten Politiker selbst.

18. Aktive Kontaktaufnahme:

Umgekehrt gilt für den Politiker (Unternehmer usw.), die Chance beim Schopf zu packen und nach einer Pressekonferenz aus eigenem Antrieb den einen oder anderen Journalisten anzusprechen. Vorausgesetzt, die Terminplanung läßt zu, daß jetzt nicht wieder der Journalist wegen des Redaktionsschlusses davonsprinten muß. Konsequent durchgeführt, kommt man so im Laufe der Zeit zu einer beachtlichen Zahl von Redakteuren, mit denen die Gesprächsbasis immer besser wird.

19. Service für Zielmedien und Nicht-Teilnehmer:

Selbst in tadellos organisierten und personell großzügig ausgestatteten Redaktionen kommt es vor, daß eine Pressekonferenz nicht besetzt werden kann. Schmalspur-Besetzungen in der Urlaubszeit, während einer Grippewell oder schlicht und einfach der ganz normale Pressekonferenz-Wahnsinn, daß an einem Vormittag von der Innenpolitik, der Wirtschafts- und Lokalreaktion zehn bis 20 Pressetermine wahrgenommen werden sollten. Alles Absenz-Gründe, die verstärktes Servicieren erforderlich machen können.
Es lohnt sich, zu überlegen, welchem Journalisten per Boten unmittelbar nach der Pressekonferenz zugestellt, per Telefon ein kurzes Gespräch ermöglicht wird, welches Magazin oder welche Fachzeitschrift die Pressemappe nachträglich zugesandt erhält. Bei redaktionellem Voraviso, daß aus diesem oder jenem Grund die Pressekonferenz nicht besucht werden kann, ist der Botendienst mit der Pressemappe oder das Fax zugleich mit dem Start der Pressekonferenz in Bewegung zu setzen.

20. Flotte Sprüche oder zynische Bemerkungen unterlassen:

Sprücheklopfer reüssieren nie. Zyniker ebenfalls nicht. Sie turnen sich lediglich mehr oder weniger intelligent über eigene Unzulänglichkeiten hinweg oder glauben zumindest, solche Täuschungen würden nicht erkannt. Sie irren. Das einzige, was flotte Sprüche und zynische Bemerkungen bringen, sind verzichtbare Zitate, die das Image beeinträchtigen und die Seriosität untergraben. In dieselbe Kategorie fallen sexistisch angehauchte "Komplimente". Politiker, die ihre schwachen Aussagen durch starkes Kumpanei-Gehabe wettmachen wollen, werden sehr schnell unter dem Stichwort "Leichtgewicht", "Schwachmatiker" schubladisiert. Genauso wie jene, deren Händedruck immer um die Nuance zu intim ausfällt, die immer glauben, Journalistinnen und Journalisten vertraulich an Schulter, Oberarm oder weiß Gott wo anfassen zu müssen oder mit offenen Avancen manipulieren wollen.

21. Beleidigende Angriffe oder Untergriffe gegenüber Journalisten unterlassen:

Berichte oder Kommentare, die schmerzen, auf nachweislich falschen Informationen beruhen oder dem Prinzip der selektiven Wahrnehmung in offenkundig unzulässiger Weise frönen, kommen vor. Sie sind aber ebenso häufig das Ergebnis einer defensiven Informationspolitik, mangelnder Transparenz und fehlender Intensität bei Journalistenkontakten. Angriffe oder gar Interviewsperren sind die ungeeignetste Methode zur Problembewältigung. Hilfreicher ist, sich auf die eigene Brust zu klopfen und zu fragen, warum nicht direkt recheriert wurde - und andere den Zungenschlag bestimmten, welche Fehler in den eigenen Reihen bei der Themenaufbereitung oder hinsichtlich der Erreichbarkeit existieren. Den bösartigen, vertrottelten Journalisten - noch dazu vom Gegner gekauft - der bewußt alles verdreht, gibt es nicht. Wohl aber Ungefälligkeiten und Recherche-Hürden in den eigenen Reihen.

22. Nach-Arbeit auf informeller Ebene:

Mit der Pressekonferenz, dem Interview oder einer Presseaussendung ist zwar eine wichtige Zwischenetappe abgeschlossen - gleichzeitig aber auch die Verpflichtung, den nächsten Schritt in die Wege zu leiten, das Thema weiter zu managen. Vorzubereiten oder abzurufen, je nach Stand des Etappenplanes.

Erst diese "Nach-Arbeit", Teil eines "Follow-up-Planes" sichert mittelfristigen Erfolg. Vielleicht ist am nächsten Tag ein persönliches Nachjustieren gewollt oder erforderlich; dann kommen "Verbündete", Mitstreiter oder andere Verantwortungsträger zu Wort; mit gut aufbereiteten speziellen Aspekten des zentralen Themas wird der Ball weitergespielt; mit einem "Lokalaugenschein" und weiterführenden Informationen vor Ort usw.

23. Devise: Aussagen-Multiplikator und "Herunterbrechen":

Bei übergeordneten bundesweiten Themen, die mit einer Pressekonferenz in der Bundeshauptstadt gestartet wurden, ist das Thema durch

Bundesländer-Termine auf die nächste Ebene zu transferieren. Selbstverständlich akualisiert durch jeweils spezifische Daten und Aspekte, die dieses Bundesland betreffen. Wird das Thema von der Landeshauptstadt aus gestartet, gilt der gleiche Vorgang in Richtung Bezirksstadt usw. Der "Domino-Effekt", das "Weiterspielen" eines Themas - anstrengend und anspruchsvoll - führt zur gewünschten Breitenwirkung. Ansonsten versandet das Thema ebenso schnell, wie es aufgetischt wurde.

24. "Dankeschön":

Journalisten zählen zu der Berufsgruppe mit dem schlechtesten Prestige und Image. Nur Politiker und Versicherungsmakler können diesbezüglich mithalten. Wer solche Hitlisten als schwachsinnig und wenig aussagekräftig bezeichnet, sollte gleichzeitig den Fehler vermeiden, mit Anerkennung, Respekt oder einem gelegentlichen "Dankeschön" zu geizen. Kritik oder Ärger über einen Artikel oder eine Sendung hören Redakteure prompt. Meist noch während der Abendkolportage - bevor die Zeitungen in die Bundesländer (oder die Bezirke) ausgeliefert werden. Unmittelbar nach der ersten Journalsendung - von besonders Zudringlichen auch in den Newsroom hinein, während die Zeit im Bild-Nachrichtensendung noch läuft. Ein "Dankeschön" dringt ihnen da schon weitaus seltender ans Ohr. Tut ihnen aber genauso gut, wie jedem anderen, der versucht, einen guten Job zu machen.

25. Keine Interventionen beim Chefredakteur, der Ressortchefin, beim Intendanten:

Kein Journalist vergißt, wenn man sich wegen eines Berichtes, der von ihm stammt, beim Redaktionsboß beschwert, statt ihn persönlich darauf anzusprechen. Außerdem gibt es Chefs in Redaktionen, die mit Hochgenuß intervenierende Politiker in der Redaktionskonferenz entlarven und entblößen. Egal, welches Motiv - ob er dem Intervenierenden eines auswischen möchte oder dem Kollegen, den er schon längere Zeit im Visier hat und der mehr als nur unbequem ist. Die "Verpetzer-Mentalität" wird schon im Kindergarten nicht geduldet, im Journalismus beweist sie nur unerträgliche Rückgratlosigkeit. Wer etwas zu kritisieren hat, soll das gefälligst mit dem Autor des Artikels besprechen und nicht mit Chefredakteur oder Herausgeber.

Infrastruktur und Equipement

Inhaltliche Vorbereitungen, perfekte Unterlagen und Coaching mit Simulation binden viele Kapazitäten - hält man sich vor Augen, welche Zahl an Lesern, Hörern oder Sehern mit einer einzigen Pressekonferenz im Idealfall erreicht werden kann.

Das rechtfertigt jeden Aufwand und jede Anstrengung. Auch den, jedesmal neu zu überlegen, ob Ausstattung und Räumlichkeiten optimal sind, ob nicht durch eine Feinabstimmung des Equipements die Präsentation verbessert werden könnte, oder sich ein themenadäquaterer Ort als das eigene Medienzentrum oder das Sondergastzimmer im Café um's Eck anbietet.
Es muß ja nicht gleich zum Thema "Drogen" der Treffpunkt der Fixer-Szene am Karlsplatz sein. Oder zum Thema "EU - und die Folgen für die Bergbauern" der Journalistentroß ins tiefste Ötztal gekarrt werden. Könnte aber - warum nicht?

Während hier der Phantasie und Kreativität kaum Grenzen gesetzt sind - ohne dem "Über-drüber-Aktionismus" das Wort zu reden, - sind bei der Planung bzw. Abwicklung von Pressekonferenzen einige Standards gegeben, die unabhängig vom Ort des Geschehens Geltung haben. Am besten in Form einer Checkliste - speziell wenn Pressekonferenzen nicht zu einem regelmäßig praktizierten Ritual zählen.

- **Journalistenliste überprüfen:**
  Fluktuation in bestehenden Redaktionen, Wechsel von einem Ressort zum anderen oder schlichtweg urlaubsbedingt - Namen und Zuständigkeiten ändern sich häufiger, als man annehmen würde. Eine Telefonkette, so zeitaufwendig sie auch ist, bewährt sich, bevor man schriftliche Einladungen versendet. Sonst landen Einladungen ungelesen im Papierkorb.

- **Textierung der Einladung:**
  Wer gibt die Pressekonferenz, zu welchem Thema, an welchem Ort, zu welcher Zeit? Mit Parkmöglichkeit in nächster Nähe, nächstgelegene U-Bahn-Station, Straßenbahnstation. Wer ist bei Rückfragen unter welcher Telefonnummer erreichbar? Kurze inhaltliche Präzisierungen, die neugierig machen und Informationswert erkennen lassen, sind ebenfalls zweckmäßig. Die Person, die eine Pressekonferenz gibt, ist an sich noch nicht der Knüller.

Persönliche Einladung

Höflichkeit und Stil im Umgang mit Journalisten kann mit persönlichen Einladungen des Politikers (Unternehmers usw.), die von ihm persönlich unterschrieben wurden, dokumentiert werden. Lädt der Pressebetreuer im Namen des Politikers zur Pressekonferenz ein, gilt dasselbe für den Verantwortlichen.

Pressemappen - "Waschzettel"

Bei umfangreichen Presse-Unterlagen, Grafiken, Statistiken, kopierten Dokumenten usw. sind eigene Pressemappen sinnvoll, sonst fliegt das Zettelwerk auf dem Weg in die Redaktion unter Umständen durch die Gegend. Grundsätzlich gilt: zu jeder Pressekonferenz ist eine Unterlage ("Waschzettel") vorzubereiten. Hörfehler bei Zahlen und Botschaften, die man als besonders wichtig einstuft, sind dadurch ausgeschlossen. Suspekt ist jeder, der sich weigert, eine Presse-Unterlage anzufertigen.

- **Akustik und Stimmenstärke:**
  Im Zweifelsfall mit Tonanlage arbeiten. Wenn schon nicht aus Höflichkeit gegenüber den eingeladenen Journalisten, so doch wenigstens aus Eigennutz. Die rhetorisch geschulten, wohlklingenden, bis in die dritte und vierte Journalistenreihe akustisch einwandtfrei verständlichen Stimmen sind rar.
  Sei es der Small talk von zwei Journalistenkollegen nebenan oder ein Schnellsprecher, der Silben verschluckt - alles kann verhindern, daß das Gesagte lückenlos vernommen wird. Bei einer guten Tonanlage höchstens Tumulte.

- **Lichtverhältnisse - Beleuchtung:**
  Die Aufstellung des Präsidiums oder des Pressekonferenz-Tisches orientiert sich nach dem besten natürlichen Lichteinfall. Vor einer gleißend hellen Fensterfront das Präsidium hinzuknallen, ist blanker Unsinn - für Fotografen und Redakteure eine Zumutung. Künstliche Lichtquellen oder Scheinwerfer sind ebenso sorgsam zu prüfen - ob sie auf dem Gesicht Schatten werfen, jede natürlich Gesichtsfarbe nehmen oder nach wenigen Minuten schweißtreibend sind, weil sie alles aufheizen, nur nicht die Stimmung.

- **Design des Pultes oder Tisches:**
  Vorteilhaft sind bei einer "Schulzimmer-Anordnung" oder T-förmigen Aufstellung Pressekonferenz-Tische, die vorne geschlossen sind oder mit fachgerecht drapierten Tüchern keinen Einblick auf die "Beinarbeit" gewähren. Mehr oder weniger graziöse Beinstellung während eines Statements führten schon oft zu unliebsamen fotografischen Schnappschüssen. Blockförmige Tischanordnung und ovale Tische werden von vielen Journalisten als kommunikativer bevorzugt. Stehpulte wiederum oft von Führungspersönlichkeiten, die Distanz und Stärke signalisieren wollen.

- **Fotografen engagieren:**
Fotomaterial kann nie gut genug und nie zu umfangreich sein. Super-Aufnahmen entstehen, wenn Situation, Stimmung, persönliche Verfassung passen, Gestik und Mimik unverkrampft sind und das Umfeld stimmt. Natürlich wirkende Fotos können somit bei jeder Pressekonferenz entstehen - müssen dann nicht simuliert oder in einem Studio nachgestellt werden. Dazu kommt die Wahrscheinlichkeit, daß sich die Ausbeute pro Blattkopie (25 - 30 Kleinfotos auf einem Blatt) selbst bei Top-Fotografinnen und -Fotografen nach subjektiven Einschätzungen immer in Grenzen hält.
Daher: Jeden offiziellen Auftritt, jede Pressekonferenz mit engagiertem Fotografen absichern.

- **Video-Team anheuern:**
Ein Kamerateam zu buchen, ist weniger eine Geldfrage, als vielmehr eine Verwertungsfrage. Besteht grundsätzlich die Absicht, mit Videos zu arbeiten - vom Motivationsvideo bis zum Informationsvideo? Wenn ja, ist das Kamera-Team für Schlüssel-Pressekonferenzen zu buchen. Oder, falls die politische Karriere erst beginnt, für Schulungszwecke in Form von Analysen und Manöverkritik: Wie verhalte ich mich? Welche Schwachstellen zeigen sich in Streßmomenten? Wie wirkt mein Lieblings-Kostüm? Welche Handbewegung muß ich künftig vermeiden? Zwinkere ich ständig mit den Augen (was besonders Fotografen zur Verzweiflung bringt)?

- **Logo - Namensschilder - Hintergrund:**
Sinn eines richtig plazierten Logos ist, die Zugehörigkeit zu einer Partei, einem Unternehmen, Verein oder einer Interessensvertretung optisch zu unterstreichen (Corporate Identity - Corporate Design), ein "Identifikationssignet" zu nutzen, dessen Bekanntheitsgrad zu erhöhen und/oder positive Vertrautheitsgefühle zu wecken. Das Partei- oder Firmenlogo am Präsidium, an der Wand, am Standmikrofon, auf Tischfahnen usw. angebracht, bringt auf Pressefotos und im Fernsehen den Effekt der "Doppel-Identifikation", eine Werbewirkung, die bei jedem Pressegespräch anzupeilen ist.

Namensschilder sind bei Personen, die nicht regelmäßig Pressekonferenzen geben, immer sinnvoll. Bei mehreren Konferenzteilnehmern verpflichtend. Die Rückwand, vor der ein Pressekonferenztisch aufgestellt ist, bietet eine ganze Bandbreite an Möglichkeiten, mit aufgeblasenen Fotos, Schriftzügen oder Slogans zur Verstärkung der zentralen Botschaft genutzt zu werden. Bei einiger Geschicklichkeit kann es kein Foto oder keine Fernsehaufnahme von Ort des Geschehens ohne diese optische Doppelbotschaft geben.

Blick durch die Kamera bzw. den Fotoapparat

Es zahlt sich aus, bewußt vor jeder Pressekonferenz an einem Journalistenplatz zu sitzen und von dort aus zu kontrollieren, was dieser sieht. Auch vom üblichen Kamera-Standplatz und von der Fotografenzone aus - ob sie freie Auswahl haben oder ihnen ein Platz zugewiesen wurde.

Das gibt oft erstaunliche Einblicke in das mögliche Ergebnis. Plötzlich sieht man selbst, daß sich dem knienden oder sitzenden Fotografen wenig Chancen füt gute Portraitaufnahmen bieten, weil das Mikrofon der "Hausanlage" den Mund verdeckt; Buchstaben des "Sagers" im Hintergrund in den Schädel hineinwachsen; das Logo zu wuchtig oder zu zierlich geraten ist; seitliches Fotografieren oder seitliche Kameraaufstellung verhindern können, daß Firmen- oder Parteisignets aufscheinen. Daß bei jeder Veranstaltung "Null-Aufnahmen", bewußt schlechte Kameraführung oder unvorteilhafte Fotos möglich sind, darüber gibt es keine Zweifel. Aber solche Tricks möglichst schwer zu machen, ist mit geübtem Blick durchaus d'rin.

- **Tafeln mit Grafiken, Statistiken, Hochrechnungen:**
  Visualisieren, was immer sich dazu eignet, bedeutet zunächst einmal, daß man sich frühzeitig Gedanken über Inhalt und Aussagehighlights macht. Die Anfertigung guter Grafiken, die optische Umsetzung von Statistiken oder Hochrechnungen benötigt Zeit und das Einbeziehen fachkundiger Experten.
  In einer Nachtschicht am Vorabend der Pressekonferenz entsteht in den wenigsten Fällen befriedigendes. Tage vor einer Pressekonferenz zu beraten, welche Grafiken könnten "Eye-catcher-Funktion" haben, welche Statistiken oder Dokumente können auf Karton aufgezogen werden, als Schautafel die transportierten Inhalte unterstützen, ist professionelles Herangehen an ein gutes Pressekonferenz-Equipement und nicht Fleißaufgabe.

- **Fotos in die Pressemappe:**
  In gut ausgestattete Pressemappen gehören Fotos. Möglichst jungen Datums und mit der neuesten Brille oder Frisur. Da Pressefotografen noch dünner gesät sind als Journalisten, kann einfach nicht davon ausgegangen werden, daß jedesmal von der Redaktion oder einer Agentur ein Kamerakünstler geschickt wird. Aus rein ökonomi-

schen Gründen und weil man nicht wissen muß, daß sich das Aussehen änderte. Oder weil man ohnehin überzeugt ist, im Archiv genügend Aufnahmen der besagten Person vorzufinden. Daß diese Fotos vielleicht aus der Zeit vor der Schlankheitskur oder dem neuen Haarschnitt stammen, muß eine Redaktion nicht wirklich kümmern.

- **Unterschriftenliste für Journalisten:**
  Journalistenlisten bzw. Unterschriftenlisten, die man auflegt, machen mehrfachen Sinn: Journalistendateien werden ständig aktualisiert und/oder erweitert; eine Rubrik "Durchwahl" und/oder "Mobiltelefon" neben der Rubrik "Redaktion" erleichtet die tägliche Erreichbarkeit des Journalisten; Name plus Gesicht werden vertrauter - bei der Fülle an Telefonkontakten, die für viele die meist frequentierte Kommunikationsform ist, kennt man einfach nicht jedes Gesicht. Last but not least ermöglicht eine solche Liste, jeden Fragenden mit Namen anzusprechen. Und sei es, indem der Moderator oder Leiter der Pressekonferenz die Liste als "Spick-Zettel" benutzt und dem Politiker eine Namensnotiz zuschiebt.

- **Bewirtung als Ausdruck der Gastfreundschaft:**
  Wer den Journalisten-Alltag kennt, weiß, daß ein Pressekonferenz-Imbiß und Getränke mehr Notversorgung, denn Ausdruck von chronischer Freßsucht sind. Während andere ihre verdiente Mittagspause konsumieren, telefoniert und recherchiert der Journalist oder ist gerade auf Sendung. Wenn dafür jedes Verständnis fehlt, kommt Prinzip zwei zur Anwendung: jedem Gast oder Freund bietet man bei Besuchen Getränke und ein Gusto-Häppchen an - und sei es Knabbergebäck. Auch einem Journalisten. Als kleines Buffet, an dem sich jeder bedienen kann oder einstellt. Abwechslung schadet keinesfalls. Pressekonferenzen bestimmter Personen oder Institutionen sollten nicht an den ewig gleichen Schinkenweckerln, Kanapees oder Mayonnaise-Sandwiches erkennbar sein.

- **Notizblock, Blätter und Bleistifte:**
  Obwohl er zum Handwerkzeug eines Journalisten gehört, ist der Notizblock gerade dann vollgeschrieben, wenn man ihn am nötigsten braucht und keinen Ersatz dabei hat; der Kugelschreiber gibt den Geist auf; die Füllfeder ist leer. Möglicherweise nicht zu Beginn der Pressekonferenz, aber vielleicht mittend'rin. Das passiert laufend. Am besten beugt man vor, indem automatisch bei jeder Pressekonferenz die notwendigen Utensilien vorsorglich an jedem Journalistenplatz liegen. Alle werden diese Aufmerksamkeit zu schätzen wissen:
  1. weil man als Journalist nie zuviel Schreibunterlagen haben kann.
  2. weil Notizblock und Bleistift/Kugelschreiber auch noch ansprechend aussehen.

Pressekonferenz - Checkliste

Terminplanung:
Überlegen, in welchem Umfeld die Pressekonferenz stattfindet:

- andere Veranstaltungen, die konkurrenzieren
- bereits bekannte Pressekoferenztermine berücksichtigen
- Ort bzw. Lokal gezielt wählen (z.B. leichte Erreichbarkeit für Journalisten, gibt es einen Konnex zum Thema der Pressekonferenz, könnte durch spezielle Wahl die Pressekonferenz zugleich mit einem "Lokalaugenschein" verbunden werden, bieten sich ideale themenspezifische Möglichkeiten für Fotografen und Fernsehen an)

Pressekonferenzraum exakt prüfen:

- Wo steht Präsidium oder Pult? Fensterfronten sind wegen des Gegenlichts für Fotografen und TV-Kamera selten gut geeignet.
- Muß aus diesem Grund verdunkelt werden? Wie sind die Lichtverhältnisse?
- Gibt es ausreichend Steckdosen in nächster Nähe, für mobile Scheinwerfer des/der Fernsehteams?
- Wie ist die optimale Tischanordnung, damit die Journalisten gut sehen und schreiben können?
- Gibt es die Möglichkeit, hinter dem Präsidium (oder Pult) einen wirkungsvollen Hintergrund (mit Logo, Slogan, aufgezogenen Dokumentationsfotos usw.) anzubringen?
- Was bietet die "Haustechnik" - Scheinwerfer, Tonanlage, Video-Präsentation, Visualizer usw.
- Ton- und Lichtprobe nicht vergessen
- Wie ist der Tageslicht-Einfall? Wie die farbliche Gesamtkomposition des Raumes?
- Muß oder kann ich optische Adaptierungen vornehmen (Tischtücher, Blumenschmuck usw.)
- Raumakustik und Lärmquellen in unmittelbarer Umgebung prüfen (Baulärm, dünne Zwischenwände, knarrende Türen und Böden usw.)

Presseunterlagen:

- Mit Fakten belegter Substanzwert hat Vorrang. Grundsätzlich gilt: In der Kürze liegt die Würze.
- Unterstützende Fakten und Dokumentationsmöglichkeiten rechtzeitig ventilieren
- Anfertigen und Aufbereitung von Statistiken, Fotomaterial, Plänen.
- Pressemappen mit eigenem Logo

Wolfgang Fellner, Herausgeber und Chefredakteur von "News"

Ronnie Leitgeb, Manager von Thomas Muster

Dr. Helmut Schuster, Generaldirektor, Ankerbrot AG

Gerhard Zeiler, Generalintendant, ORF

Kurt Noé Nordberg, Direktor und Pressesprecher, ÖAMTC

Dipl.-Ing. Dr. Alexander Maculan, Vorstandvorsitzender, Maculan Holding

Dr. Christian Konrad, Generalanwalt, Raiffeisenverband

Christoph Ronge, Pressesprecher von Wiens Bürgermeister Dr. Helmut Zilk

Ranny Cooper, Ex-Stabschefin
von Senator Kennedy

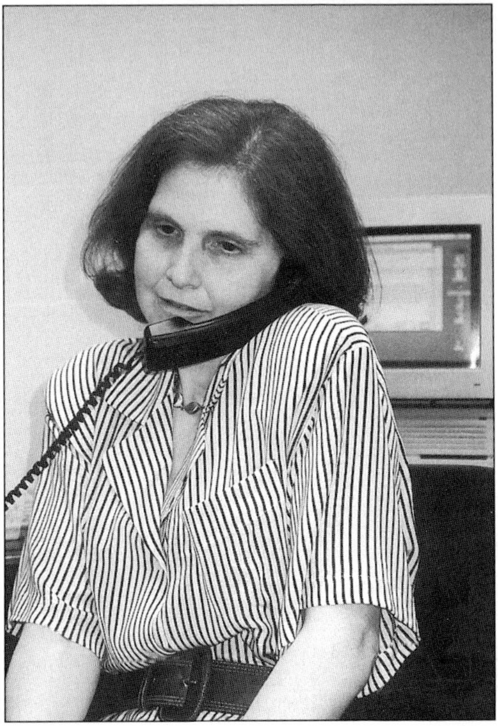

Thomas P. Gibson, Senior Vice President "The Wexler Group", ehemaliger
Pressechef von US-Präsident Ronald Reagan

- Schreibutensilien für Journalisten in die Mappe
- Lebensläufe
- Information über Presse-Anlaufstelle (Namen, Telefonnummern, Fax, Mobil-Telefon)
- Zusätzliches Informationsmaterial: neueste Broschüre, neueste Firmenzeitung, neuestes Service-Handbuch, ausführliche Projektbeschreibung, Terminübersicht über bereits fixierte, geplante Veranstaltungen usw.)

Präsentations-Vorbereitungen:
- Vorbereitungsgespräch mit internen Experten
- Festlegung von Präsentationsmethode und -materialien (Folien, Flipchart, Projektionsapparat, Dias, Dokumentation im Raum, Slogan, Logo, Pläne, Modelle, aktionistische Elemente)
- Simulation der Pressekonferenz einplanen (nach Möglichkeit am Ort des Geschehens)
- Coaching zwecks inhaltlicher und präsentationstechnischer Perfektionierung fixieren
- Namensschilder für Präsidium

Clipping - Fotograf:
- Für Manöverkritik und Archiv hausinternen Pressespiegel anfertigen lassen
- Bei fehlender Kapazität rechtzeitig Clipping in Auftrag geben
- Fotograf buchen

Einladung an Journalisten:
- Journalistenliste überprüfen
- Schriftliche Einladungen zehn Tage vor der Pressekonferenz auf die Post
- Terminvorschau der Austria Presse Agentur nutzen
- Ad-hoc-Pressekonferenzen (zwei Tage vorher festgelegt) nur in absolut unumgänglichen Akut-Fällen
- Dann allerdings telefonischer Rundruf und Fax-Einladung

Journalistenbewirtung:
- Klären, ob vor, während oder nach der Pressekonferenz Essen angeboten wird
- Getränke immer auf die Tische stellen

Nachbetreuung:
- Unmittelbar nach der Pressekonferenz telefonische Kurzinformation jenen anbieten, die nicht kommen konnten
- Tagesaktuellen Medien die schriftliche Unterlage nachfaxen oder per Botendienst zustellen
- Anderen Medienvertretern Presseunterlagen zusenden

Presseaussendung:
Je kürzer, umso besser. Auf zwanzig Zeilen reduzierte Informationen mit einer guten Schlagzeile und einem fünfzeiligen Lead (Vorspann) können Garant dafür sein, daß eine idente oder nahezu unveränderte Übernahme durch die Medien ermöglicht wird. Wichtig ist, daß der fünfzeilige Vorspann alle Punktmeldungen (aus Platz- oder redaktionellen Wertungsgründen oft nicht zu umgehen) enthält, dann die Kernaussage. Pyramide-Schreiben gilt nach wie vor und bedeutet, daß bei einer längeren Aussendung vom Ende weg Zeilen weggestrichen werden können - ohne daß die zentrale Botschaft der Aussendung verlorengeht. Weil sie eben in den ersten Zeilen enthalten ist und nicht erst im dritten oder vierten Absatz.

Absender nicht vergessen: Redaktionen bzw. Redakteure müssen mit einem Blick feststellen können, wer für den Inhalt verantwortlich ist.

Pressegespräch S. O. S. Mittel

Überrumpelungsfragen sind ein Lebenselixier gut vorbereiteter Journalisten, sie können bei jedem Pressegespräch, Interview und bei jeder Pressekonferenz das Salz in der Suppe bedeuten. Wenn man schon nicht inhaltlich so präpariert ist, daß es die berühmte Überraschungsfrage nicht gibt, sollten zumindest Überlegungen angestellt werden, wie man reagiert und agiert, um wenigstens einige Sekunden zum Nachdenken zu gewinnen. Gut ist, sich in solche Situation bewußt hineinzudenken und SOS-Mittel parat zu haben.

Die Variationen reichen von einer einfachen Wiederholung der gestellten Frage bzw. der Aufforderung, diese nocheinmal zu stellen, bis hin zur meist entwaffnenden Offenheit: "Das weiß ich nicht. Ich werde Sie aber spätestens eine Stunde nach der Pressekonferenz anrufen."

Einige bewährte Reaktionen auf Überraschungsfragen sind:

- Wie haben Sie das gemeint? Ich habe Sie akustisch nicht verstanden?
- Bitte, präzisieren Sie Ihre Frage.
- Ausweichantworten: "Nach den bisher vorliegenden Fakten"; "nach meinen bisherigen mir zugänglichen Informationen."
- Prüfung ist noch nicht abgeschlossen. Werde Sie sofort nach Vorliegen des Prüfungsergebnisses informieren.
- Werde Ihnen die Unterlage umgehend zukommen lassen.
- Muß noch ein Gespräch mit dem Verantwortlichen führen - werde Sie sofort anrufen!
- Unterlage kenne ich nicht - werde mich aber sofort darum kümmern!
- Zugeben von Mängeln: "Nehme mich der Sache persönlich an."
- Ich habe damit gerechnet, kann Ihnen wegen der noch laufenden internen Prüfung erst in einigen Tagen die Antwort geben.
- Wenn Sie uns eine Kopie Ihrer Unterlage zur Verfügung stellen, werden wir gerne dazu in geeigneter Form Stellung nehmen.

Veranstaltungen: Checkliste für Pressezentrum

Wer eine Veranstaltung plant, Journalisten erwartet und Berichterstattung wünscht, muß sich darüber im klaren sein, daß die Arbeitsbedingungen für die Vertreter der Medien - unabhängig vom gebotenen Event - jedes Kopfzerbrechen rechtfertigen. An alles denken, alles voraus bedenken.

Countdown der Vorarbeiten:

Phase 1:
Einen Monat vor der Veranstaltung Art, Umfang, Inhalt von Einladung und Presseunterlagen definieren, Aufträge vergeben - mit Zeitvorgabe für deren Fertigstellung. Aviso an Haus- oder externe Druckerei. Einladungen an Redaktionen versenden.

Phase 2:
Zwei Wochen vor Konferenztermin
a) Druck der redigierten und korrigierten Konferenzunterlagen.
b) 2. schriftliche Einladung an Redakteure, Reporter, Fotografen mit detailliertem Programm, Informationen über Anfahrtsrouten und Zimmerreservierung.

Phase 3:
Eine Woche vor der Veranstaltung
a) Presseunterlagen komplettieren,
b) Einsatzplan für Journalistenbetreuung und Pressezentrum besprechen und jedem Teammitglied schriftlich ausfertigen.
c) Vorausmeldung über Veranstaltung (inhaltliche Schwerpunkte, Ablaufplan usw.)
d) Telefonkette mit dem Angebot einer Interviewbörse an angemeldete Journalisten. Sonderwünsche-Check.

Lokalaugenschein zum Schutz vor unnötigen Peinlichkeiten

Lokalaugenschein:
Vor definitiver Festlegung des Konferenzortes unbedingt Lokalaugenschein. Klären, wo die logistisch besten Räumlichkeiten für das Pressezentrum liegen. Idealerweise Tür an Tür mit dem Konferenzsaal.

Journalistenliste
selektieren und Kontrollanrufe in den Redaktionen. Grund: Nichts landet so schnell in der Rundablage (sprich: Papierkorb), wie eine Einladung, die an Kollegen gerichtet ist, der das Ressort oder gar die Redaktion gewechselt hat.

Anfahrtswege und Fahrpläne
öffentlicher Verkehrsmittel zum Veranstaltungsort filtern, Bestvarianten austüfteln, Anreise-, Zufahrts- und Parkmöglichkeiten checken, Kopien von Stadt- und Fahrplänen anfertigen lassen.

Hotelzimmer kontrollieren.
Schlecht ausgestattete oder schmuddelige Zimmer sind eine Zumutung und können die Laune binnen Sekunden auf den Nullpunkt absenken. Shuttle-Service zwischen Hotel und Konferenzzentrum abklären.

Technische Infrastruktur
großzügig konzipieren. Telefonleitungen, PCs und Drucker, Faxanschlüsse, Extrazimmer oder Kabäuschen für Hörfunk-Mitarbeiter von vornherein einplanen, ruhige Interviewecken oder Extrazimmer mit Telefonanschluß, Platz für Kopierer (Hotelkopierer brechen stets zur Unzeit zusammen), Handys anmieten, Kugelkopfschreibmaschinen für Journalistenkollegen bestellen, denen PCs ein Greuel sind, Stromkapazität prüfen inklusive Notaggregat.

Bewirtung
rund um die Uhr am Konferenzort sicherstellen: Selbstbedienungs-Buffet mit Speisen, die bequem zwischen Telefonaten, PC-Bedienung usw. genossen werden können.

Fünf-Gang-Degustationsmenüs sind gefragt - aber erst bei der Abendeinladung. Ansonsten werden mundgerechte Schmankerln bevorzugt.

Agentur-Service
(etwa Austria Presse Agentur, APA) mit vollem Informationsservice für alle anwesenden Journalisten rechtzeitig organisieren. Aktueller Zugriff auf Agenturmeldungen im Pressezentrum muß zum selbstverständlichen Standard-Service zählen.

Hausapotheke
sicherstellen. Ebenso Erreichbarkeit von Arzt und Zahnarzt.

"Beziehungskiste"
Journalisten und Reporter

Bundeskanzler Dr. Bruno Kreisky genoß sichtbar und spürbar jedes Gespräch mit Journalisten. Wiens Bürgermeister Dr. Helmut Zilk, ein besonderes Kommunikationsphänomen, wird seine diesbezügliche Gabe und sein Können auch nach dem Ausscheiden aus der Politik weiter zu pflegen wissen. Und der amtierende Bundeskanzler Dr. Franz Vranitzky schaffte es mit formvollendeter, respektvoller Distanziertheit: Bandbreitenmodelle bester Journalisten-Beziehungen, das vielen die Beurteilung "Sonderklasse" abringt.

Andere stehen mutig zur beinharten Selektion. Intellektuelle Stars wie Vizekanzler Dr. Erhard Busek leben auf, wenn ihnen Journalisten auf der gleichen Ebene begegnen. Überlegen und visionär, sobald der Zwang zur Vereinfachung der lustvoll-geistreichen Debatte weichen kann.

Gegenbeispiele zu beiden gibt es genügend: Politikerinnen und Politiker, die sich sofort verkrampfen, sobald sie einem Journalisten (mit oder ohne Mikro) gegenübersitzen; denen trotz guter Vorbereitung der kalte Schweiß auf der Stirn steht und das Wort im Hals steckenbleibt; Führungskräfte, die in Anwesenheit von Journalisten hölzern und spröde wirken - kaum sind die Vertreter der Medien weg, locker und sprühend sind.

Journalistenfreund oder Medienneurotiker - die Entscheidung liegt ausschließlich bei einem selbst.

Erfolgreiche Beziehungen zu Journalisten entstehen nicht von heute auf morgen, sondern sind das Ergebnis langjähriger Bemühungen. Sie basieren letztendlich auf der Summe unzähliger Einzelkontakte und Gespräche, die - themenspezifisch gut "präpariert" - mit maximaler innerer Offenheit geführt werden. So, daß auf den jeweiligen "News-Cycle" Rücksicht genommen wird und tatsächlich Neues in der Sache geboten wird.

Gestörte Beziehungen zu Journalisten haben zumindest drei klassische Ursachen: fehlender Respekt gegenüber Journalisten bis hin zur inneren Ablehnung mit dem Ergebnis, daß kein einziger Funke eines "Partner"-Denkens gegeben ist. Spezielle oder permanente Unsicherheit wegen mangelhafter Vorbereitung. Rasende Selbstüberschätzung als Person oder als Funktionsträger.

Gute Beziehungen zu Journalisten im Sinne ständiger Kontaktpflege sind aber das Alpha und Omega für alle, die Positionen von öffentlichem Interesse bekleiden. Für alle, die im Kampf um Marktanteile und Wählerstimmen effizient mitmischen wollen.

Kontaktpflege hat Vorrang:

Die Grenzen zwischen "Haberertum", Hofieren und pro-aktiver Kontaktpflege sind einfach zu ziehen. Das eine erleichtert möglicherweise den Gesprächseinstieg.
Auch die Einladung zum Mittagessen oder auf einen Drink nach Redaktionsschluß weckt Freude. Am Ende stellt sich aber jeder Journalist die Frage: Wo ist die für mich verwertbare und brauchbare Information? Wo der weiterführende "Zund"?

Die Triangel guter Beziehungen zu Journalisten: gute Umgangsformen, offensive Gesprächsangebote, präzise Informationen.

Daß die Bedeutung guter Journalistenkontakte ebenso gerne wie hartnäckig negiert wird, liegt mehr an fehlgeleitetem Hierarchie-Denken, denn an fehlenden Gelegenheiten. "Wenn die was wollen, dann sollen sie sich rühren", ist noch die harmloseste, zugleich aber auch einfältigste Einstellung.

Wer das Gesetz des Handelns nicht aus der Hand geben möchte und nichts dem Zufall überläßt, räumt den Beziehungen zu Journalisten eindeutige Priorität ein. Wesentlich ist es, aktiv das Kontaktnetz zu knüpfen. Und im täglichen Terminkalender automatisch und von vornherein für Gesprächswünsche seitens der Journalisten angemessene Zeitpolster zu reservieren.

Spitzenleute werden kaum in die Verlegenheit kommen, solche Zeitpolster auszufüllen, falls sie von Medienvertretern nicht beansprucht werden. Umgekehrt kommt aber jeder in extreme Termin-Managementprobleme, der keine zeitliche Manipulationsmasse für Journalistenkontakte blockiert.
Im Zweifelsfall eignet sich diese Zeit hervorragend für Überlegungen, mit welchen zwei, drei Journalisten als nächstes gesprochen werden sollte plus persönlicher Terminkoordination.

Dowd: Neue Abteilung: "Media relations":

Wie ernst einzelne Unternehmen, Konzerne und Parteien den Part "Journalistenkontakte" innerhalb ihrer Kommunikationsstrategie nehmen, beweisen die Fortschrittlichen mit der Installierung einer eigenen Abteilung für diesen Zweck.

Peter Dowd, Vicepresident for Public Relations, Texaco (White Plains nahe New York) verweist mit Stolz auf die neueste "Kreation" in seinem Medienreich.
"Wir erkannten, daß die Kontakte zu den Journalisten ein ganz entscheidender Faktor in der Kommunikationsarbeit sind. Unsere Konsequenz war daher, daß wir eine eigene Abteilung "Media relations" bildeten. Mit der Aufgabe, sich konzentriert um die Beziehungen zu den Medien, zu den einzelnen Journalisten zu kümmern." Eine als außerordentlich wichtig bezeichnete Ergänzung im Geschäftsbereich Presse- und Öffentlichkeitsarbeit, in dem unter anderem eigene Texter, Themen-Manager, Sponsoring-, Fernseh- und Video-Experten in den jeweiligen Spezialabteilungen am Werk sind und eine eigene PR-Agentur, sowie ein eigenes TV-Studio zur Infrastruktur gehören.

Wenn ein Konzern wie Texaco, der weltweit rund 120 Kommunikationsexperten beschäftigt, jetzt zusätzlich noch eine eigene Abteilung für "Media relations" im Headquarter installiert, muß das gute Gründe haben. Peter Dowd: "In den nächsten zwei Jahren haben für uns die zwei Bereiche internationale Kommunikation und Medien-Kontakte Vorrang." Mit einer eindeutigen Reihung: "High priority for media relations!" Im Bereich internationaler Kommunikation ist die weltweite Vernetzung der Informationseinrichtungen von Texaco erklärtes Ziel (Online-informations).

Trotz der für Kommunikationsabteilungen österreichischer Unternehmen und Parteien beeindruckenden Größenordnungen (Texaco-PR-Budget: 60 Millionen Dollar, 51 Medienexperten in der Zentrale, 6 unterschiedliche Sonderabteilungen) - Faktum ist, daß heute für Insider und Profis aktive und offensive Kontakte und eine intensive Pflege dieser Beziehungen zum Einmaleins erfolgreicher Kommunikationsarbeit gehören. Noch aufschlußreicher, wenn dies Konzerne machen, bei denen aufgrund vorhandener Finanzstärke nicht angenommen werden kann, daß das Kommunikationsspektrum von der Presseinformation bis zum Firmenvideo jemals zu kurz kam.

Wer zunächst (vor einer Geschäftsordnungsänderung) einen der Größe des Unternehmens und der Finanzkraft angepaßten adäquaten Mittelweg gehen will, muß von Anfang an der Versuchung widerstehen, in der Aktion "offensive Journalistenkontakte" auch nur ansatzweise eine Fleißaufgabe zu sehen. Abhängig von der Tagesverfassung und der Tagesordnung. Ohne permanente Planung und Pflicht-Berücksichtigung im Terminkalender wird der gute Vorsatz nach zwei Wochen vergessen sein. Und der "alte" Tagesrhythmus jeden diesbezüglich notwendigen Freiraum verschlungen haben.

Journalisten-net-working ist anspruchsvoll und zeitintensiv:

1. Ob man es Top-Liste oder Rote Liste im Sinne von "High priority" nennt, wichtig ist die themenspezifische Grundsatzüberlegung: welche Journalisten von welchen Medien sind die für mich und meine Inhalte die richtigen Ansprechpartner? Wer behandelt im zuständigen Ressort das Thema? Kann und soll ich mich an die redaktionsinterne Hierarchie halten? Ist die Kontakt-Mischung Herausgeber, Chefredakteur, Ressortleiter/in, Redakteur, Aspirant sinnvoll? Gibt es Animositäten zwischen Redaktionsmitgliedern und zwischen den verschiedenen Hierarchie-Ebenen, die tunlichst zu berücksichtigen sind?

2. Time-table: Wieviel Zeit muß ich zweckmäßigerweise täglich und wöchentlich für Aktiv-Kontakte zu meinen "Schlüssel-Journalisten" freihalten; wieviele Gesprächstermine im eigenen Büro, Einladungen zu einem Mittag- oder Abendessen sind möglich? Kontinuierliche offensive Kommunikationsarbeit bestimmt von innen heraus, wie dicht die Termine sind - Fingerspitzengefühl für atmosphärisch und/oder strategisch wichtige Kontaktzyklen vorausgesetzt. Zweite Schiene beim Termin-Management: Wie groß ist das verfügbare Zeitkontingent für reaktive Journalistengespräche?

3. "They like to kill people - so you have to prepare perfectly." Der in den Vereinigten Staaten nach Aussagen von Beratungskalibern wie Linda Robinson (Robinson, Lake, Lerer & Montgomery, N.Y.) festzustellende "verschärfte Trend zum extrem kritischen Journalismus" ist die klügste Anforderungsprämisse an die persönliche Vorbereitung auf ein Journalistengespräch. Klare Fronten - klare Aufgaben. Hier der Journalist, der von Neuigkeiten lebt und jede Ecke - speziell die vermuteten oder tatsächlich vorhanden dunklen Ecken ausleuchten muß. Dort sein Gegenüber - mit dem ebenfalls legitimen Wunsch, Positiv-Botschaften zu plazieren, Back-grounding zu betreiben. Und selbstverständlich mit unangenehmen Fragen rechnen muß. Daher vor jedem Gespräch: internes Briefing, perfekte Argumentation plus schriftliche Unterlage.

Bestmögliche Arbeitsbedingungen bei Konferenzen

Im "Tagesgeschäft" und bei der Kontaktpflege dürfen Journalisten größtmögliche Flexibilität und Informationsqualität erwarten - bei Veranstaltungen und Konferenzen darüberhinaus auch exzellente Arbeitsbedingungen.

Journalisten schätzen prinzipiell, wenn bei Konferenzen die Wegzeiten zwischen Pressezentrum, Konferenzort, Pressekonferenzräumen und eigenem Hotelzimmer minimal sind. Also am besten unter einem Dach. Sind diese infrastrukturellen Voraussetzungen nicht gegeben, ist notgedrungen die zweitbeste Variante zu wählen: Erreichbarkeit innerhalb weniger Geh-Minuten. Bei Variante drei - örtliche Trennung von Konferenzzentrum, Pressezentrum und Hotel - sind perfektes Shuttle-Service und drei Meeting- und Infopoints unerläßlich.

Denn: Mehr Wegzeiten bedeuten weniger Schreib- und Interviewzeiten. Und werden zu Recht als mangelnde Rücksichtnahme auf die größte Journalistengeisel, den ständigen Zeitdruck und die Deadline, interpretiert. Den Redaktionsschluß permanent im Nacken, nervt der Zeitverlust für unnötige Spaziergänge zwischen Punkt A, B und C bis zum Exzess.

Die gewünschte Geheimhaltung von Beratungsergebnissen ist in diesem Zusammenhang das fadenscheinigste Argument für hermetisch abgeriegelte Konferenzräumlichkeiten bzw. die Trennung von Konferenzort und Pressezentrum.

Als Disziplinierungsinstrument gedacht, spornt eine derartige Trennung mitteilsame Konferenzteilnehmer erst recht an. Ganz zu schweigen von der Wirkung auf Journalisten. Gewiefte finden Zugang zu jeder Information - speziell zu den nicht für die sogenannte Öffentlichkeit bestimmten. Diesbezügliche Trickkisten sind immer reichlich bestückt. Besonders beliebt: Fangfragen, Unterstellungsfragen, Verifizierungsfragen bezüglich angeblicher oder tatsächlicher Gerüchte oder Spekulationsfragen, aus deren Beantwortung erst recht wieder die journalistisch verwertbaren Schlußfolgerungen gezogen werden können.

Daher sind Arbeitsräume für Journalisten und Pressezentrum von Anfang an in unmittelbarste Nähe des Konferenzgeschehens einzuplanen. Alles andere bringt nur Verdruß und Verärgerung auf der Medienseite. Und besonderen Anreiz für Spezialinformationen auf der anderen Seite medienfreundlich gesinnter Konferenzteilnehmer.

Countdown für's Presseservice am Konferenzort

Optimale Arbeitsbedingungen für Journalisten und ein bestens ausgestattetes Pressezentrum sind ein guter Konferenzstart.

Natürlich kann ein Journalist auch unter einem Baum sitzen, Stichworte notieren und mit einem Nylonsackerl voll Münzen ausgestattet aus der nächsten öffentlichen Telefonzelle den Text an die Redaktion durchgeben. Helle Freude kommt dabei selten auf.

Während die Konferenzgeber zu 99 Prozent die gewünschten oder vermuteten Konferenzergebnisse vor dem offiziellen Auftakt kennen (falls sie professionell vorbereitet und geplant ist), beobachtet, recherchiert, analysiert, kommentiert und reportiert der Journalist für ihn Neues. Oder nützt die Konferenz für Bestätigungsrecherchen, die die notwendigen O-Ton-Zitate bringt, damit die geplante Exklusivstory veröffentlicht werden kann. Journalisten, die zu einer Veranstaltung bzw. Konferenz kommen, haben daher Vorrang in der Betreuung hinsichtlich eines perfekten Arbeitsumfeldes und sind - wenn beides kapazitätsmäßig nicht vereinbar ist - besser zu servicieren als die Konferenzteilnehmer.

1. Generalcheck am Vortag bzw. Vorabend:
Pressebetreuer und Sekretariat müssen bei größeren Konferenzen am Vortag an Ort und Stelle sein. Technische Gebrechen treten immer dann auf, wenn sie so überflüssig sind wie ein Kropf. Am Abend davor registriert, bleibt die Nachtschicht als Sicherheitspolster, nach Konferenzbeginn nur noch das Stoßgebet.

Der Vorabend gehört

- letzten technischen Checks
- der Feinabstimmung von Einsatz- und Zeitplänen
- einer Besprechung mit Hoteldirektorin/direktor oder der Leiterin/dem Leiter des Konferenzzentrums
- der Kontrolle von Pressemappen
- schriftlicher Einstiegsinfo und einem Willkommensgruß für Journalisten, die auf dem jeweiligen Zimmer bereitliegen.

Chefs von Pressezentren haben diese Vorarbeit zu leisten. Jene, die sich mit wichtigem Gesicht zeitgleich mit dem Chef - kurz vor Konferenzbeginn - aus dem Fonds der Dienstlimousine schwingen, sind in ihrem Rollenverständnis daneben.

2. Standardausstattung von Pressezentren:

Beschilderung zum, Orientierungstafel am Haupteingang des Konferenzhotels oder Konferenzzentrums

Akkreditierungsschalter für die Presse - am besten in Rufweite zu den Arbeitsräumen der Journaliste

Zimmerliste und Namensschilder (letzteres für alle Mitarbeiter im Pressezentrum und für alle Journalisten),

Medienpoint: ständig mit zwei Assistentinnen/en besetzter Meetingpoint vor oder im Pressezentrum - eine(r) hängt erfahrungsgemäß immer am Telefon oder organisiert irgendwas für irgendwen. Und sei es Nähzeug, vergessene Zahnbürsten oder einen Minischraubenzieher, damit Telefone für Hörfunk-Direktleitungen "adaptiert" werden können.

Pressemappen (Konferenzunterlage, Programm und Zeitplan, Lageplan der Konferenzräumlichkeiten, Teilnehmerliste, Gremiumszusammensetzung, Fotos, Statistiken/Grafiken, Liste über Telefonnummern von Reception, Organistionsbüro bis Pressesekretariat und Mobil-Telefone der Hauptverantwortlichen, Fahrplan, Schreibblock, Kugelschreiber, ev. Essens- und Getränkebons usw.)

Genügend Telefonanschlüsse: Überkapazitäten gibt es selten, aber berechtigten Ärger bei Engpässen, weil kein Journalist der Welt auf den Redaktionsschluß des Kollegen Rücksicht nehmen kann.

Technische Infrastruktur (Schreibmaschinen, PCs , Drucker, Kopierer, Faxgeräte) und Sekretariatskräfte, die Journalisten jederzeit hilfreich bei möglichen Bedienungsfragen zur Seite stehen

Informationstafeln für aktuelle Agenturmeldungen (APA-News) und Konferenzmeldungen

Ankündigungswand für Pressekonferenzen, Pressegespräche, adhoc-Pressetermine, Interviewbörse bzw. Änderungen

Alle **aktuellen Tageszeitungen** in ausreichender Anzahl, TV-Geräte und Radios sind selbstverständliches Info-Service.

Presse-Sekretariat und bewährte Extras

Pressesekretariat:
Verantwortlichkeiten unter den Mitarbeitern exakt festlegen. Zuständig für die hundert kleinen und doch so wichtigen Betreuungshandgriffe, die den Journalisten das Leben erleichtern. Absolute Bedingung: Profis und keine Aushilfskräfte, weil nur profunde Kenner unter Zeitdruck das Unmögliche möglich machen können und nichts mehr nervt, als der - noch so charmante - Hinweis "kenn' ich nicht, weiß nicht, muß warten, bis meine Chefin/Chef kommt." Die einzige gewünschte Antwort lautet: "Ich kümmere mich darum!"

Gute Pressesekretariate kümmern sich um alles: Informationen über Konferenzabläufe, wo was wann stattfindet oder warum zu einem späteren als ursprünglich geplanten Zeitpunkt, suchen Gesprächspartner, reservieren diskrete Interviewecken, kopieren, schreiben oder ergänzen blitzartig geänderte Presseunterlagen, eruieren Telefonnummern, organisieren verlorengegangene Pressemappen - haben immer ein offenes Ohr für Sonderwünsche und ein waches Auge, ob speziell das Kaffee-Service und die Bewirtung generell funktioniert.

Bewährte Extras:
Griffbereite Hausapotheke. Vor allem am 2. Konferenz- oder Klausurtag sind Kopfschmerzen mit und ohne nächtliche Recherchegespräche keine Seltenheit. Obstschüssel am Presse-Meetingpoint und eine "Nimm-zwei-Firnbonbon-Milka-Mix"-Schale helfen schon am 1. Tag. Tintengläser (köngigsblau und grün) für die steigende Zahl von Journalisten, die wieder eine Füllfeder benutzen; "Ersatzzigaretten", Streichhölzer für Pfeifenraucher, Papiertaschentücher, Nähzeug, Organisationshandbücher, Miniatur-Werkzeug für Laptops und Kassetten für Diktiergeräte, 3-fach-Stecker für Akkus bzw. Ladegeräte - und einige Dosen Redbull für die Kreislaufschwäche starker Kollegen. Hilft das nicht, kann nur noch der Angebot eines Exklusiv-Interviews die Stimmung heben. Aber dafür ist wieder die Pressechefin/chef zuständig.
Weitere bewährte Extras: Amtskalender, Politiker- und Journalistenindizes, Wörterbuch und Fremdwörterbuch.

Plädoyer für die kleinen Journalisten - aus Sympathie und Strategie

Ausgeprägtes Funktionsdenken bringt viele Politiker und Manager im Umgang mit Journalisten ins Schleudern. Gewohnt, in organigramm-mäßig festgelegten Strukturen und Hierarchien zu agieren, werden Herausgeber und Chefredakteure hofiert. Kleine Schreiberling ignoriert. Wissentlich oder aus einem patriarchalisch normierten Gehabe heraus.

Jedenfalls aber mit dem Fingerspitzengefühl eines Schwergewichtsboxers. Auftakt zur vorprogrammierten Erfolglosigkeit.

Zwar gibt es wenig zulässige Vergleiche und Parallelen zwischen dem Leben in und außerhalb von Redaktionen. Einen gibt es mit Gewißheit: der Alltag von Chefredakteuren und Ressortleitern ist ähnlich überwuchert durch bürokratischen Kram, Koordinationsärger, Motivations- und Beschwichtigungstorturen, wie von stinknormalen Führungskräften in Politik und Wirtschaft.

Zum Recherchieren, Schreiben und Kommentieren bleibt zwar meistens viel zu wenig Zeit. Und läßt in gewissen Abständen massive Zweifel an Sinn und Zweck des Jobs aufkommen. Oder gar bedrohliches Infragestellen eigener Fähigkeiten. Das Selbstwertgefühl der "kleinen" Schreiberlinge ist aber in jedem Fall unerquicklichen Wechselbädern zwischen offiziellem Status und internen Mißlichkeiten, zwischen veröffentlichem Schein und tatsächlichen Spielregeln ausgesetzt.

Ist der interne Kampf um Zweispalter und Dreispalter schon kein Lercherl. Gibt es zu allem Überfluß auch noch Politiker und Top-Leute in der Wirtschaft, die einem Saures geben.

Indem sie wertvolle Informationen, Indiskretionen und Spekulationen nur der Chefin oder der Chef stecken, ihren Wachhunden die Anweisung geben, ausschließlich Telefonate ab der Stufe "Ressortleiter" durchzustellen, bei einer zufälligen Begegnung auf der Kärntnerstraße oder im Landtmann nie auf die Idee kommen, eine Einladung zu einem Gesprächstermin auszusprechen - und bei einem ebenso zufälligen Zusammentreffen in der Bristol Bar eine geradezu schweißtreibende Konzentration auf den Gesprächspartner an den Tag legen. Um ja jeden Blickkontakt zu vermeiden. Der könnte ja wieder als Aufforderung "mißverstanden" werden, aufzustehen und mit einem herzhaften "Grüße Sie" oder "Grüß Gott" einen Spontantermin wahrzunehmen.

Journalisten liegen immer auf der Lauer. Jung-Journalisten müssen es.

Der redaktionsinterne Wettbewerb, häufig mehr ein Verdrängungs- als ein Teamkampf, erzeugt ständigen Druck nach noch besseren, heißeren Informationen und Informationskanälen. Und spätestens da beginnt sich die Katze oft in den Schwanz zu beißen.

Weil sie nicht den wundersamen Titel "Ressortchef", "Chefredakteur" oder "Chefkommentator" führen, rasseln sie durch das feinmaschige Info-Netz. Sind in den Hirnen und Telefonlisten der Tops nicht festgeschrieben. Als "Schreiberlinge" nicht auf VIP-Einladelisten. Und damit wieder möglicher Chancen beraubt, durch geschicktes Fragen, "Anzapfen", oder ein Statement-Ersuchen den nächsten Dreispalter plus Kommentar zugestanden zu bekommen.

Besonders in den ersten Redaktionsjahren kann jeder Informationsvorsprung zum Durchbruch führen. Den Schritt aus der relativ anonymen Masse von Redakteuren und Freelancern hin zu einem Namen, den "man sich merkt".

Die entscheidende Fährte zum Seiten-Aufmacher oder für die nächste Cover-Story kann in einem Gespräch mit dem Politiker oder Wirtschafts-Oberwutzi in einer Nebenbemerkung stecken.

Als letzter roter Verbindungsfaden im Recherche-Puzzle. Und als letztes schlüssiges Argument gegenüber dem Chefredakteur, daß diese Geschichte Aufmacherqualität hat.

Wenn schon der Einblick in den Journalistenalltag fehlt, Sympathie für diese Schreiberlinge sich nur dann einstellt, wenn sie von einem Rechtsaußen zum x-ten Mal geklagt und nicht zu einer "Berichtigung" verdonnert wurden, wenn grundsätzliches Verständnis und Anerkennung der Leistung nicht vorhanden sind, dann sollte zumindest so etwas wie strategisches Denken eine Haltungs- und Verhaltensänderung bewirken.

Zeitungsseiten, Hörfunk- und Fernsehsendungen werden nicht allein von Chefredakteuren und Ressortleiter/Innen gefüllt. Es sind die - in den Augen überheblicher Tops tausenden "namenlosen" - kleinen Schreiberlinge und Reporter, die täglich das x-fache an Manus-Zeilen abgeben und Sendeminuten bestreiten.

Da ist Korrektur in der Einschätzung von Wert und Funktion allein schon aus diesem Grund angebracht.

Ein weiterer Grund wäre das Wissen, daß sich die Zeiten schnell ändern können.

Der Jung-Spundi von heute kann morgen schon Ressortleiter-Stellvertreter sein. Mit Hilfe brauchbarer und verwertbarer Informationen von anderen Tops, Ausschuß-Vorsitzenden, Abgeordneten, Managern oder Generalsekretären.

Vorbei die Zeit der redaktionellen Fron-Arbeit und Wasserträger-Funktion für ältere, gewieftere Kollegen oder Chefs. Jetzt bestimmt der, den man ignorierte, nicht kannte, für zu leichtgewichtig empfand, welche Story Seitenaufmacher-Qualität aufweist, wer als O-Ton gesendet wird.

Denkende Köpfe sollten das berücksichtigen. Wenn schon nicht aus Sympathie, dann zumindest aus strategischen Überlegungen.

**Alles, was gesagt wird,
muß wahr sein**

**Man muß nicht alles sagen,
was wahr ist**

Todsünden im Umgang mit Journalisten

- unklare Zielsetzung
- unfreundliches Sekretariat
- Drohungen
- keine offene Pro- und Kontra-Argumentation
- Zick-Zack-Kurs
- Stellungnahmen ohne vorigen Checkruf (nach innen)
- Beurteilungsstatements ohne präzise Vorinformation
- Aussagen widerrufen
- Diffamierungen gegenüber Kollegen
- Vertrauensseligkeit
- keine klaren Abgrenzungen gegenüber Kontrahenten
- kolportierter Tratsch unter dem Mantel der Verschwiegenheit
- üppige Geschenke
- Attacken gegenüber Redakteurskollegen
- Hintergrundinfo ohne die Frage bzw. Feststellung "zitabel - nicht zitabel"
- Ungefälligkeit bei Recherchen
- Rückrufe nach Lust und Laune
- Übersehen von Aufnahmegeräten, Mithörern
- Fotos beim Essen usw.
- Ton, oft aggressiv, ungeduldig, arrogant
- mangelhafte Vorbereitung (Gefahr von Überraschungsfragen)
- fehlende schriftliche Unterlagen
- keine fixen Botschaften

- Informationsbereitschaft nur in Notfällen
- wenig Transparenz
- Defizite an Vertrauen
- kein Stichwort-Zettel
- Backgroundinformationen durch andere
- Hektik vor dem Interview
- knurrender Magen
- Fakten, Statistiken, Grundsatzbeschlüsse, Protokolle nicht in Kopie
- schlechte Fotos
- ungepflegtes Aussehen (ungeputzte Schuhe, fette Haare usw.)
- ungastliche Umgebung
- Telefonate während des Interviews
- fehlende Gastfreundschaft
- Nichtbeachten - Ignorieren des Redaktionsschlusses
- striktes Rauchverbot
- Rauchen in Gegenwart von Nichtrauchern
- Unterlagen verspätet faxen
- kein Augenkontakt
- Dünnhäutigkeit bei kritischer Berichterstattung
- pauschale Verurteilung möglicher oder vermeintlicher Fehlanalysen
- Schmeicheleien
- Gesprächsbereitschaft vermeiden
- langatmiges Geplauder
- Disziplinlosigkeit bei Terminen
- Hofieren von Altspatzen - Negieren des Journalisten-Nachwuchses
- männliche Kumpanei - Gockelverhalten

Wer zu spät kommt, den bestraft der Wähler

Aktionen, Kampagnen, Wahlkämpfe sind immer die größte Herausforderung für Kommunikationsfachleute. Speziell auch deshalb, weil sie nur dann funktionieren und den erwünschten Erfolg bringen, wenn sie in eine Gesamtstrategie eingebettet sind, die alle Verästelungen von Marketing, Promotion, Werbung, Presse- und Öffentlichkeitsarbeit inkludiert, um eine Person oder ein Produkt optimal am Markt zu präsentieren. Optimal zu pushen.

Eine Kampagne - ob Podukt- oder Wahlkampagne - kann schon aus diesem Grund nicht in einem halben Jahr aus dem Boden gestampft werden. Vorlaufzeiten von bis zu drei Jahren sind üblich. Und notwendig. Ideen-Findung, Marktforschung, Marktanalyse und Konkurrenzbeobachtung sind nur über einen längeren Zeitraum wirklich ergiebig, weil Momentaufnahmen und Einstellungsschwankungen zu falschen strategischen Überlegungen führen können.

Guten Kampagnen geht darüberhinaus ein oft monatelanger dynamischer, kreativer Aufbauprozeß voraus, der selbst das Tempo bestimmt, mit dem das Ziel "Gesamtpaket" erreicht wird. Orchestrierte Kampagnen - von der inhaltlichen Festlegung bis zur Begleitmusik in Form von Wahlgeschenken - weisen eine bis zu zehn Mal solange Planungs- wie Laufzeit auf.

Inklusive der perspektivischen Arbeit, der notwendigen Vision, liegt die wohl größte strategische Kunst in der Fähigkeit, den Markt so einzuschätzen, daß die - oft Monate, bei politischen Wahlkämpfen zum Teil Jahre vor dem offiziellen Start - festgelegten Themenschwerpunkte und Maßnahmen der Kampagne die Bedürfnisse und Befindlichkeiten der Zielgruppen haarscharf treffen.

Profis planen pro aktiv

Natürlich wurden schon Bundespräsidenten in einem halben Jahr gemacht. Das darf aber mit Fug und Recht als absolute Ausnahme gelten. Außerdem stimmt es nur bedingt. Organisatorische Infrastrukturen, politische und grundsätzliche inhaltliche Perspektiven standen selbst in diesen Ausnahmefällen beim Startschuß schon fest. Perfektioniert wurden in der durchaus sensationell kurzen Kampagnen-Phase Präsidentenprofil, Stärken und Sympathievorsprung. Nach dem Motto: Der Unterschied steht fest, der Rest steht im Programm.

Hüftschüsse in der Kommunikationsarbeit enden immer im Nirwana, entpuppen sich als Rohrkrepierer oder Pyrrhussiege. Nicht, weil eine Superidee monatelanges Brüten erfordert. Sondern weil erst ein Gesamtkonzept zur Hochform auflaufen läßt. Und trickreiche Konkurrenten Schwachstellen sofort oder sehr schnell orten und ihrerseits die Chance zum Gegenschlag ansatzlos wahrnehmen. Dagegen hilft nur der konsequente und kompromißlose Einsatz der drei P's: Profis planen pro-aktiv.

Beispiele dafür:
Von vielen mißverständlich als neues Phänomen bezeichnet, stürzten die Chefinnen der Grünen, Dr. Madeleine Petrovic, und des Liberalen Forums, Dr. Heide Schmidt, Beobachter und Mitbewerber in mehr bis weniger begeistertes Fachsimpeln über deren Medien-Erfolge. Von einer neuen Ära der Frauen in der Politik war die Rede. Ihre Erfolge haben aber nichts mit einem österreichweiten Bekenntnis zu Frauen und Emanzipation zu tun. Sehr viel aber mit klar erkennbaren politischen Linien, fundierter Argumentation, respektvoll sympathischer Begegnung. Und mit exakter Vorbereitung auf Medien-Events.

- **"Konserven" vorproduzieren:**
  Zur perfekten Vorbereitung im Rahmen längerer Aktionen und Kampagnen (Sonderaktionen, Wahlkämpfe usw.) gehört die tägliche "Konserve". Auch zur Pressearbeit für vorhersehbare Ereignisse (Abstimmungen im Vorstand etc.). Was bei einer Pressekonferenz der "Waschzettel" ist, ist bei Präsidiumssitzungen, Bundesländertourneen u. ä. die vorproduzierte Presseinformation. Bricht dann noch eine Überraschung aus, kommt es zu einer vorher nicht absehbaren Ankündigung oder zu einem Angriff der Konkurrenz, ist jede Minute kostbar für die Sofortreaktion und kann nicht für die Konzeption einer Standard-Pressemitteilung vergeudet werden.

Raster für Kommunikationspläne

Erfolge in der Kommunikationsarbeit - besonders in der Presse- und Öffentlichtkeitsarbeit - sind immer eingebettet in

- umfassende Analyse
- strategischen Aufbau
- frühzeitige Vorbereitung
- entsprechende dramaturgische Aufbereitung
- optimale organisatorische Umsetzung und
- permanente pro-aktive Kommunikationstätigkeit.

Alles auf der Basis eines klaren Finanzplanes, Budgetmitverantwortung und -mitbestimmung durch Verantwortungsträger. Kommunikationschefs ohne definierte Budgetverantwortung sind teilentmündigt, in seriöse Erstvorschläge für Aktionen, Kampagnen und Events nur eingeschränkt unterbreiten und sind in ihren notwendigen Entscheidungsfreiräumen schwerst beeinträchtigt. Kurzum: Sie werden nicht ernstgenommen.

Zeitpläne und Perspektiven 4-Jahres-Plan, 1-Jahres-Plan:

- Langfristige Kommunikationspläne - umfassen ca. Zeiträume von 4 - 5 Jahren. Sind in der Politik und Wirtschaft eher eine Rarität. Ausnahmen: Parteineugründungen, große Fusionen, Start neuer Medien oder Neukonzeptionen.

- Mittelfristige Kommunikationskonzepte (2 Jahre umfassend) sind heute meist schon das Zeichen überdurchschnittlicher Perfektion, müssen für denselben Zeitraum selbstverständlich auch die fundamentalen strategischen und parteipolitischen (unternehmenspolitischen) Zielsetzungen auf dem Tisch liegen.

- Kurzfristige Kommunikationspläne (Zeitraum: 1 Jahr) sind Usus, will jemand noch den Anspruch auf professionelles Agieren erheben. Jede halbwegs durchgeplante und durchkonzipierte größere Kampagne benötigt von der Idee bis zur Umsetzung Vorlaufzeiten bis zu einem Jahr und mehr. Unter der Annahme, daß das Ergebnis eindeutig nachweis- und zuordenbare Veränderungen im Wahl- oder Kaufverhalten sein soll.

Die Entwicklung guter Ideen, Kampagnen und Produkte hat eines gemeinsam: Sie entsteht selten bis nie unter Druck, ist selten bis nie das Ergebnis eines Einzelkämpfers.

Und auf Bestellung funktioniert's auch nicht.

Sondern ist ein Mix aus Können, Kreativität und (Durchhalte-)Kraft. Das gilt in extremer Form und Konsequenz für exzellente Medienkampagnen und erfolgssichernde Pläne in der Presse- und Öffentlichkeitsarbeit. Sind die Basiselemente (Inhalt, Struktur, Strategie, Umsetzungsplan, Finanzierungssicherheit) nicht von bester Qualität, können selbst die ungewöhnlichsten Kreativitätsingredienzien diese Nachteile kaum noch wettmachen.

Der Zuckerguß hält nur in den ersten Minuten. Werden die Happen geschluckt, bleibt ein fahler Nachgeschmack. Eine in sich konsistente und stimmige Kampagne hingegen hält Störmanöver durch Konkurrenten, Desinformationskampagnen und Untergriffen stand.

Die strategische Kommunikationsplanung basiert, je nach Ausgangsposition, auf sechs wesentlichen Standbeinen:

1. Klare Definition des Unternehmenszieles, der Problemzonen, des Krisenfalles. Bei Krisen ohne jede - auch nur kosmetische - Beschönigung und mit jenem Schuß Härte, der mit dem Finger auch noch auf die "älteste Leiche im Keller" hinweist.

2. Präzisierung der strategischen Partner - sprich: wer ist im Unternehmen, im Konzern, in der Branche oder als Positiv-Destimonial wichtig und bereit, meine Arbeit aktiv zu unterstützen. Und aktive Einbindung dieser Partner als Mitstreiter oder Mithelfer, gestützt auf eine Sonder-Informationsschiene.

3. Erarbeitung eines Medienplanes - das heißt: welche Zielgruppen muß oder möchte ich mit meinen Informationen, mit meiner Medienarbeit öffentlich erreichen.

4. Schlagzeilen-Denken und angemessenes Medientraining für die Kontakte und/oder Konfrontation mit den Medien.

5. Ausgefeilter Plan für den Tag (für die Wochen) nach dem Tag X. Dieser Tag X kann sein: Präsentations-Pressekonferenz des neuen Vorstandes, Eröffnung einer neuen Betriebsstätte, Pressekonferenz über Einsparungsprogramm, Wahlsonntag usw.

6. Projektteam zusammenstellen - möglichst klein, ausgestattet mit Umsetzungs- und Einforderungskompetenz. Sitzen dort Personen, die auf eine Mauer der Ungefälligkeit stoßen, wenn sie beispielsweise konkrete Zahlen zur Untermauerung einer Argumentationslinie für die Medien einfordern, kann diese Projektgruppe goldene Purzelbäume schlagen - sie wird nichts zustande bringen.

"Schlagzeilen-Denken" und Bodenaufbereitung

"Boden aufbereiten"

Themenmanagement im Rahmen eines strategischen Kommunikationsplanes kann heißen, daß eine gezielte "Boden-Aufbereitung" erforderlich, zweckmäßig und erfolgabsichernd ist.

Was bedeutet das konkret? Ein Thema, das aus politischen (unternehmerischen) Gründen in der Öffentlichkeit diskutiert werden sollte, um festgelegte strategische Ziele zu erreichen, kann mittels mehrerer Methoden aktualisiert werden:

- Einflußreiche strategische Partner, prominente Verbündete greifen das Thema auf - problematisieren es.

- Studien, Umfragen, Forschungsprojekte werden in Auftrag gegeben. Die Veröffentlichung der Ergebnisse schafft Gelegenheiten, die Aufmerksamkeit auf einen Spezialbereich zu lenken. Als Ausgangspunkt für eine Folgediskussion, die (Tage oder vielleicht erst Wochen/Monate später) zur gewünschten öffentlichen Debatte über das strategisch wichtige Kern-Thema führt.

- Initiativen, Komitees, Vereine gründen. Personengruppen mit z.B. ethischen, humanitären, sozialen, caritativen, antifaschistischen oder umwelt- und gesellschaftspolitisch relevanten Zielsetzungen und Motiven gelingt eine Thematisierung von Anliegen leichter, als Einzelpersonen. Bei entsprechender Wertigkeit oder Größenordnung sind sie ein nicht zu umgehender Faktor für mediale Berichterstattung.

- Internationale Kontakte nutzen bzw. aufbauen. In Sonderfällen kann ein Thementransfer aus dem Ausland erfolgen. Stichwort: Diskrete "strategische Partnerschaft."

- Internationales Monitoring: Es gibt nahezu kein politisch oder wirtschaftlich wichtiges Thema, das nicht in einer anderen Region, in einem anderen Land oder Kontinent Gegenstand von Studien, Medienberichten oder als "Fallbeispiel", "Vorbild", "abschreckendes Beispiel" evident ist. Schlußfolgerungen, Vorschläge zur Prophylaxe und/oder Nachahmung sind Möglichkeiten für einen nationalen Themeneinstieg.

- Desinformationskampagnen ein weitgehend auf die Politik beschränktes, weil mittels Immunitätsschutz abgesichertes, Mittel zur medialen Themenaufbereitung.

- Angriffe und Attacken, die auf Personen, Institutionen und Organisationen abgestellt sind, nur erfolgreich, wenn Recht und Gesetz auf der Seite des Angreifers sind und Sympathieeinbußen ein kalkulierbares, zeitlich absehbares Startrisiko sind.

- Personelle Veränderungen als Teil einer Gesamtstrategie können ein geeigneter Themen-Einstieg notwendiger Strukturveränderungen sein (Nutzung medialer "Schonzeiten" für Newcomer usw.).

- Sinnliche Beispiele für Vorträge und Referate bei Kongressen und Konferenzen. Einladung an internationale Experten und Thementräger. Buchungen ein bis zwei Jahre vorher. Größere Konferenzen benötigen rund ein Jahr Vorbereitungszeit.

- Referate im Ausland bei internationalen Kongressen und Veranstaltungen ebenfalls zwecks Thementransfer nach Österreich.

Wesentliche Voraussetzung: klare Ziele

Linda Robinson, Agenturchefin von "Robinson, Lake, Leerer & Montgomery", New York, bringt eine Anforderung an strategisch ausgerichtete Kommunikationsarbeit auf den Punkt mit der Feststellung, was das wichtigste ist: "Man muß bereit sein, der erste zu sein!"

Im Klartext heißt das: Viel Denk- und Nachdenkarbeit bei und für die Analyse, die Aussageziele (Slogans, gewünschte Schlagzeile), die unterschiedlichen Szenarien und über Personen und Personenkreise, die als Kommunikationsträger da sind oder genutzt werden könnten. Konkrete Umsetzungspläne, Follow-ups für den Tag, für die Wochen danach.

Kommunikationsarbeit im Sinne strategischer Kommunikationsarbeit erfordert im politischen, im Non-Profit - oder wirtschaftlichen Bereich dieselbe Präzision in Planung, Vorbereitung und Umsetzung wie die Markteinführung eines neuen Produktes. Unabhängig davon, ob es sich um eine kurzfristige Aktion, um eine Kampagne, eine der regelmäßig wiederkehrenden Wahlauseinandersetzung handelt oder um die Etablierung einer neuen Kandidatin, eines neuen Kandidaten. Und unabhängig, davon auf welcher Ebene. Variabel sind nur die Rahmenelemente wie Budget, Medienpläne und Größenordnung der zu informierenden und zu überzeugenden Kreise.

Gute und erfolgreiche Kommunikationsleistungen sind dann zu erbringen, wenn Fragen nach dem Ziel oder den Zielen detailliert beantwortet werden können und auf dem Tisch liegen. Das klingt zwar selbstverständlich, ist es aber nicht. Schon gar nicht einfach.

Persönliche und politische Zielsetzungen zu erarbeiten und über das "Wir wollen stärker werden" hinaus exakt zu definieren, ist keine Angelegenheit von Spontanideen. Sondern spannende, mühsame und manchmal quälende Denk- und Focussierungsarbeit.

Einer der Hauptgründe liegt - zumindest im Politischen - in der Scheu, die intellektuelle Köpfe davor haben, ihr Ideen- und Wunschrepertoire auf Schwerpunkte zu reduzieren. Empfunden als brutale Beschneidung eigener Vielfältigkeit, wird diese notwendige Konzentration auf wenige, klare strategische Ziele in der Schwerpunktsetzung, häufig abgelehnt. Ein Fehler, für den man selbst oder andere immer zahlen müssen. Wann, ist nur eine Frage der Zeit.

"Was will ich", "was wollen wir" kann nicht losgelöst von "was kann ich" "wo bin ich gut", "was mag oder kann ich nicht" beantwortet werden.

Erst nach einer grundsätzlichen Positionierung und ehrlichen Analyse eines Stärken-Schwächen-Profils können in der Folge alle nächsten Einzelschritte abgeleitet werden. Mit jeder nur denkbaren Vielfalt und Phantasie, die dann wirklich am Platze ist. Spätestens jetzt hat die Arbeit von Kommunikations-Profis einzusetzen. Das Auspolstern strategischer Ziele durch eine facettenreiche Presse- und Öffentlichkeitsarbeit - eingebettet in einen mittelfristigen Kommunikationsplan, der alle Stücke spielt - kann beginnen.

Projektbezogene Grundsatzpositionierung und Stärken-Schwächen-Profil

Zweckmäßig ist ein Mehr-Stufen-Plan:

Stufe 1: Projektbezogene Grundsatz-Positionierung
Die wichtigste und zugleich schwierigste Aufgabe dabei ist, aus der Fülle von Ideen jene herauszufiltern, die in ein stimmiges Arbeitsprogramm eingegossen werden können. Als Entscheidungshilfen sind neben persönlichem Gespür und Wissen, alle Möglichkeiten objektiver und meßbarer Daten auszuschöpfen. Daß sich der Bürgermeister einer Marktgemeinde selten einer ausschließlich auf seinen Wirkungskreis abgestellten wissenschaftlichen Analyse bedienen kann, liegt auf der Hand. Regionale, landesspezifische oder bundesweite Untersuchungen über die wirtschaftliche Situation, bevölkerungspolitische Veränderungspotentiale, Trends und Tendenzen in der Werte- und Bedürfnisskala oder Entwicklungschancen sind für ihn aber greifbar. Ebenso Studien. Deren Kenntnis ist wichtig, um in einem stets unter erheblichem Zeitaufwand erarbeiteten Schwerpunkte-Programm nicht unnötige Irrläufer zu haben.

Dieselbe Vorgangsweise gilt für die Fortschreibung politischer Arbeitsprogramme. Mangelnde Sorgfalt in der Abwägung "ist das ein Thema, ein Bedürfnis der Bevölkerung, einer bestimmten - für mich wichtigen - Zielgruppe, möglicherweise mehrheitsfähig oder als Profilierungsthema geeignet", war und ist Ausgangsbasis so mancher Blamage und politischen Peinlichkeit.

Stufe 2: Stärken-Schwächen-Profil in eigener Sache
Die einfachste und zielführendste Methode ist die Doppel-Pack-Methode: Fremdanalyse und Selbstanalyse plus graphologisches Gutachten.

- Eine kleine Gruppe von Insidern listet am Flip-Chart die positiven und weniger erfreulichen Eigenschaften, Gewohnheiten und Schwachstellen der Kandidatin/des Kandidaten auf.

- Der politische Ein- oder Aufsteiger tut dies ebenfalls, bzw. wird mit der Positiv-Negativ-Liste konfrontiert. So heikel diese Stufe 2 ist, weil kein Mensch der Welt, mit Ausnahme des Dalai Lama, freudig seine Fehler dokumentiert sieht - schwarz auf weiß - und von mehreren bestätigt wird.

- Behutsamkeit in der Kommentierung: ja! Falsche Scham und Rücksichtnahme: nein! Sie nützen keinem, schaden aber mit Sicherheit. Mut zum aufrechten Gang ist gefragt. Zu einer fairen, aber schonungslosen Analyse. Sie hilft dem betroffenen Kandidaten und ist extrem hilfreich für geplante Kampagne, Aktion, deren Ausrichtung und Abstimmung auf sie oder ihn.

Beispiele:

- **Aussehen:**
  Kleidungsstil, Bart, Brille, Haarschnitt, Schminke, Gesichtsausdruck, Zahnprobleme usw.

- **Gewohnheiten:**
  pünktlich, verläßlich oder ständiger Zuspätkommer, konzentrierter oder unaufmerksamer Zuhörer, Akten- oder Zeitungslektüre bei Sitzungen und Besprechungen, Kaugummiliebhaber, Raucher oder besessener Nichtraucher, Vegetarier, respektvoller Umgang mit Frauen/Männern, höflich oder Neigung zu flegelhaftem Verhalten, Süßspeisentiger, usw.

- **Fähigkeiten:**
  gut oder schlecht im Delegieren, im Controlling, teamfähig, Solist oder "Lipizzaner", geduldig, Führungstalent, chaotischer oder präziser Arbeitsstil, visionär, intellektuell, Praktiker oder Pragmatiker, zäh und konsequent, sprunghaft und ideenreich, gediegen oder spektakulär, kritikfähig, arrogant, unnahbar, Schnellsprecher, rhetorisch begabt oder dringender Schulungsfall, stur, Zick-Zack-Läufer, opportunistisch, populistisch, Wahrheitsfanatiker oder Trickser, gutes Zeitmanagement oder permanent hektisch und in Zeitnot.

Was es heißt, Themen zu managen

Zur anspruchsvollsten Arbeit in der Kommunikationsplanung zählt das geschickte Themenmanagement, umfaßt es doch eine Reihe von Konstanten, die zur erfolgreichen Plazierung eines bestimmten Themas in den Medien führen. Aber auch Variable, deren Beeinflussung schwer ist und ein ganzes Paket von Aktivitäten verlangt.

Grundvoraussetzung ist zunächst einmal, das Thema auf allgemeines oder spezifisches Interesse hin nüchtern abzuklopfen. Die "Borkenkäfer-Plage" zur einer Zeit thematisieren zu wollen, in der noch kein einziger Baum davon befallen ist - einige Ökofreaks aber glauben, dennoch eine Kampagen starten zu müssen, weil vielleicht auf einigen Quadratkilometern Österreichs diese Gefahr für die Wälder beobachtet wurde - wird kaum reüssieren. Sondern viel Zeit, Geld und Kapazitäten verschleudern.

Themenvorgabe ist möglich, wenn folgende Faktoren berücksichtigt werden:

- **Betroffenheit:**
  eine bestimmte Gruppe von Menschen hat ein prinzipielles Interesse an einer Sache, einem Projekt, ist betroffen von einer Belastung, würde profitieren von der Realisierung einer Idee, einer Gesetzesänderung.

- **Zeitliche Aktualität:**
  Ein Thema kann "in der Luft liegen" - kann die logische Fortsetzung eines bereits existierenden "Talk in Town" sein. Gilt in der Lifestyle-Szene ebenso wie in der politischen.

- **VIPs als Sprachrohr:**
  Ausgeprägtes Denken in Macht- und Funktionskategorien erleichtert Themenplazierungen, Gewichtung und Wertung der Aussagen verschieben sich. Bedeutungshierarchien können - zumindest im ersten Durchgang - wichtiger sein als Substanz. Nicht nur in Wahlkampfzeiten zählen gute Testimonialien zum Feinsten vom Feinen, wenn es um die Verbreiterung der Befürworter- und Überzeuger-Front geht.

- **Homogenität Person-Inhalt-Medium:**
  Das richtige Zielmedium auszuwählen bedeutet, daß man z. B. in einer Fachzeitschrift oder einem Magazin leserspezifisch agiert und auch als "noch-nicht-VIP" Berücksichtigung findet.

- **Exklusivität für ein Medium:**
  Gefährlich, weil andere erbost und verärgert sein können - sinnvoll, wenn Interpretationsprobleme selbst bei tadelloser Vorbereitung fast unumgänglich sind, oder Sicherheit des "Zungenschlages" oberste Priorität hat.

- **Breites Durchstarten:**
  Ob mittels Pressegespräch mit persönlichen Einladungen oder Agenturmeldung, entscheidend ist die Qualität der Presseunterlage und der Zeitpunkt. Mit Ausnahme von Sensationsmeldungen sind in den Tageszeitungen Zwei- und Dreispalter (meist auch Aufmacher) zwischen 10.00 Uhr und 11.00 Uhr vergeben. Wer zu spät dran ist, darf sich über Punktmeldungen nicht beklagen.

- **Einstieg via Veranstaltung oder Sonderprojekt:**
  Hohe Wahrscheinlichkeit, ein neues Thema erstmals transportieren zu können und entsprechende Aufmerksamkeit zu erregen, ist die "Umweg-Kommunikationsarbeit" über ein Projekt oder eine Veranstaltung.

- **Product-Placement in der Politik:**
  Ebenfalls nahezu sichere Einstiegsmöglichkeit. Wer den Zeitaufwand nicht scheut, kann auch sogenannte unpopuläre Themen hundertprozentig aktualisieren, wenn er projektbezogen agiert. Beispiel: Keiner will etwas von Flüchtlingen hören, lesen und sehen, engagierte Personen finden ein Haus, und präsentieren das erste "Integrationsprojekt Flüchtlinge - Einheimische".

- **Aktionismus:**
  Kluge Aktionen, die ein Problem auf den Punkt bringen. Die Enttabuisierung von Themen, die von machtvollen Lobbies oder einer Nomenklatura unter den Teppich gekehrt werden, gelingt durch situationstypische Aktionen. Beispiel: Sonder- oder Giftmüllschmuggel. Landeshauptfrau/mann lädt einige ausgewählte Reporter zum "Lokalaugenschein" an die Grenze, um vor Ort die Stichproben-Kontrolle bei LKWs zu beobachten.

Wie Themen manchmal "gemacht" werden

Immer wieder herrscht Verwunderung: "Woher wissen die das?" Selbst für Informierte sind die Informationskanäle nicht immer leicht nachvollziehbar.

Unabhängig von den offiziellen Wegen über die Pressestellen von Parteien und Unternehmen, Presseagenturen, Pressekonferenzen und Hintergrundgespräche gibt es ein für viele verwirrendes, in sich aber hervorragend funktionierendes Informationsnetz.

Erfolgreiche Personen und Institutionen haben längst internalisiert, daß die offiziellen Kanäle die eine Seite der Kommunikationsarbeit sind, die inoffiziellen die oft verdammte, aber unverzichtbare zweite Seite.

Stichwort: Themenaufbereitung

Wer einen persönlichen Kontakt in eine Redaktion hat, ihn pflegt und verwertbare Informationen liefern kann, kann sich bereits zu jener Gruppe von Menschen zählen, die, mit einem konkreten Wissen ausgestattet, fähig wären, ein Thema aufbereiten können.

Wer Mitglied eines Klubs ist - egal ob Rotarier oder Golf - kann davon ausgehen, jemanden zu treffen, der journalistisch tätig ist oder eine Redakteurin/einen Redakteur kennt. Und hat somit die Chance, einen Informationsinput zu geben.

Wer als Mister Nobody die Courage hat, in einem In-Beisl oder bei einer Veranstaltung einen Mister Wichtig (Politik, Wirtschaft, Kultur) anzusprechen und auf eine ernste Sache aufmerksam zu machen, kann davon ausgehen, daß die Information ins Spiel gebracht hat.

Wer über ein Fax-Gerät verfügt und ins richtige Ressort verifizierbare Informationen sendet, wird in der Regel (und sei es aus Höflichkeit) mit einem Anruf rechnen können. Und hat dann zumindest die Gelegenheit, durch weiterführende Erklärungen Interesse zu wecken.

Gut geplant ist halb gewonnen

Schnellschüsse, Überraschungscoups, Superevents - alles möglich, alles organisierbar, wenn die Zeitpläne stimmen. Schnellschüsse, nicht aus Verlegenheit, sondern als Vitalisierungselement in der Öffentlichkeitsarbeit angewandt, können Mitbewerber und Konkurrenten irritieren und kurzfristig außer Tritt bringen. Sind somit legitimes Mittel im Kampf um Aufmerksamkeit, im Wettkampf um den berühmten kleinen Vorsprung mit großer Wirkung.

Das Geheimnis guter Schnellschüsse und Überraschungscoups in der politischen Kommunikationsarbeit liegt in einer Gesamtkonzeption, die, langfristig vorbereitet, genügend Kapazitäten für das "Tagesgeschäft" freihält. Wer im Jänner noch keinen inhaltlichen und zeitlichen Abfolgeplan für die kommenden 11 Monate finalisiert, liefert sich einem programmierten Chaos aus. Der vielzitierte Teufelskreis ist damit bereits beschritten.

Gerade im politischen Alltag mit all seinen Unwägbarkeiten ist kontinuierliches Arbeiten auf dem Kommunikationssektor oberstes Gebot. Längerfristige Konzeptionen müssen mehrere Legislaturperioden umfassen - heruntergebrochen auf die einzelnen Abschnitte zwischen den Wahlgängen. Daß dies bei wechselnden Obmännern (Obfrauen) und Vorsitzenden ein Problem an sich sein kann, ist ein zu berücksichtigendes Kritierium, aber kein Hinderungsgrund.

Strategien und Langfristpläne zu entwickeln bzw. fortzuschreiben, ist die alles entscheidende Aufgabe von Führungskräften. Erst wenn diese vorliegen, ist die Voraussetzung geschaffen, darauf abgestimmte Gesamtstrategien in der Kommunikationsarbeit mit Leben zu erfüllen. Sowohl in der internen, als auch externen Kommunikation.

"Der Fisch beginnt am Kopf zu stinken" gilt tatsächlich. Kein Unternehmen der Welt, ob erfolgverwöhnt oder krisengeschüttelt, kann den Erfolgskurs beibehalten oder Krisenfällen gegensteuern, wenn die entscheidenden Köpfe nicht die Kursrichtung kennen.

Auf die Politik umgelegt bedeutet das: Klarheit über Ziele, die über eine Legislaturperiode hinausgehen. Wer diese Führungsarbeit nicht erbringen kann und will und sie nicht in geeigneter Form seinen Stabstellen verdeutlichen kann, um von diesen die Ausführung und Umsetzung in den Einzelbereichen auch einfordern zu können, hat als Führungsperson in der Politik nichts verloren.

Ein Anforderungsprofil, das zu erfüllen ist, will man Erfolg haben. Wer nicht kommunizieren kann und will, schadet sich selbst, weil er/sie sich ständig vergewaltigen muß, um Minimalstandards zu erfüllen. Er ruiniert aber auch jede Organisation, der er als Chief Executive Officer vorsteht, weil Führungsarbeit - bei allen demokratischen Abfederungen im strukturellen Aufbau und in der Entscheidungsfindung - in ihrer prinzipiellen Bedeutung eine neue Qualität in einigen speziellen Ausformungen erhält.

Die Vielfalt medialer Einflüsse verschärft heute die Tendenz, daß Inhalte fast ausschließlich nur noch über Personen transportiert werden. Lamentieren und Zweifel an der Seriosität von Botschaften, die als Vehikel mehr oder weniger attraktive Personen benötigen, helfen dabei überhaupt nicht. Auch nicht ein noch so intelligentes Stöhnen, daß dieser Trend zu unakzeptablen Einschränkungen im Aussage-Fächer führen müsse.

Die Video-Clip- und Werbespot-Gesellschaft hat längst Einzug gehalten in die politischen Kommunikationsarbeiten. Wer mitmischen will, muß mittun. Professionell vorbereitet, aufbereitet und umgesetzt. Losgelöst von Tagesaktualitäten, Handlungs- und Erklärungsbedarf im Stundentakt benötigen Wahlkämpfe auf Gemeinde-, Landes- und Bundesebene. Vorlaufzeiten von mindestens zwei Jahren, soll die Substanz nicht einem schädlichen Zeitdruck zum Opfer fallen.

1. Schritt:
Organisationsraster, Zeitpläne und Projektteams sind noch nie zu früh festgelegt worden. Ebenso nicht die unterschiedlichen Etappenpläne.

Führungsaufgabe ist es, diese Eckpfeiler zu konstruieren, Teams zu nominieren, Zeitpläne auf deren Einhaltung hin zu kontrollieren, Verzugsmeldungen zu hinterfragen und gegebenenfalls ein inhaltliches und personelles Nachjustieren vorzunehmen. Nicht der zweite Zwerg in der dritten Reihe ist dafür Rechenschaft schuldig, auch wenn es ein beliebtes und von vielen angesichts eigener Führungsschwächen perfektioniertes Spiel der Schuldzuweisungen gibt.

2. Schritt:
Nach Vorlage und Diskussion inhaltlicher und zeitlicher Rasterpläne sind Teams und eindeutig zuzuordnende Verantwortlichkeiten festzulegen. Wer sich dazu nicht durchringt, begibt sich in eine Gefahrenzone der Sonderklasse. Unklarheiten in der Verantwortungshierarchie müssen zwangsläufig zu Doppelgleisigkeiten führen und sind der Tod

jeder Kapazitätsmaximierung. Je spezialisierter das Einzelwissen ist, desto notwendiger ist die klare Letztverantwortung durch eine Person, die alle Spezialgebiete zu einer starken Kommunikationslinie zusammenführt. Jedes Aufsplitten dieser Letztverantwortung verhindert und behindert die konsistente Umsetzung von Kommunikationsplänen.

3. Schritt:
Je nach Umfang muß man für effiziente Kommunikationspläne und -strategien Jahreszyklen disponieren. Und die Projektteams für die erste Runde der Arbeiten installieren. Organisatorische Vorbereitungen, programmatischer Feinschliff, das Reservieren von effektvollen, guten Veranstaltungsorten, von Referenten und Künstlern bis hin zu technischen Einrichtungen wie Videowalls usw. sind selbst mit Monsterbudgets (die ohnehin selten vorhanden sind) nicht innerhalb von wenigen Monaten zu bewerkstelligen. Schon gar nicht die professionelle Umsetzung von Daten - wie etwa die Abstimmung von Aktionen und Veranstaltungen, focussiert auf Wahlkreise oder Gemeinden mit interessantem Wählerpotential, einer Optimierung der logistisch besten Event- und Tournee- bzw. Konvoiplanung.

4. Schritt:
Fixe Jour-fixe-Runden müssen ein Jahr vor dem Kampagnenstart selbstverständlich sein. Dauert die Kampagne bis zum Ende bzw. Höhepunkt insgesamt ein Jahr oder ein dreiviertel Jahr, bedeutet das, daß eigentlich fast zwei Jahre - vor dem Wahlsonntag beispielsweise - die Projektteams ihre regelmäßigen Arbeitssitzungen starten müssen. Koordinationsrunden im 14-Tage-Rhythmus oder Wochenrhythmus sind sinnvoll.

5. Schritt:
Kampagnenstart und - je nach Gesamtdramaturgie - einzelne Etappenpläne haben einen immer dichteren Koordinationsplan und -bedarf zur Folge.
Die Kommunikationsarbeit und -strategie muß in diesen Phasen von einem Tag auf den anderen nachjustiert werden können. Wichtigste Voraussetzung für koordiniertes Vorgehen ist ein Jour-fixe-Plan, der nicht ständig umgeschmissen wird, sondern hält. Und zwar mit Zeitpunkt, Ort, Tagesordnung, Teilnehmerkreis und definitiven Entscheidungen bis wann wer was zu erledigen hat.

6. Schritt:
Den berühmten Faktor Zeit können Kreativzirkel und Organisationschefs noch so innig hassen, im Marketing, der Eventplanung und Eventabwicklung oder während einer Kampagne ist er nun einmal ein

ganz entscheidendes Erfolgskriterium. Weniger im Hinblick auf den Zeitpunkt einer Inseratendurchschaltung, sehr wohl aber was die Dramaturgie der gesamten Aktion anbelangt. Selektives Wahrnehmen spielt ein wichtige Rolle. Wer anläßlich des Fußball-WM-Finales einen Event auf den Donauinseln organisierte, wählte zweifellos einen idealen Zeitpunkt, um sich in den Herzen und Hirnen von Fußballfans einzuprägen.

Strategische Kommunikationsplanung: Fragen vor und für einen effizienten Startschuß

1. Welches Thema will (muß) ich aktualisieren? Welche zentrale Botschaft hilft meinem Ziel?

2. Wo liegen die Konfliktzonen? Wo die Gefahrenherde? Wie sind meine Anworten und Maßnahmen zur Bereinigung von Negativszenarien?

3. Wer kann mich öffentlichkeitswirksam unterstützen? Wer kann mir schaden?

4. Wie kann ich die inhaltliche Aufbereitung und Umsetzung orchestrieren?

5. Welche "Ergänzungsthemen" zu meinem Hauptthema können als Verstärker gespielt werden?

6. Wie sieht die Gesamt-Dramaturgie aus? Wie der entsprechende Etappenplan für die erste, zweite, dritte Phase?

7. Welche Medien eignen sich für Exklusiv-Interviews? Welchen Journalisten muß ich Hintergrund-Informationen geben? Welche Informationen eignen sich für Pressekonferenzen? Für persönliche Gespräche? Für "Back-grounding"?

8. Welche Personen, Institutionen, strategischen Partner "spielen" das Thema mit welchem Zungenschlag weiter?

9. Wie sieht mein "Follow-up" aus? Eine Woche später? Mehrere Wochen später?

10. Wie kann ich durch gutes "Agenda-setting", durch antizyklische Aktivitäten meine Medienarbeit unterstützen?

Forschungsgestützte Kommunikationsarbeit

Was kann die Demoskopie? Wie treffsicher sind Prognosen von Meinungsbefragern? Was bedeutet ihre Arbeit und ihr Wissen für die Planung und Umsetzung von Kommunikationsplänen und von Follow-up-Plänen?

Ab einer gewissen Ebene und einer bestimmten Budgethöhe ist eine detaillierte Marktanalyse unverzichtbar, der Verzicht darauf kostspieliger Dilletantismus. Wahlkampagnen im kleineren Umfang, bundesweite Kampagnen, der Relaunch oder die Neukonzeption eines Mediums (ob Printmedium oder Privatsender) sind nicht Gefühlssache, sondern haben sich an Fakten und Daten zu orientieren, die meßbar sind.

Für die Herausgabe einer Gemeindezeitung ist eine umfassende Marktanalyse nicht unbedingt zwingend. Ebenso wenig für den Vorzugsstimmenwahlkampf des Vizebürgermeisters einer 400-Seelen-Gemeinde. Bedürfnisse, Interessen, Probleme und Wünsche der anzusprechenden Personenkreise sind auch ohne den Einsatz eines großen Meinungsforschungsinstitutes eruierbar. Und sei es über Direct Mail mit offenen Fragen, Sprechtagen, einer selbst zusammengestellten Fokusgruppe. Für den großen Horizont gibt es darüberhinaus in den Spezialabteilungen von Landesregierungen, Ministerien, dem Parlament, ja auch in Landesparteien, Interessensvertretungen, den Sozialpartnern, Kulturorganisationen usw. ausreichend Material, um vom Programm und Inhalt her gesehen mehr als nur eine Austauschaktion für kontaminierten Sand auf Spielplätzen anzubieten.

Ideen abzutesten, gehört aber zum selbstverständlichen Handwerkszeug professionell vorgehender Kommunikationsspezialisten - unabhängig von Aktivität, Budget, Zielgruppe und Zielsetzung.

So wertvoll "Bauchgefühle" sind, sich auf Intuition allein zu verlassen, ist zu riskant. Auch im Kleinstsegment. Unterschiede im Aufwand sind gerechtfertigt, nicht aber der prinzipielle Verzicht auf Testgruppen - und seien sie noch so klein.
Selbst in der Winzlinggemeinde schaffe ich es, repräsentative oder prototypische Fokusgruppen zusammenzustellen - bevor ich einen Folder, eine Gemeindezeitung andrucke - und ihnen Layoutentwurf und Inhaltsangabe vorzulegen. Oder sie über eine von mir als "Weltidee" angesehene mögliche Initiative, vor dem Startschuß einer Aktion oder der Festschreibung meines persönlichen Wahlprogrammes, zu informieren und ihre Meinung dazu abzufragen. Ein ausgewählter Kreis von Freunden, Leuten mit Fachwissen oder Vertretern der für mich wichtigen Berufsgruppen ist immer greifbar, wenn ich mich darum bemühe. Die Fokusgruppe sollte aber in jedem Fall über das Sekretariat und den Ehe- oder Lebenspartner hinausgehen.

Demographie als fixer Bestandteil von Wahlkampfbudgets

Umfragen und Meinungsforschung - von grundsätzlicher Datenerhebung bis zur den Wahlkampf begleitenden Forschung - sind bei Wahlkampfbudgets in der Höhe von hunderten Millionen Schilling (im Superwahljahr 1994 investierten die wahlwerbenden österreichischen Parteien ca. 500 Millionen Schilling) fixer Bestandteil, entscheiden mit über strategische Ausrichtungen, die Verstärkung oder Korrektur von Wahlkampfschwerpunkten.

Daß die Demoskopen häufig noch unter ihrem Wert geschlagen werden, gehört mehr in den Bereich hartnäckig festgefressener Annahmen, als in eine Faktenanalyse.

Kein erfolgsorientiertes Unternehmen, auch nicht Parteien, wagt heute das Pokerspiel um Treffsicherheit bei Themen und Produktentwicklungen - ohne auf wissenschaftlich fundierte Basisarbeiten von Markt- und Meinungsforschungsinstituten zurückzugreifen. Unterschiede gibt es maximal in der Höhe der Budgetierung.

Im US-Präsidentschaftswahlkampf 1992, den Bush-Herausforderer Bill Clinton durch eine schlichtweg perfekte Wahlkampagne für sich entschied, wurden rund 10 Prozent des operativen Wahlkampfbudgets für die wahlkampfvorbereitende und wahlkampfbegleitende Wahlkampfforschung eingesetzt.
Wenn auch die Rolle der Meinungsforschung in den amerikanischen Wahlkämpfen - zumindest aus österreichischer Sicht - prominenter zu sein scheint als hierzulande, nahm die Akzeptanz und die Bewertung, unverzichtbares und wichtiges Instrumentarium zu sein, in den letzten Jahren rapide zu.

Im Clinton-Bush-Perot-Wahlkampf 1992 wurden keine signifikant anderen und besseren Methoden angewandt, als sie in Österreich gang und gäbe sind. Unterschiede gab und gibt es naturgemäß im großflächigen Einsatz und in einigen Verfeinerungen der Instrumentarien. So perfektionierten etwa die Republikaner vor allem das telefonische Tracking: Beispielsweise wurden in 20 Schlüsselstaaten jeden Abend 150 bis 300 Personen befragt und täglich die jüngsten zwei bis drei Umfragewellen kumuliert. Daraus abgeleitet, konnten dann die Trendkurven bestimmt werden.

Mit konkreten Konsequenzen für die Schlagzeile des nächsten Tages, für die mediale Schwerpunktsetzung. Bei den täglichen Morgenbesprechungen der Führungscrew konnten die Wahlkampfstrategen aufgrund des aktuellen Datenbildes aus 20 der 51 US-Bundesstaaten ihre strategischen und werblichen Entscheidungen, Feinabstimmungen oder Korrekturen vornehmen. Bill Clinton und Al Gore wiederum ließen zweimal pro Woche in 25 US-Bundesstaaten entsprechende Umfragen mit einem 600-er-Sample machen. Nach der Devise: "Der Zufall ist unser größter Feind", wurde und wird nichts dem Zufall überlassen.

Zur Wahlkampf-Vorbereitung können über die Meinungsforschung sowohl großflächige Stimmungslagen unter den Wählerinnen und Wählern identifiziert werden, als auch zentrale politische Themen, kritische Wähler, potentielle Nicht- oder Wechselwähler oder Gefahrenzonen für eine Wahlkampagne. Zudem enorm wichtig für die Konzeption eines Personenwahlkampfes.

Ob ein Kandidat verheizt wird oder eine maßgeschneiderte, präzise, auf die Person und deren Stärken abgestimmte Kampagne entstehen kann, hängt in einem hohen Maße davon ab, ob man eine ausreichende Wahlkampfforschung - vorbereitend und begleitend - betreibt.

Während laufender Kampagnen wiederum dient die Meinungsforschung zur Absicherung festgelegter strategischer Schienen. Natürlich aber auch zum rechtzeitigen Agieren oder Reagieren auf einen Stimmungswechsel. Das Monitoring gibt Wahlkampfleitern und -strategen einen aktuellen Überblick über Treffsicherheit von Themen, Akzeptanz oder Ablehnung von Einzelaussagen. Je nach Radius in einem Wahlkreis oder dem gesamten Bundesgebiet. Im US-Präsidentschaftswahlkampf 1992 wurden mit dieser Absicht jeden Abend 500 Personen befragt, wöchentlich tausende interviewt. Solche Daten - ob Bestätigung für die Richtigkeit der ausgewählten Themen und Slogans oder als Aufforderung zur raschen Korrektur - geben nötige Sicherheit und Schwung.

Die Meinungs- und Wahlkampfforschung kann einen veritablen Anteil an Wahlerfolgen für sich in Anspruch nehmen. Bei der Gewichtung und Definition von prozentuellen Anteilen ist Vorsicht angebracht. Unzulässig ist es jedenfalls, der Meinungs- und Wahlkampfforschung Mitschuld zuzuordnen, wenn die Auswahl des Kandidaten problematisch war oder strategische Fehlentscheidungen zum Flop führen.

Hauptursachen dafür waren und sind Unehrlichkeit bei der Analyse, falsche Rücksichtnahmen oder schlichtweg Einschätzungsfehler, wie Wähler auf Verhalten und Personen reagieren.

Bretschneider: Mehr Systematik und begleitendes Controlling

Der entscheidendste Vorteil der Demoskopie ist die Funktion als Frühwarnsystem und als eine Art Seekarte, die Aufschlüsse über Höhen und Tiefen gibt. Einzusetzen vor jedem größeren Vorhaben, unerläßlich als begleitendes "Kontroll-Organ". Anzuwenden vor jedem Start für ein Produkt. Unabhängig davon, ob es sich um eine politische Kampagne handelt, die Plazierung eines Spitzenkandidaten oder eines neuen Produktes am Markt.

Dr. Rudolf Bretschneider, Fessel & GfK (Wien), sieht grundsätzlich drei Perspektiven, die sich politische (wirtschaftliche) Entscheidungsträger hinsichtlich der Auskünfte, die die Demoskopie liefern kann, vor Augen halten müssen:

- Vor großen Vorhaben - wissenschaftlich abgesichert - zu klären, wie unter anderem die Grundvoraussetzungen für eine geplante Maßnahme, die Marktplazierung eines "Produktes", die Verhaltensmuster der Menschen sind; wie die Menschen auf eine bestimmte politische Zielsetzung reagieren; oder auf eine Idee. Diese Form der "Marktsondierung" - in der Markenartikelindustrie usw. selbstverständlich -, ist nach Ansicht Dr. Bretschneiders in Österreich noch stark ausbaufähig - und wird noch viel zuwenig in Anspruch genommen.

- Begleitendes Controlling bezüglich Stärken und Schwächen: gilt für Personen und ihr Repertoire ebenso, wie für "Dienstleistungsangebote". Fragen der Wirkung und der Akzeptanz des politischen Angebotes, präsentiert und offeriert durch bestimmte Personen. "Es ist wichtig, daß man sich nicht in falschen Sicherheiten wiegt oder auch in falschen Ängsten.
  Beides kann fatale Folgen haben. Durch begleitendes Controlling können frühzeitig und rechtzeitig notwendige Korrekturen erfolgen, Nachjustierungen gemacht werden."

- Mehr Systematik d. h. "Policy evaluation". "Diesbezüglich mangelt es in Österreich beträchtlich. Bei großangelegten Aktionen, die enorme Gelder kosten, muß man sich darum kümmern, ob die Endverbraucher das angebotene Produkt in der beabsichtigten Art und Weise nutzen und benutzen."

Für Dr. Bretschneider ist die Demoskopie sicher kein Mittel, um Politik zu machen, brächte aber wertvolle Erkenntnisse, ob geplante oder bereits gesetzte Schritte richtig sind. "Wir können erheben, ob sie auf hohe Zustimmung stoßen, Kritik in größerem Umfang auslösen könnten, von wichtigen Zielgruppen toleriert, akzeptiert oder explizit gefordert werden usw. Alles Parameter, die für politische Entscheidungsprozesse von Bedeutung sind. Forschungsgestützte politische Strategien können - ausgerüstet mit demographischen Daten und Erkenntnissen - vor schlimmen Abstürzen bewahren. Oder vor einer gefährlichen Wortwahl warnen. Ebenso vor Aussagen, die auf wenig Gegenliebe stoßen. Und im Umkehrschluß Sicherheiten geben, welche Aussagen in besonders starkem Maße unterstützt werden."

Alles Informationen, die für die praktische Umsetzung politischer (oder unternehmerischer) Strategien wichtig sind, jedoch nichts mit der, vielen Demoskopen immer wieder unterstellten, "Ohrenbläserfunktion" bei Politikern zu tun haben.

Von wirklich entscheidender Bedeutung sind jedoch die Schlußfolgerungen, die aus entsprechenden Umfragedaten für die geplanten Kommunikationsstrategien gezogen werden. Da beginnt sich die Spreu vom Weizen zu trennen. Und hier endet in Wahrheit die Verantwortung der Demoskopie.

Perfekte Umsetzungs-Slogans, aus wissenschaftlichen Erhebungen heraus entstanden, können sehr wohl wahlentscheidend sein. Vorausgesetzt, sie werden von Persönlichkeiten getragen, die Glaubwürdigkeit ausstrahlen und Substanz verkörpern. Erst dieses Gesamtpaket bringt Erfolg.

"Substance and strategie is more important than stile"

In einer strategisch ausgerichteten - forschungsgestützten - Kommunikationsplanung ist die volle Konzentration auf die Inhalte der erste Schritt zum Erfolg.
Erst an zweiter Stelle rangiert die "Verpackung"; die Art und Weise, wie etwa in der Politik ein Repräsentant "gecovert" wird; wie er sich in der Öffentlichkeit präsentiert und darstellt. Das gilt auch - für viele Beobachter sogar gerade - in einer Medienwelt, in der Präsentationsgeschick und Auftritts-Know-how oberflächlich betrachtet oft gefährlich hoch eingestuft, vielfach auch überbewertet werden.

Sicher ist, daß keine noch so fantastischen Präsentationsshows auf Dauer fehlende Glaubwürdigkeit und inhaltliche Substanz ersetzen können.

Ebenso steht fest, daß jede Kommunikationsplanung ihr strategisches Ziel verfehlen muß, wenn der Politiker zu stromlinienförmig agiert und kein eigenständiges Profil entwickelt. Jeder Reibebaum-Typ, der viel Widerspruch auslöst, wird besser reüssieren, als ein Windradl, das sich immer am "mainstream" orientiert und fantastisch inszenierte Veranstaltungen abspult.

Ranny Cooper, von 1986 bis 1992 Chief of Staff (Stabschefin) von US-Senator Ted Kennedy, zieht das für viele angesichts der genialen Inszenierungskraft aller Mitglieder des Kennedy-Clans besonders überraschende Resüme: "Substance and strategie is more important than stile." Kurz gesagt: Inhalte sind wichtiger, als die Verpackung. Die Aussage Coopers ist allein schon deshalb erstaunlich, weil Kritiker der sogenannten "Amerikanisierung" österreichischer Wahlkämpfe und Kampagnen ihre Ablehnung gerne damit begründen, daß nur noch Show und Yellow-press-Kriterien, nicht mehr das politisch Substantielle im Vordergrund stehen. Und, vereinfacht ausgedrückt, alles nur noch von der richtigen Krawattenfarbe und perfekt inszenierten Polit-Shows abhänge. Angefangen von der Bilderbuch-Familie bis hin zur Eventplanung, die fürs Herz und für die Fotografen keine Wünsche offenlassen. So vordergründig billig ist gar nichts - schon gar nicht in den Vereinigten Staaten. Wer ausschließlich das ausgeprägte Gespür für öffentlichkeitswirksame Auftritte, für hervorragende Foto-Sujets und spektakuläre Veranstaltungsdramaturgie kopiert und glaubt, damit ausgestattet, für politische Kampagnen bestens gewappnet zu sein, wird nach kurzer Zeit ebenso ernüchtert aufwachen, wie jene, die solche Rahmen-Ausstattungen als überflüssigen Firlefanz abtun.

Im Idealfall müssen die drei Kriterien Substanz, Strategie und Stil eine homogene Mischung ergeben. Defizite in einem der drei Bereiche können durch besondere Stärken im anderen zwar kompensiert werden - grundsätzlich ist aber jedes für sich unverzichtbare Segment mit größter Intensität zu pflegen und zu perfektionieren.

- Inhalte, die die Bedürfnislage der Bevölkerung (oder der strategisch wichtigen Zielgruppen) voll treffen;

- eine Kommunikationsstrategie und -stärke, die bei der Visualisierung und Personalisierung von Themen jeden Trick beherrschten, um positive Emotionen auszulösen;

- ein persönlicher Stil, der ein sympathisches und souveränes Gesamtbild ergibt und mit einer ordentlichen Portion an Begeisterungsfähigkeit gegenüber Mitarbeitern und Verbündeten ausgestattet ist.

Wer das Sensorium der Menschen unterschätzt, daß man auch über Fotos und TV-Sendungen "spüren" kann, wie sehr ein Politiker für eine Sache steht, wird herbe Enttäuschungen erfahren. Einem "verpfuschten" Fernsehauftritt die "Schuld" für Popularitätseinbrüche zu geben, ist ebenso falsch, wie der manchmal blind gehätschelte Verfolgungswahn, die von Fotografen auftragsgemäß geschossenen Meuchelfotos seien die Wurzel des Übels. Oder zu guter Letzt die Demoskopen, die "falsche" Fährten legten.

So wichtig die Medienarbeit und Kommunikationsplanung ist, Erfolge von Politikern hängen in erster Linie von ihrem persönlichen und inhaltlichen Profil ab. "Für etwas stehen ist wichtiger, als ein guter Interviewpartner zu sein. Die Menschen sind besonders skeptisch, wenn jemand zu angepaßt wirkt, nicht Mut zur eigenen Meinung besitzt oder kein fundiertes Wissen aufweist. Die Menschen schätzen es aber ganz besonders, wenn sie Kraft und Engagement spüren - wenn sorgsam gewählte Themen mit Haltung und Standfestigkeit vertreten werden." (Ranny Cooper). Dann werden selbst objektiv nachvollziehbare Schwächen zum Null-Problem. Senator Ted Kenndy's Schwäche beispielsweise liegt eher bei Interviews. Dafür gilt er als ausgezeichneter Redner. Und als einer, der mit ungeheurer Konsequenz seine politischen Themen vorantreibt.

Ein weiteres Erfolgsgeheimnis: Prinzipielle Bereitschaft und Freude an der Kommunikation. "Ist sie nicht wirklich vorhanden, besteht keine Chance, wiedergewählt zu werden." Brutal, aber wahr. Die innere Einstellung zum Dialog mit anderen und der Öffentlichkeit zeigt sich ständig - wird in tausenden Situationen sichtbar. Versteck-Spiele sind nicht möglich. Täuschen kann ein Politiker auf Dauer nur sich selbst - nicht die Öffentlichkeit.

Die Lust am Gespräch kann Erfolge mitbegründen

Politisch erfolgreiches Wirken hängt eng mit der ungetrübten Bereitschaft zusammen, intensive persönliche Kommunikationsarbeit nach innen zu leisten. Mitarbeiter und Mitstreiter haben in allen Fällen Erstanspruch und Erst-Anrecht auf Information. Sie sind es, die eine Aktion weitertragen, die positive Domino-Effekte im kleinen bewirken können und die die mit Abstand wichtigsten Multiplikatoren sind. Wenn Kampagnen oder Aktionen "absaufen", liegt die Hauptursache oft in einer viel zu späten Einbindung und mangelnden Information der Mitarbeiter und Mitstreiter. Die immer größer werdenden Kreise an der Wasseroberfläche, die ein hineingeworfener Stein "nach sich zieht", gehen auch vom Zentrum aus. In der politischen Kommunikation funktioniert es nach demselben Muster. Kommunikationsversäumnisse bei der Kerntruppe, den Mitarbeitern und Funktionären sind nie wirklich wettzumachen - weder durch Plakatserien, noch durch offiziell deponierte Solidaritäts- und Loyalitätsappelle. Ausgeprägte Kommunikationsbereitschaft kann hingegen oft ungeahnte Potentiale mobilisieren und zählt zu den besten Verstärkerelementen, derer man sich bedienen sollte.

Möglicherweise sind viele erfolgreiche amerikanische Politiker gezwungenermaßen kommunikativer. Zum einen, weil Wahlkampagnen im Vergleich zu Österreich nur zu einem sehr geringen Teil von Parteiapparaten getragen und gemanagt werden - und somit der Druck zur perfekteren Kommunikation von Anfang an größer ist und war als hierzulande. Zigtausende von Menschen, die bis zum Einstieg in eine Kampagne wenig bis gar nichts von konkreten strategischen Zielen und Kommunikationsschienen wissen, müssen umfassend und konkret informiert werden, sollen sie ihren Job erfüllen. Über alles, was Gegenstand und Inhalt der Kampagne ist, bis hin zu perfekten Argumentationsunterlagen. Zum anderen, weil die totale Kommerzialisierung des Fernsehens und die Printmediendichte perfektes Themenmanagement und professionelles Personal-Coaching seit Jahren selbstverständliche Ingredienzien der Medienarbeit sind. Beides funktioniert aber nur dann wirklich gut, wenn keine Kommunikationsbarrieren vorhanden sind oder doch existierende binnen kurzer Zeit wirksam abgebaut werden.

Österreichische Politiker, die den öffentlichen Sektor beherrschen, scheinen gerade auch im Hinblick auf das Persönlichkeitswahlrecht gut gerüstet zu sein.
Wer sich damit nicht anfreunden kann, wird es schwerer als bisher haben.

Die gemachte Story:

Dr. Kurt Waldheim

April 1986. Duell der Präsidentschaftskandidaten Dr. Kurt Steyrer - Dr. Kurt Waldheim. Headlines verschärfen Tonart und Zungenschlag der Wahlauseinandersetzung. Abgepolstert und "gebrieft" durch Hintergrundinformationen aus den Wahlkampfzentralen. "Satelliten" und "Verbündete" innner- und außerhalb Österreichs spielen erstmals eine stark sichtbare und dramaturgisch entscheidende Rolle in der Medienarbeit.

Unabhängig von allen politischen Motiven - ein Lehrbeispiel strategischer Kommunikationsplanung.

Sämtliche Möglichkeiten, die ein gut funktionierendes Netzwerk bietet, focussierten die Strategen auf ein einziges Ziel: Aktionsradius, Image und Glaubwürdigkeit von Präsidentschaftskandidat Dr. Kurt Waldheim zu demolieren.

Risken der nachhaltigen Beschädigung der internationalen Reputation Österreichs ebenso in Kauf nehmend, wie eine extreme Emotionalisierung auf nationaler Ebene bis hin zum teilweisen Verlust der Gesprächsfähigkeit. Eine bis ins Detail strategisch aufgebaute Informations- und Wahlkampfkampagne: Erstmals bestimmten "Mitstreiter" und Institutionen außerhalb des offiziellen Österreich phasenweise wesentlich Tonalität und Härte des Wahlkampfes, erreichten Verunsicherung und Überreaktionen, provozierten organisatorische Probleme der Sonderklasse. Die sich wiederum auf Ablauf, Aussagen und Abwicklung des Wahlkampfprogrammes negativ auswirkten: die geplanten Inhalte und Themen zur Profilierung des Kandidaten wurden immer wieder konterkariert; die Notwendigkeit, durch Statements und Pressekonferenzen auf Angriffe zu antworten, warf minutiös geplante und organisierte Einsatztage in den Bundesländern über den Haufen; mit dem Effekt, daß die physischen und psychischen Kapazitäten von Kandidat und Mannschaft oft bis an den Rand des Erträglichen ausgeschöpft werden mußten.

Die Gegenstrategie "Jetzt erst recht!", nationales Selbstbewußtsein und unglaubliche Nervenstärke von Dr. Kurt Waldheim bewiesen, daß durch gute Planung und handwerkliches Können aussichtslose Positionen in aussichtsreiche zu verwandeln sind. Und letztendlich das

Kommunikationskonzept erfolgreich blieb, das im Gegenzug zur Demontagekampagne Hirn, Bauch und Selbstwertgefühl einer großen Bevölkerungsgruppe ansprach.

Konklusio: Negativ-Kampagnen sind die Opfer niemals wert, die "man" bringt. Zerstörerische und menschenverachtende Attacken am Ende immer erfolglos - ethisch, wie strategisch. Keine Kommunikationskampagne, die primär auf Negativ-Parametern aufgebaut ist, wird mittelfristig zum Erfolg führen. Und für die Tagessiege sind die Preise, die gezahlt werden, allemal zu hoch.

Eine Person macht sich selbst: Dr. Thomas Klestil

Auch nach dem 2. TV-Duell alles offen." "Alles konzentriert sich darauf, wer die 800.000 Schmidt-Stimmen für sich lukrieren kann." "Dr. Thomas Klestil gilt nach dieser Fernsehkonfrontation als Favorit."

Dr. Rudolf Streicher ging als haushoher Favorit in den Präsidentschaftswahlkampf 1992. Die Gegenkandidaten Dr. Thomas Klestil, Dr. Heide Schmidt und Dr. Robert Jungk galten von der ersten Minute an als Zählkandidaten. Ohne reelle Chance. Ein Zugeständnis an das demokratische Recht, wenigstens auch de facto "wählen" zu können. Wobei wahrscheinlich alle - außer Vizekanzler Dr. Erhard Busek, dessen persönliche Auswahl Dr. Klestil war - das Phänomen unterschätzten:

- Was es heißt, wenn einer unbeugsamen Siegeswillen besitzt,
- wie nebensächlich der "Bekanntheitsgrad" in der Politik ist,
- welche Eigendynamik und welchen Dominoeffekt perfekte Medien- und Kommunikationsplanung bewirken und auslösen können,
- wie positiv die Wirkung eines Kandidaten ist, der sich freut, Journalisten, Kameraleuten und Fotografen zu begegnen.

Das alles traf auf Dr. Thomas Klestil zu. Ein Präsidentschaftskandidat, den, im Vergleich zum damaligen Verstaatlichtenminister Dr. Rudolf Streicher, niemand kannte und dem die am freundlichsten Gesinnten maximal noch beträchtlichen Ehrgeiz und internationale Erfahrung attestierten. Mehr nicht. Der aber durch ausgeprägtes Medienfeeling und überragende Kommunikationsfähigkeit den Beweis dafür lieferte, daß innerhalb von sechs Monaten aus Zählkandidaten Sieger werden können.

Die Vermarktung des Dr. Thomas Klestil funktionierte perfekt. Und das alles entscheidende war: er wurde nicht vermarktet - er selbst war die beste Triebfeder, der beste Motor seines Wahlkampfes:

- Nach der Analyse des Anforderungsprofils an einen Bundespräsidenten und der Analyse seines Stärken/Schwächen-Profils - Festlegung der Wahlkampfstrategie.

- Keine Auswahl strategisch noch so erfolgversprechender Inhalte, wenn sie vom Kandidaten innerlich nicht mitgetragen werden konnten.

- Agenda-Setting und Auftrittsplanung erfolgten nach Kriterien wie Anforderungsprofil, Zielgruppen, mediengerechte Aufbereitung, inhaltliche und persönliche Glaubwürdigkeit und eine ausschließlich positive Aussagen-Linie.

- Weitestgehende Vermeidung von Angriffen - absolutes Nein zu Untergriffen an die Adresse der Mitbewerber.

- Wissenschaftliche Wahlkampfbegleitung etwa in Sinne von Fokus-Gruppen, umfassenden Tests inhaltlicher Hauptaussagen und begleitendem Controlling.

- Professionelle Umsetzung von Kommunikationsmitteln, die in den Vereinigten Staaten traditioneller Weise massiv eingesetzt werden: "Wähler-Foundraising" über Initiativen, Personenkomitees, Wähler-Meetings, Dinner-Parties, Direct-Mailing über Telefonmarketing, Lobbying über Persönlichkeiten in Wirtschaft, Kultur, Sport usw.

- Volle Konzentration auf die Kommunikation mit und über die Medien unter Berücksichtigung von Vorbereitungs-, Coaching- und Ruhezeiten für den Kandidaten.

- Dazu eine Werbekampagne, die aus einer Grundstimmung der Bevölkerung heraus entwickelt, exakt auf den Kandidaten abgestimmt war: positives Funktions- und Kandidatenprofil harmonisierend; zum Teil unorthodox in der Sujet-Auswahl; bis an den Rand der Partei-Selbstverleugnung überparteilich.

Konklusio: "Bekanntheitsgrad" eines Kandidaten zu Beginn einer Kampagne ist vollkommen nebensächlich. Viel entscheidender: positiver Schwung, Kommunikationsfähigkeit und -bereitschaft, innere Freude im Umgang mit Medien und professionelle Strategieumsetzung.

Die Macht einer Persönlichkeit: Dr. Alois Mock

Mock kontra Kreisky. Mock kontra Sinowatz - versus Vranitzky. Mock im Kampf gegen den "Jüdischen Weltkongreß" im Präsidentschaftswahlkampf 1986. Mock für Österreich im Ringen um eine Mehrheit, die Ja sagt zu einem Beitritt Österreichs zur Europäischen Union. Kein anderer Politiker war in jüngerer Zeit so vielen Popularitätswechselbädern ausgesetzt. Keiner derartigen Hochs und Tiefs.

Nationalratswahlkampf April 1983:
Nach 13 Jahren SPÖ-Regierung setzt die ÖVP auf die Schwerpunktthemen "Wirtschaftlicher Aufschwung und politische Erneuerung in Österreich". Über Konfliktthemen wie AKH, UNO-Konferenzzentrum, Atomkraftwerk Zwentendorf und Steuerbelastung schafft der seit 1979 zum Parteichef der Opposition gewählte Alois Mock erste Profilierungserfolge gegen einen übermächtig scheinenden Regierungschef. Mock wird zum Herausforderer, den man ernst nimmt. Bricht die absolute Mehrheit der SPÖ.

Präsidentschaftswahlkampf 1986 :
Der von Dr. Alois Mock gemachte Präsidentschaftskandidat Dr. Kurt Waldheim siegt. Die Niederlage des SPÖ-Kandidaten Dr. Kurt Steyrer führt zum Rücktritt von Bundeskanzler Dr. Fred Sinowatz. Sein Nachfolger: Finanzminister Dr. Franz Vranitzky, neuer Shooting-Star.

Nationalratswahlkampf November 1986:
Ein körperlich unglaublich stapaziöser Wahlkampf auf der einen Seite - ein auf geschickte Medienarbeit konzentrierter Wahlkampf auf seiten der SPÖ. Dr. Alois Mock kennt seither jedes Dorf Österreichs mit einer Einwohnerzahl über 500. Dr. Franz Vranitzky weiß seither, was es heißt, als Kanzlerkandidat, der zum ersten Mal antritt, gleich zu gewinnen: Durch einen ökonomischen Einsatz der Zeit, die für Shake-hand-Veranstaltungen oder gezielte Veranstaltungsplanung verwendet wird, über die Medien berichten müssen.

Wohldosierte persönliche Präsenz bei Wahlveranstaltungen, gekonnt aufgebaute Lobbying-Initiativen und eine klug umgesetzte Medienarbeit. Ein einziger sympathischer Auftritt im ORF-Fernsehen kompensiert dutzende Wahlveranstaltungen, die persönlich und körperlich zur

Konditionsfrage werden können; erreicht das x-fache an Wählern, die durch mühsame Kleinarbeit - und seien es täglich 10-12 Wahlkampfauftritte in Gasthäusern, auf Marktplätzen oder in Konferenzsälen.

Volksabstimmung über den Beitritt Österreichs zur EU:
Dr. Alois Mock war nicht nur medienmäßig omnipräsent. Er genoß in einem Ausmaß Respekt und Anerkennung, die weder durch seinen uneingeschränkten Kampf für den Beitritt Österreichs zur Europäischen Union, noch durch seine langjährige politische Laufbahn erklärbar sind.

Hier punktete primär eine Persönlichkeit, die durch Standfestigkeit und Zivilcourage in der Sache und durch menschliche Größe eine Emotionalisierung zu seinen Gunsten bewirkt, die ihm als Herausforderer in Kanzlerwahlen immer versagt blieb. Gezeichnet durch Krankheit, Wahlniederlagen und politische Enttäuschungen - ausgezeichnet durch Fairneß gegenüber politischen oder inhaltlichen Gegnern; ausgestattet mit unerschütterlichem Optimismus, mit plötzlich spürbarer und artikulierbarer Zuneigung zu den Menschen. Mock, der Ewig-Spröde als jemand, der Gefühle zeigt und anspricht und zu einem Politiker geworden ist, von dem jeder Österreicher ohne Zögern einen Gebrauchtwagen kaufen würde.

Konklusio: Nur wer es schafft, die emotionelle Ebene bei Wählern anzusprechen und positive Gefühle auszulösen, wird mittelfristig erfolgreich sein können. Seien es Emotionen durch Menschlichkeit, überparteiliche Gemeinschaftsziele, eine ethisch couragierte Haltung. Nüchterne Sachkompetenz allein ist zu wenig. Österreichs Außenminister Dr. Alois Mock und Wiens Bürgermeister Dr. Helmut Zilk zeichnet eine diesbezügliche Affinität aus: Mut zur und Standfestigkeit in der eigenen Meinung, überparteiliche Werte im Visier, Offenheit gegenüber Andersgesinnten und hohe Kommunikationsbereitschaft. Daß die Politikerschicksale beider auch noch eine brutale Gesundheitsparallele - hier Krankheit, dort ein lebensgefährlicher Anschlag - aufweisen, wirkte sich weniger als Faktum, sondern vielmehr durch den jeweiligen Umgang mit dem Schicksal zusätzlich positiv aus.

Das Rennen zwischen elektronischen und New-wave-Medien

Das Foto als quasi wiederentdecktes journalistisches Mittel und als Video-Clip-Sender diffamierte Privatsender verändern die Medienlandschaft derzeit vermutlich nachhaltiger, als weltweite Informations-Highways und Daten-Highways.

Von manchen abschätzig als neues Walt-Disney-Zeitalter bezeichnet, löst dieser Trend kontroversiellste Auseinandersetzungen über Bildungswert und Verbildungsgefahr. So umstritten manche sind - ob am Printmediensektor oder im elektronischen Bereich -, eines haben sie gemeinsam: sie fahren mit ihren Foto- und Bildsequenzen direkt in den Bauch der Betrachter, emotionalisieren Publikum, wie Kritiker. Und das mit der angenehmen Nebenerscheinung, daß sie kommerziell außergewöhnlich erfolgreich sind.

Die Wirkung von Bildern kann keine noch so berührende oder aufrüttelnde Schlagzeile wettmachen.

Die ORF-Caritas-Aktion "Nachbar in Not" erfuhr ab dem Zeitpunkt eine unglaubliche Unterstützung, als die ersten Bilder von verstümmelten Kleinkindern den Zusehern die Tränen in die Augen trieb. Attentat-Opfer Dr. Helmut Zilk flogen österreichweit die Herzen zu, als er mit atemberaubender Stärke und Haltung erstmals seine verstümmelte Hand als Symbol für den Kampf gegen Haß und Extremismus erhob. Der Aufschwung der Ruanda-Hilfsaktion setzte dann ein, als Reportagen und Bildberichte über bis auf die Knochen abgemagerte Flüchtlinge tausende Menschen in Österreich erschütterten.

Fotos und elektronische Bilder sind in ihrer emotionellen Wirkung durch nichts zu überbieten.

Kein Relaunch einer namhaften Zeitung, der das nicht in einer für Blattlinie und Leserschaft angemessenen Form berücksichtigt hätte. Wie massiv die Bedeutung von Fotos bzw. elektronischen Bildern gestiegen ist, beweisen auch einzelne Segmente in der politischen Wahlwerbung. Professionell "abgekupfert", werden immer häufiger bewährte Elemente erfolgreicher Printmedien und TV-Sendungen dafür eingesetzt, politische Botschaften besser an die Frau und an den Mann zu bringen: Broschüren, die als gelungene "News"-Kopie dem Atmosphäre schaffenden Foto-Journalismus statt platter Polit-Werbung den Vorzug geben. TV-Belangsendungen, die durch konsequentes ZiB-Design überparteiliche Objektivität suggerieren sollen. Informations- und Unterhaltungselemente, die innovative Köpfe kreierten und perfektionierten, werden als ein von einem breiten Publikum goutiertes Instrument benutzt, um politische Botschaften geschickt zu transportieren. Das Spektrum legitim angewandter Raubkopien reicht bis zu Konferenzschaltungen und politischer Kommunikationstechnik per Diskette.

Optische Reize und Anreize, Foto-Journalismus und in Entertainment wohlverpackte Botschaften als Aphrodisiakum für erschlaffendes Politiker-Interesse weckt Emotionen. Wirkt oberflächlich gesehen nur atmosphärisch. Beeinflußt de facto aber natürlich viele weitaus mehr als seriöse, aber oft sachlich-fad aufbereitete Programmatik.

Mit erhobenem Finger gegen Medien zu wettern, die in der Umsetzung ihrer journalistischen Arbeit zeitgeistiges Feeling an den Tag legen, ist genauso fehl am Platz, wie das überhebliche Lamento, solche Entwicklungen brächten fortlaufend Qualitätsverluste im heimischen Journalismus.

Neue Entwicklungen können ja auch eine neue Sensibilität in Richtung journalistischer Ethos bringen. Gezeigtes kann zumindest denselben Informationswert aufweisen, wie Geschriebens. Manchmal sogar viel mehr aufrütteln, manipulieren, aufklären. Mit Fotos oder Kamera-Schwenks untermauerte Berichte bieten in der Regel eine enorme Bandbreite der Verstärkung. In jede gewünschte und beabsichtigte Richtung. Hier allgemeingültige Standards festzulegen, wird noch dauern. Ausserdem steht oder fällt ein solcher "Foto-Journalismus-Ehrenkodex" mit den rechtlichen Sanktionsmöglichkeiten. Und dem Mut, als Betroffener auch davon Gebrauch zu machen.

Print-Medien, die der Presse-Fotografie einen neuen Stellenwert gaben, sind aber vielmehr deshalb so erfolgreich, weil sie die vernetzte Wirkung von Bildern professionell wollüstig ausnutzen.

Ein Blick genügt. Beim Durchblättern bleiben die Augen immer zuerst an den Bildern, dann erst an den Schlagzeilen oder Zwischentiteln hängen. Die liebevoll herablassende Bezeichnung "Patschenkino" sagt ebenfalls einiges aus über die wohlig angenehme Wirkung von Bildern auf Menschen. Schauen bringt für viele einen um vieles größeren Lustgewinn, als lesen oder hören.

In der Kommunikationsplanung und -strategie das zu vernachlässigen, ist heute nicht mehr möglich. Es sei denn, man neigt zur sadomasochistischen Negligenz medialer Erfolgskriterien. Schön zu sein ist für keinen Kommunikationsstrategen ein relevantes oder erstrebenswertes Kriterium auf der Leiter zum Erfolg. Sehr wohl aber Fotogenität und telegenes Verhalten. Beides ist mit einiger Disziplin für jeden, der mit Medien zu tun hat, zu erreichen.

Bemerkenswerte Gefechte

Der Trend zum Infotainment wird nicht nur jenen Vorteile bringen, die sich als Tos oder VIP´s in imageverträglicher Form darauf einstellen und zu nutzen wissen. Auch zwischen den Medien führt der dynamische Entwicklungsprozeß zum Infotainment zu neuen Facetten des ohnehin scharfen Konkurrenzkampfes. Sogenannte New-wave-Printprodukte und TV-Sender werden sich zunehmend bemerkenswerte Gefechte um Reichweiten, Marktanteile an Konsumenten und Werbeeinnahmen liefern. Wobei nicht der Große den Kleinen, sondern der marktorientiert Schnelle den Langsameren frißt.

Das wird sich auf Konzepte und Strategien von Marktleadern auswirken. Auch im öffentlich-rechtlichen Bereich. Auf sie kommen wild-bewegte bis stürmische Zeiten zu. Der Druck auf die Fernbedienung, das Hüpfen von einem (Kommerz-)Sender zum anderen und Printmedien, die das Bedürfnis nach Information und Unterhaltung kompakt anbieten, verstärken den Konkurrenzdruck. Noch dazu, wo solche Medien manche Nachteile durch den Vorteil kompensieren können, daß sie zu jeder Tages- und Nachtzeit und an jedem Ort konsumierbar sind. Ohne Zwang, zu einer bestimmten Zeit wegen einer sehenswerten Sendung vor dem TV-Gerät sitzen zu müssen. Oder Programmierkünstler plus Videorecorder-Besitzer zu sein.

Wolfgang Fellner: Revival der Printmedien korrelliert mit der Aufsegmentierung der elektronischen Medien

Für viele ist die Erfolgsstory des wöchentlich erscheinenden Nachrichtenmagazins "News" in der Größenordnung schwer nachvollziehbar. Vom Zeitpunkt her gesehen die logische Antwort auf Versäumnisse anderer, geänderte Leserwünsche rechtzeitig erkannt zu haben.

Mehr als 900.000 Leser pro Woche. Tendenz steigend. Das erste Magazin, dem der journalistische Super-Cocktail Nachrichten (Politik, Wirtschaft, Geld), Kultur, Show, Sport und Personality gelang. Trotz fast gleichzeitig einsetzendem Kabel-TV-Boom und unverminderter Printmedien-Konkurrenz.

Für "News"-Herausgeber und Chefredakteur Wolfgang Fellner hat der weit über Österreichs Grenzen hinaus registrierte Erfolg des neuen Prototyps drei Gründe: "Der Trend zum boulevardhafteren Nachrichtenmagazin; die Aufsegmentierung der elektronischen Medien, die in Wahrheit keiner in dieser Konsequenz vorhersehen konnte und die Bildungsexplosion. Vor wenigen Jahren hätte (und hat sich) jeder an den Kopf gegriffen, wenn man davon sprach, ein politisches Nachrichtenmagazin mit im Schnitt über 170 Seiten Umfang erfolgreich zu machen. Und zu verkaufen. Uns (Wolfgang und Bruder Helmut Fellner) ist es vor drei Jahren nicht anders ergangen."

Power und Überzeugungskraft reduzierten die anfänglichen Zweifel der deutschen Geldgeber (Springer Verlag) binnen kürzester Zeit auf Null. "Wir haben sie überzeugt und das Gegenteil bewiesen." Das nachfrageorientierte Gesamtkonzept der "News"-Pioniere schlug voll durch. Und wie ein Schwert in die Medienlandschaft und das Medienverhalten der heimischen Prominenz aus Wirtschaft, Politik, Kultur und Unterhaltungsbranche. Die Fellners trafen voll ins Schwarze. Bei zunächst einmal einer Million Österreicherinnen und Österreichern. "Die A/B-Schicht-dominierte Leserschaft ist massiv angestiegen. Die Nachrichtenmagazine alten Zuschnitts waren - speziell in den 70er und 80er Jahren - auf einen kleinen männlichen Akademikerzirkel ausge-

richtet. Die Frauen kamen zu kurz. Diesen Fehler haben wir von Anfang an vermieden."
Die Fellners setzen auf die Frauen. Inhaltlich und personell. Bisher nur in einem Bereich ohne Erfolg: sämtliche Stabsstellen sind mit Männern besetzt.

TV-Vielfalt protegiert Aufschwung der Printmedien:

Der erfolgreiche Magazin-Macher gewinnt zunehmender TV-Konkurrenz nur Positives für den Printmediensektor ab. Ohne es als Ankündigung für ein Fellner-TV-Engagement zu mißinterpretieren, sieht der "News"-Herausgeber in der immer größeren Aufsplittung und Spezialisierung der elektronischen Medien einen Aufschwung-Verstärker für Zeitungen und Zeitschriften. "Natürlich haben wir umfassende Marktanalysen und -forschung angestellt und unserer konzeptionellen Entwicklung des Nachrichtenmagazins zugrundegelegt. In vielen entscheidenden Fragen war es aber unser Instinkt, der letztendlich ausschlaggebend war."

Das Groß-Angebot an TV-Sendern und Sendungen habe zur Folge, das immer mehr vom ungeliebten Zufallsprinzip abhänge. "Ob ich zu einer bestimmten Zeit tatsächlich fernsehen kann. Ob ein Spot, den ich als Unternehmer geschaltet habe, gesehen wird. Es kann ja nicht jeder ständig Sendung- und Schaltzeiten beobachten." Das bringe Wettbewerbsvorteile für die Printmedien.

Alles deutet auf ein neues deutschsprachiges Print-Medien-Produkt hin. Eines, das genau diese zielgerichtete und zielgruppenspezifizierte Informationsbündelungsfunktion wahrnimmt. Mit einem bisher nicht genutzten Synergie-Effekt: ein Magazin, das einerseits von der Aufsplittung der elektronischen Medien profitiert. Und darüber informiert, was wann in welchem Sender auf dem Programm steht bzw. abgerufen werden kann.
Andererseits Sender oder Programmgestaltungen, die sich auf das neue Bedürfnis nach zeitsparender, konzentrierter Information für bestimmte Branchen, Berufs- und Zielgruppen einstellen. Ein professionell populär gestyltes Magazin, das somit andererseits wiederum bestimmte Sender und Sendungen nützt. Weil es das Angebot elektronischer Medien "bündelt", selektiert und mundgerecht, vor allem aber zeitökonomisch, für die unterschiedlichsten Zielgruppen mit Spezialinteressen aufbereitet.

Nach einem - in den Vereinigten Staaten ebenfalls in Entwicklung befindlichen - Modell einer "persönlichen Zeitung für Tops". Im Kombi-Pack mit TV-Sendern ein Super-Gau der Informationsbündelung.

Auf den deutschen Markt umgelegt, würden allein die "News"-Leser heute rund 10 Millionen Seher oder Hörer bedeuten. Für Unternehmen, die Inserate schalten, können die sehr geringen "Streuverluste" für Inseraten-Durchgänge bei Printmedien ausschlaggebend dafür sein, diesen bei der Vergabe von Werbebudgets gegenüber TV-Sendern den Vorzug zu geben. Obwohl die Entwicklung mit digitaler Geschwindigkeit darauf zurast, daß auch im elektronischen Bereich wesentlich zielgruppenspezifischer vorgegangen wird. Und somit "Streuverluste", beispielsweise bei geschalteten Spots, minimiert werden. Für kurze Zeit ist das in Österreich noch Zukunftsmusik. Die neue Führung im ORF hat die entsprechenden Strategien und Konzepte aber bereits im Köcher.

"Streuverluste" auf Produzenten- und Konsumentenseite minimieren:

Die Information noch treffsicherer an die gewünschte Zielgruppe zu bringen, möglichst zeitsparend und effizient für Leser, Hörer und Seher, ist das, worauf es ankommt. Darin sind sich der jüngste, erfolgreichste Magazinmacher Österreichs und der jüngste, erfolgversprechende ORF-Generalintendant, Gerhard Zeiler, einig. Will die öffentlich-rechtliche Rundfunk- und Fernsehanstalt (ORF) der Dreifach-Konkurrenz (Privat- bzw. Kommerzsender, weltweiter Zugriff auf Sender und Konkurrenzierung durch Printmedien, die am Werbekuchen kräftig mitnaschen) nicht nur standhalten, sondern auf Erfolgskurs fahren, sind Nischenpolitik, Spezialisierung und Zielgruppen-Angebote wesentliche Eckpfeiler dafür.

Wolfgang Fellner: "Heute hat doch kaum noch jemand Zeit, 25 Minuten lang einen Artikel zu lesen, um dann d'raufzukommen, daß es Käse war." Ein diesbezügliches Testlesen beim "Spiegel" habe für ihn, Fellner, ein eindeutiges Ergebnis gebracht: "Schlecht redigierte Artikel, die ein kompletter Holler sind. Anspruchsvolle Leser können es sich einfach nicht mehr leisten, auf Verdacht hin, daß Wissenwertes d'rin steht, bei der Zeitungslektüre Zeit zu vergeuden." Gute Magazine und Zeitungen würden für ihre Leser dieses Risiko ausschalten.
"Bei einem Vergleich 'Spiegel' - 'Focus' liegen einfach Welten zwischen Recherchequalität, Aktualität und Aufmachung."

Auch den elektronischen Medien mache der Zeitfaktor, den z. B. interessante Zielgruppen berücksichtigen, zu schaffen. "Heute muß man entweder ständig an der Fernbedienung herumclippen, um genau das zu treffen, was einen interessiert. Oder man konzentriert sich erst wieder auf einige wenige Sender oder Sendungen." Die Ansprüche des TV-Konsumenten "innerhalb kürzester Zeit interessant aufbereitet, bestens und aktuell informiert zu sein", zu befriedigen, ist eine Aufgabe, die den bisherigen Printmedien-Macher auch zu einem Medium-Wechsel reizen würde. "Ich würde sehr gerne Fernsehen machen - wohl wissend, daß das ein extrem schnelles Medium ist."

Neueinstieg oder Relaunch - drei Standards führen zum Erfolg

"Bei einer Neukonzeption oder einem Relaunch muß ich mich konsequent für einen Weg entscheiden - und zwar ganz. Entweder in Richtung 'US-Today' oder 'Wallstreet Journal', wenn ich ein Wirtschaftsmagazin oder ein Nachrichtenmagazin neu gestalten möchte". Dazwischen gibt es nichts", lautet die apodiktische Feststellung Fellners. Jene, die Erfolg haben, berücksichtigen drei wesentliche Grundsätze:

- Die Zeitung oder das Magazin bestimmt den Gesprächsstoff. Es muß "nach vorne geschrieben sein". Wer sich hauptsächlich auf die Nach-Analyse versteift, nicht aber Themen des Tages vorgibt, wird auf der Strecke bieiben.

- Zweitens muß man den Mut zu wirklicher Reporter-Qualität haben. Sich einzelner Themen couragiert annehmen - in allen Facetten.

- Und drittens muß man eine Botschaft haben. Es muß Glaubwürdigkeit und Konsequenz da sein, wenn man sich einer Sache annimmt.

Offen bekanntes oder verdecktes politisches Engagement als neues Selbstverständnis von Zeitungsherausgebern und Chefredakteuren? "Sich nur noch seicht über Themen d'rüber zu schwindeln, geht nicht. Unter einer speziellen Botschaft verstehe z.B., für Heide Schmid zu sein, wenn sie sich von ihrem Obmann trennt, oder eine österreichische CA-Lösung zu unterstützen." Mit der Befürwortung einer sogenannten "österreichischen Lösung" auf dem Bankensektor stütze "News", das links-liberale Magazin, ganz bewußt bürgerliche Interessen. Fellner sieht dies nicht als Widerspruch zur Blattlinie, sondern als Notwendigkeit. "Engagierten Zeitungen und Magazinen muß es um übergeordnete Interessen gehen. Um eine höhere Ebene. Dasselbe war bei der EU-Berichterstattung der Fall. Wir haben lange vor anderen Medien einen klaren Pro-Kurs gefahren. Und wissen, daß 87 Prozent der News-Leser als Wähler "Ja zur EU" sagten. Nach der Intention, übergeordnete Interessen zu verfolgen und zu einer entsprechenden "Botschaft" zu plazieren, werde auch bei Wahlkämpfen - etwa Nationalratswahlen - vorgegangen."

Verhältnis Medien - Spitzen der Gesellschaft

Der Konkurrenzkampf zwischen den einzelnen Medien wird auch den Druck zur Kommunikationsbereitschaft der Spitzen aus Wirtschaft, Politik, Kultur und anderen gesellschaftlich relevanten Feldern vergrößern. Und noch höhere Ansprüche an Visualisierungsmöglichkeiten stellen, egal, ob es sich um Inhalte oder Personen dreht.

Wolfgang Fellner: "Eines ist klar: Wenn wir einen Gesprächspartner, eine Information oder ein Statement brauchen und wir es auf der anderen Seite mit Personen zu tun haben, die unhöflich oder unerreichbar sind bzw. versuchen, abzublocken, dann wird sich der eine oder andere Redakteur sicher denken: dem haue ich eine drüber. Unprofessionelles und ungefälliges Verhalten gegenüber Journalisten löst Ärger in einer Redaktion aus. Manche beherrschen den Interessensausgleich zwischen Medien und der eigenen Spitzenfunktion virtuos.
Beispielsweise Dr. Helmut Zilk. Der kann es. Und bei Außenminister Dr. Mock freut man sich einfach, wenn man ihn am Telefon hat. Der für viele unerwartete Wahlerfolg von Italiens Ministerpräsident Berlusconi kam meiner Meinung nach nicht deshalb zustande, weil er einen eigenen Sender hatte, sondern weil er wußte, wie man mit Medien umgeht."

Noch härtere Zeiten für die Spitzen aus Politik und Wirtschaft? "Es gibt einen Anspruch und das Recht auf Information. Inhaber von Schlüssel- und Spitzenfunktionen müssen damit umgehen können. Wer solche Gesetze verletzt, kennt die wesentlichen Kommunikationsprinzien nicht - und wird es über kurz oder lang spüren."

Zur Person:
Wolfgang Fellner, der als Herausgeber und Chefredakteur das jüngste Erfolgsmagazin Österreichs auf 250.000 verkaufte Exemplare pro Woche mit durchschnittlich einer Million Lesern pushen will, sieht mit größter Zuversicht und Gelassenheit das Revival der Printmedien. Die

Erfolgsstory der Fellner-Brüder (Mag. Helmut Fellner ist als Marketingchef eine der wenigen, unumstrittenen Koryphäen) wird sicher noch auf anderen Ebenen des Medienparketts eine Fortsetzung finden. Beide zählen schon heute zu den mit Abstand erfolgreichsten und einflußreichsten Magazinmachern.

Gerhard Zeiler, ORF-Generalintendant

"ORF-Zukunftsmusik: Elektronischer Zeitungskiosk auch in Österreich"

Der Zeitgeist in den Medien bedeutet nicht nur zeitgeistigen Trend zum verstärkten "Walt-Disney-Layout", bei dem die Bilder und Fotos zu neuen journalistischen Ehren kommen und über den Foto-Journalismus Botschaften und Issues transportiert werden. Der neue Zeitgeist heißt in erster Linie auch geistreicher Umgang mit der Zeit. Des Fernseh- und Radiokonsumenten. Des Zeitungslesers.

"Die Spitzen in der Wirtschaft und in der Politik geraten in immer größere Schwierigkeiten mit ihrem persönlichen Zeitmanagement. Sie haben immer weniger Zeit, sich in ihrem Spezialgebiet, oder allgemeinbildend zu informieren. Ganz abgesehen davon, daß fast überhaupt keine Zeit bleibt, sich durch die Lektüre einer gewissen Bandbreite renommierter internationaler Zeitungen oder via Satellitensendungen mit neuen internationalen Trends, Neuentwicklungen, Ideen usw. auseinanderzusetzen." Tom Gibson, Ex- Kommunikationsdirektor von US-Präsident Ronald Reagan und jetzt Vice-President bei der angesehenen "The Wexler Group", ist absolut überzeugt davon, daß Kommunikationsfachleute und Medienexperten diesbezügliche Angebote entwickeln müssen. "Spezialinfos und TV-Infos, die alles beinhalten, damit sich Tops innerhalb kürzester Zeit über die jüngsten News ihres Spezialgebietes informieren. Ob das Ausschnitte aus einer Talkshow zum Thema, das jüngste, "passende" Bulletin des Weißen Hauses plus Reportagen aus europäischen Magazinen sind." Wer solche Super-Observer-Dienste anbietet, wird nach Ansicht des amerikanischen Kommunikationsexperten einen ständig wachsenden und äußerst interessanten Markt vorfinden.
Genau in diese Richtung denkt auch Generalintendant Gerhard Zeiler.

"Wir werden in zehn bis fünfzehn Jahren statt einigen wenigen vielleicht 150 Fernsehangebote haben. Die Entwicklung geht mit Sicherheit in Richtung 'elektronischer Zeitungskiosk'. Ich suche mir das aus, was mich persönlich interessiert. Das Verhalten der TV-Konsumenten wird ähnlich sein, wie beim ganz normalen Zeitungskiosk. Dort kauft er ja auch nicht das ganze Angebot an Zeitungen und Magazinen, sondern geht sehr selektiv vor. Im elektronischen Bereich geht es schnurgerade auf dieselbe Vielfalt im Angebot und somit die Notwendigkeit zur entsprechenden 'Adaptierung' von Programmen und Sendern zu."

Angebotsvielfalt ist nicht gleichzusetzen mit Nutzungsvielfalt

Generalintendant Gerhard Zeiler formuliert zunächst noch vorsichtig, was in Wirklichkeit einem Total-Relaunch am Sektor der elektronischen Medien gleichzusetzen ist. "Als Sender-Verantwortlicher biete ich künftig für ganz spezielle Zielgruppen entsprechende Spezialprogramme an. Ähnlich wie es Gesundheits-, Umwelt- oder reine Unterhaltungslektüre gibt, gibt es dann die auf einen Themenkomplex spezialisierte elektronische Zeitung. Das kann geballte und gut aufgemachte Information für das Gewerbe, für die Poltik, für spezielle Branchen usw. sein. Sendungen und Programme, die alles in konzentrierter Form bieten, was themenspezifisch zum Zeitpunkt der Ausstrahlung greifbar ist."

So, wie manche eine Speisekarte in einem guten Restaurant, die 120 verschiedene Spezialitäten aufweist, einfach ablehnen und den Ober nach dem Tagesmenü fragen - so werde es sich auch beim Fernsehen abspielen. "Die Zuseher- oder Zuhörergruppe, die die gesamte Bandbreite angeboten bekommen will, ist relativ klein. Also wird man sich spezialisieren."

Gerhard Zeiler sieht in diesbezüglichen US-Trends eine Bestätigung dafür, daß seine ORF-Zukunftspläne absolut richtig sind. Die Vervielfachung des Angebotes an TV-Kanälen brachte keineswegs einen Gleichschritt bei der Nutzung durch die TV-Konsumenten. "Bei zehn zur Verfügung stehenden TV-Kanälen wurden fünf angenommen. Bei einem Angebot von 70 TV-Kanälen stieg die Nutzungsintensität lediglich auf 14 Kanäle." Der ORF werde sich die für ihn interessanten und guten Geschäftsfelder zu suchen wissen. Und auf diese Weise, ausgestattet mit professionellstem journalistischen Know-how, sein "Leadership" in einer neuen Wettkampf-Arena beweisen.

Die von Generalintendant Zeiler demonstrierte Zuversicht enthält medienpolitischen Zündstoff. Geht der ORF verstärkt den Weg von Programmangeboten, die perfekt auf die Nachfrage wichtiger Zielgruppen abgestimmt sind, gibt es mehrere Optionen: ein erbitterter Wettkampf zwischen Printmedien und elektronischen Medien, bei dem einige auf der Strecke bleiben könnten; der projektbezogene Zusammenschluß von Printmedien mit Sendern, die ein Medien-Machtkartell noch nie dagewesenen Ausmaßes bringt; eine Spezialisierung in der Medien-Nischenpolitik, die Medienkonsumenten in neue Sphären führen kann, gleichzeitig aber auch neue Gesellschaftsklassen entstehen läßt. Eine Gruppe, die zum Informations-Super-Highway Zugang hat und eine - zahlenmäßig weitaus größere - Gruppe, der diese Tür verschlossen bleibt. Dazwischen jene, die dem Kultur- und Informationsauftrag öffentlich-rechtlicher Rundfunk- und Fernsehanstalten nachtrauern. Und wertvolle Zeit verstreichen lassen, einen neuen, zeitgemäßen Medien-Ethik-Katalog zu entwickeln.

Österreich-Fenster als Entwicklungschance

Das Schlupfloch für ein eigenständiges österreichisches Privatfernsehen wäre noch vor drei bis vier Jahren dagewesen. Das ist jetzt vorbei. Die einzige Entwicklungschance ist nach jetzigem Stand, daß von den deutschsprachigen Sendern "Österreich-Programm" in unser Bundesgebiet ausgestrahlt wird. Sogenannte "Österreich-Fenster"- ein bis zwei Stunden täglich. Ob Programm-Fenster und Werbe-Fenster - sicher scheint, daß Österreichs Grenzen auf dem Mediensektor zunehmend fiktiver werden. Und der ORF in den nächsten Jahren mit mehreren solcher Programme im Kabel- und Satellitenbereich, aber auch mit einem eigenen Fernsehsender für den Ballungsraum der Bundeshauptstadt Wien rechnen wird müssen.

Kommerzielle Erfolge deutscher Investoren in heimische Printmedien und wirtschaftliches Interesse österreichischer Erfolgsträger forcieren Vernetzungstendenzen im deutschsprachigen Raum. Eine neue Dimension des Europagedankens, die die deutschsprachigen Länder irgendwann zu einer einzigen hochprofessionellen, hochprofitablen "Medienparzelle" mutieren lassen: Integration kontra Kantönli-Geist!

Gerhard Zeiler: "Die meisten Befürworter eines eigenen österreichischen Privatfernsehens sind ahnungslos, was die finanziellen Dimensionen solcher Pläne anbelangt: ein Sender wie RTL 2 benötigte etwa 500 Millionen DM Vorinvestition in die Verlustfinanzierung, gefolgt von fünf Jahren, in denen man Fuß faßte und insgesamt 13 Jahre dauerte es, bis sich der "Return on Invest" einstellte." Im Übrigen existiere hierzulande durch Kabel und Satellit ohnehin seit Jahren Privatfernsehen. Wodurch der Wunsch der Konsumenten nach Sendungs- und Sendervielfalt bereits in einem hohen Ausmaß erfüllt werde. "So gesehen ist das ORF-Monopol längst schon passé."

Immer wieder artikulierte Wünsche nach Realisierung eigener Privatsender müßten darüberhinaus an den fehlenden Programm-Zugriffen scheitern. "Die Programmrechte der öffentlich-rechtlichen Anstalten sind vergeben. Und für den Rest kann ich mir nach dem Ist-Stand höchstens noch bestimmte Beteiligungsformen vorstellen. Alles andere ist Wunschdenken einiger, hat aber mit der medialen Wirklichkeit wenig zu tun."

Gigantische Informationsvernetzungen

Die digitale Technologie als beachtliche Chance für öffentlich-rechtliche Sender wie den ORF gelte es mit aller Energie ab sofort zu nutzen, um einer Wettbewerbsverzerrung, die auf technischen Ressourcen basiert, Paroli zu bieten. Mit den gigantischen Informationsvernetzungen, die derzeit voll im Gange sind, werde man sich mit größtmöglicher Intensität zu beschäftigen haben. "Aber schon in wenigen Jahren, wenn der voll ausgebaute Info-Highway mit einer Vervielfachung der Kapazitäten den Höhepunkt erreicht hat, wird nicht mehr so sehr die Vertriebs- und Verbreitungsmaschinerie zählen, sondern erst recht wieder die Qualität der Programme, die jeweilige Kreativität des Mediums und seiner Mitarbeiter." Diese künftigen Qualitätsansprüche will Gerhard Zeiler daher von der ersten Minute an - Digital Audio Broadcast hin, Digitalfernsehen und Glasfaserkabel her - als neue Qualität des ORF bei jedem Zwischenschritt internalisieren. Der technische Fortschritt einzelner wird, so Zeiler, in absehbarer Zeit kein wirklicher Wettbewerbsvorteil einzelner Sender mehr sein.
Entscheidend wird die Intelligenz der angebotenen Produkte sein. Unabhängig davon, ob es sich um neue Massenprogramme, Informations- oder Ausbildungsprogramme, um TV-Shopping oder eine "TV-Videothek" handelt. Wer sich (auch als öffentlich-rechtliche Rundfunk- und Fernsehanstalt) dem Wettbewerb stellt und im "Medien"-Markt steht, muß zumindest teilweise über den Markt finanziert werden. Finanziert werden können.

Parteipolitischen Agierung nicht möglich

Beim ORF als öffentlich-rechtlichem Unternehmen wird es zwar immer, so Generalintendant Zeiler, "in irgendeiner Form politische Kontrolle geben." Und sei es eine Art Expertenaufsicht. "Der Erfolgsdruck wird aber härter. Und ein Mithalten oder an den anderen Vorbeiziehen kann es nur geben, wenn man als Unternehmen nicht parteipolitisch agiert. Sondern marktgemäß agiert." Mit höchstem journalistischem Können und größtmöglicher marktorientierter Finesse. Kein Geschäftsführer eines kommerziellen Senders würde je eine Kultursendung machen. "Weil damit kein Geld zu machen ist." Als öffentlich-rechtliche Anstalt mit einem Informations- und Kulturauftrag hingegen sei das ein klares Muß.

Marktgemäßes Arbeiten und neue strategische Zielsetzungen bedeuten für Gerhard Zeiler unter anderem, "daß wir Public Duties zu bringen haben. Das ist eine der ganz wichtigen Aufgaben." Sehr viele Veränderungen könnten sehr schnell wirksam werden. Darunter fallen etwa Änderungen von Sendezeiten, die vom Publikum verlangt werden. "Jeder auf der Welt weiß zum Beispiel, daß vor allem am Sonntag Vormittag Kinderprogramme gewünscht werden und nicht Samstag nachmittags. Diese Zeit verbringt man meist mit der Familie - nicht vor dem Fernseher."

In solchen Fragen oder im Marketing wird der ORF-Konsument in Kürze spüren, daß am Küniglberg und in der Argentinierstraße ein frischer Wind weht. Wohl auch bei einzelnen ORF-Produktionen und dem gebotenen journalistischen Können. "Schärfere Vergleiche mit anderen werden zu höheren Maßstäben in den eigenen Reihen führen." Kann das journalistische Können und die Fähigkeit zur entsprechenden Umsetzung nicht mithalten, wird künftig die Rundfunkkommission wahrscheinlich mehr zu tun bekommen, als bisher. Zeiler-Standard: "Eine dreimalige Verurteilung bei der Kommission ist ein glatter Entlassungsgrund!" Höchstes journalistisches Niveau im Gegenzug zu höchstem journalistischem Einfluß, den Mitarbeiter der größten Medienorgel Österreichs - bewußt oder unbewußt - haben. Das vom neuen ORF-Generalintendanten übernommene Motto: "Allein im Wechsel liegt Qualität. Und lieber im Wechsel irren, als im Beharren untergehen", wird so gesehen von der ersten Minute an für Spannung sorgen.

Zur Person:
Gerhard Zeiler, heuer im Frühjahr für einige überraschenderweise als Kandidat für die Wahl des neuen ORF-Generalintendanten nominiert, ist der jüngste General, den das größte Medienunternehmen Österreichs je hatte. Der von ihm geführte deutsche Jung-Sender RTL 2, der vor vier Jahren gegründet wurde, konnte 1993 Werbeeinnahmen in der Höhe von 85 Millionen DM erzielen. Im kommenden Jahr dürften die Werbeeinnahmen, nicht zuletzt aufgrund der geschickten Geschäftspolitik Zeilers, auf rund 500 Millionen ansteigen. Vom neuen GI, der als Pressesprecher des ehemaligen Bundeskanzlers Dr. Fred Sinowatz seine Medienkarriere durchstartete, wird erwartet, daß er durch kommerzielle Erfolge und journalistische Innovationen die Marktführerschaft des ORF behauptet und ausbaut.

Erfolgreiche Österreicher - Kommunikationsstile und Ansichten

Die Annäherung an die Medien und die Umsetzung von Kommunikationsstrategien ist so unterschiedlich wie die handelnden Personen und Organisationen selbst.

Erfolgreiche Medienarbeit so vielfältig, wie die stategischen Ziele der Kommunikationsträger und die Definition ihrer Aufgaben und Intentionen.

Gemeinsam ist das Wissen um die Macht der Medien. Gemeinsam die Klarheit, mit der Kommunikationsbereitschaft als wichtigstem Bestandteil einer positiven Arbeit mit und über die Medien zum Ausdruck kommt.

Der "Break-Even-Point" für alle Anstrengungen ist die "Schlagzeile" in eigener Sache. Der "Return on Invest" für Coaching, Mediapläne und Kommunikationsplanung die Unterstützung und Forcierung eigener strategischer Ziele durch die Journalisten.

Die folgenden Beispiele sollen Einblick geben, wie namhafte Persönlichkeiten aus Politik, Wirtschaft, Sport und der Medienbranche ihre Medienarbeit sehen. Eine besondere Art der Thesen-Verifizierung.

1. Erfolg hat, wer pro-aktiv Medienarbeit macht.
2. Substanz, Strategie und Stil müssen perfekt aufeinander abgestimmt sein, Defizite sind am ehesten noch im persönlichen Stil verkraftbar - keinesfalls jedoch bei Substanz und Strategie.
3. Nur Kommunikationspläne mit professionellen Mitteln und Methoden sind geeignet, dem Zufallsprinzip zu entkommen.
4. Offensive Kommunikationsarbeit und Offenheit gegenüber Journalisten sind tragende Elemente im erfolgsorientierten Umgang mit Medien.
5. Die Institutionalisierung des Handwerklichen im Hintergrund und dessen Perfektionierung entscheidet über Aktions- und Reaktionsschnelligkeit.
6. Öffentlichkeitsarbeit ist Chefsache. Und die eines einflußreichen Kommunikationsdirektors. Die Motivationsstärke von Führungspersonen wesentliches Erfolgskritierium nach innen und außen.
7. Profilierung über Konfliktstrategien ist höchstens kurzfristig erfolgreich. Langfristige Erfolge erzielt man über Persönlichkeit, Inhalte und Eigenprofil.

Dr. Christian Konrad, Generalanwalt Raiffeisenverband

"Nicht die Letzten von heute, sondern die Ersten von morgen"

"Meine Hauptaufgabe sehe ich in der Kommunikation nach innen und nicht nach außen: die Raiffeisenorganisation und alle Sparten zusammenhalten, schauen, was es gibt, wo sich am Markt neue Szenarien ergeben und welcher Handlungsbedarf sich abzeichnet. Ich halte extrem viel vom persönlichen Gespräch, höre zu, bin täglich unterwegs, informiere mich direkt. Diese Art der Kommunikation im engeren und weiteren Innenbereich schafft Vertrauen. Der Grund, warum ich mich in der Öffentlichkeitsarbeit im Sinne von Medienkontakten zurückhalte, ist: ich habe dadurch viel mehr Handlungsspielraum. Unvollständige Interpretationen von Aussagen oder notwendige Verkürzungen würden beispielsweise Kapazitäten binden - für Erklärungsbedarf in die eine oder andere Richtung usw. Nach außen sind für mich die Spezialisten in den einzelnen Bereichen - Banken, Versicherung, Landwirtschaft - die besten Kommunikatoren, weil kompetent.

Ich halte nichts von Generalisten. Sie sind ein Malheur. Heute gibt es immer mehr Leute, die immer weniger wissen. Kommunikationarbeit ist für mich aber eine Frage der Glaubwürdigkeit. Vorhandenes Expertenrepertoire soll man nützen. Das ist meine persönliche Auffassung, daran halte ich mich und kommentiere nicht täglich, was gerade aktuell gefragt ist.

Diese Einstellung hängt sicher auch damit zusammen, daß wir eine Großgruppe von Unternehmen, kein Konzern sind - mit vielen Köpfen und vielen Interessen. Sehr demokratisch in der Struktur und im Denken.
Vom Grundsätzlichen vertrete ich persönlich die Linie: Zuerst mache ich, dann berichte ich. Speziell bei strategischen Entscheidungen (WAZ - KROKOWAZ). Natürlich kann und gibt es meiner Auffassung nach Fälle, wo man Ergebnisse nicht abwarten kann, wahrscheinlich auch nicht soll. Das gilt besonders für Krisen oder ein Problem.

Offensiv behandeln heißt für mich dann, vorab zu sagen: Hier gibt es eine Schwierigkeit, das sind die Ursachen, die mit diesen oder jenen Maßnahmen behoben werden.

Oberste Prämisse: was man sagt, muß stimmen, muß wahr sein. Informationstricks nach außen, wie nach innen, gibt es nicht. Das bedeutet aber nicht, daß neue Zeiten nicht auch neue Strategien erfordern - auch in der Kommunikationstätigkeit und -auffassung. Speziell in einer multinationalen Wirtschaftswelt. Wir (Raiffeisen) werden unser Profil sicher kantiger machen: Nicht die Letzten von heute, sondern die Ersten von morgen - das ist das Ziel."

Zur Person:
Dr. Christian Konrad gilt als einer der erfolgreichsten und einflußreichsten Manager Österreichs. Als neuer Generalanwalt von Raiffeisen Österreich herrscht Konrad über rund 45.000 Mitarbeiter im Bankenwesen, in den Bereichen Lagerhäuser, Verwertungsgenossenschaften wie Molkereien, Winzer-, Obst- und Gemüsegenossenschaften, sowie der Zucker- und Stärkeindustrie. Raiffeisen Österreich hat derzeit rund 2,1 Millionen Mitglieder. 1993 investierten die Raiffeisen-Unternehmen mehr als sechs Milliarden Schilling. Die konsolidierte Bilanzsumme der Bankengruppe erreichte 743,4 Milliarden Schilling. Die Umsätze der Lagerhäuser lagen z.B. bei 32,9 Milliarden, jene der Molkereigenossenschaften bei 23,8 Milliarden Schilling und jene der Warenzentrale bei 28,1 Milliarden Schilling.

Dr. Helmut Schuster, Generaldirektor Ankerbrot AG

Kommunikationsarbeit, Offenheit für die Medien und die Kontaktpflege mit ihnen ist sinnvoll und rechnet sich. Das heißt aber nicht, daß man ihnen nachlaufen muß.

Ich bin für eine bestimmte Gesprächsqualität: Wenn ich etwas zu sagen habe, mache ich das. Lehne aber auch eine Stellungnahme ab, wenn sie meiner Ansicht nach nicht zweckmäßig ist. Etwa in meiner Funktion als Aufsichtsratspräsident der Österreichischen Bundesbahnen. Für mich ist da in erster Linie der Aufsichtsrat Adressat von Informationen, nicht die Presse. Beispielsweise über Reorganisationen usw. Ein Aufsichtsrat agiert dann am besten, wenn man nichts von ihm hört. Daran halte ich mich. Und bin mit dieser Einstellung immer gut gefahren - vor allem im Interesse der Unternehmen, die ich zu vertreten habe.

Der Umgang mit Medien, deren Wünsche nach Statements oder Wissenswertes über die Personen, hängt von vielen Faktoren ab. Durch die Erfolge nach meiner Übernahme von Ankerbrot konnte ich fast auf keine Veranstaltung mehr gehen, ohne nicht mit Journalisten konfrontiert zu sein. Plötzlich wollte man alles über mich wissen. Von mir - einem Bäcker.

Hier enthalte ich mich weitgehend und widerstehe dieser Versuchung. Weil es für mich und den Unternehmensfortschritt einfach nicht wichtig und relevant ist, allen mitzuteilen, welche Hobbies ich habe und was meine Meinung zum Thema X oder Y ist.

Unter Kommunikationsarbeit zur Unterstützung strategischer Unternehmensziele verstehe ich vielmehr eine sehr gezielte Informationstätigkeit, die ich bestimme und trage. Ich glaube zu wissen, wann ein solcher Zeitpunkt da ist. Dann informiere und erkläre ich. Das findet auch seinen entsprechenden Niederschlag. Das erachte ich für wichtig und da bin ich auch für die Offensive. Beispielsweise, wenn es um die selbstverständliche Information zwei Mal jährlich an die Aktionäre geht - in Form von detaillierten, gedruckten Berichten (Halbjahres- und Jahresbericht).

Jedoch könnte und würde ich in diesem Fall niemals delegieren. Ich kann mir daher auch nicht vorstellen, daß eine eigene Presseabteilung oder ein Pressesprecher diese - meine - Agenden für mich übernimmt. Eine derartige Vorgangsweise halte ich für völlig falsch.

Die Darstellung eines Unternehmens ist nicht loslösbar vom Unternehmer. Die Person an der Spitze repräsentiert mehr als nur eine Funktion. Sie steht für Überzeugung und Respekt. Ich habe bisher immer nur registriert, wenn etwas Essentielles gesagt wurde, kam das von den Eigentümern, Eigentümervertretern selbst. Was macht denn der arme Pressesprecher? Er kann nur Dinge, die im vorgegeben wurden, wiedergeben. Bei Zusatzfragen muß er passen. Solche Fragen kann nur der Hauptverantwortliche beantworten. Das Risiko einer solchen Einstellung und Handhabung ist, daß man sich nicht abputzen kann. Aus dieser grundsätzlichen Haltung heraus, informiere ich mich auch prinzipiell selbst.

Natürlich bediene ich mich angebotener konzentrierter und selektierter Informationen - wie z.B. der APA-Daten. Auf andere Clippings verzichte ich, sondern lese selbst. Wer soll den wissen, was mich interessiert? Ich müßte eine riesige Liste von Bereichen definieren, die man für mich kopiert.
Ein solches Inhaltsverzeichnis kann nie komplett sein. Und es fehlt dann vielleicht gerade wieder der Artikel über die Rattenplage in Getreidesilos, was für mich selbstverständlich sehr, sehr wichtig ist. Also lasse ich solche Auswahlvorgänge. Ich halte von derartigen Selektionen wenig. Wenn ich nach längerer Zeit nach Wien komme, liegen meterhohe Stapel an Zeitungen auf meinem Schreibtisch. Ich gehe sie selbst durch, lese alles nach, reiße das, was mich interessiert, heraus und ergänze so meinen Informations- und Wissenstand. Alles andere würde ich nicht wollen."

Zur Person:
Dr. Helmut Schuster, ein Solitärbaum unter Österreichs Top-Managern, katapultierte sich in wenigen Jahren an die europäische Spitze erfolgreicher Unternehmer. Die Ankerbrot AG ist heute der größte Einzelbetrieb unter allen europäischen Bäckereien. Bevor Dr. Schuster 1981 die Aktien von Ankerbrot kaufte, war er stv. Generaldirektor bei IBM-Österreich. Mit den Sanierungsmaßnahmen begann er im Jahre 1984. Das war auch der Startschuß für eine Erfolgsgeschichte, die seinesgleichen sucht: 1990 begann der Export nach Süddeutschland und Börsengang mit Vorzugsaktien. 1991 Gründung der Ankerbrot Ungarn AG. 1992 Gründung der Ankerbrot International AG und der Anker Café- und Restaurantbetriebsgesellschaft m.b.H.

Dipl.-Ing. Dr. Alexander Maculan, Vorstandsvorsitzender Maculan Holding

"Ab einer gewissen Größe ist eine Einzelinformation eine Desinformation"

"Ein Bauunternehmen unterscheidet sich in seiner medienmäßigen Relevanz von anderen Branchen: Von einem großen Unternehmen hängen sehr viele Menschen ab, daher hat die Öffentlichkeit Recht und Anspruch auf wahrhaftige Informationen. Die Betonung liegt auf wahrhaftig.

Dazu kommt, daß manche Projekte aus zahlreichen Gründen einfach Interesse wecken. Beispiele: Wenn ich ein Spital in Ostsibirien baue oder über ein Donaukraftwerk Hainburg diskutiert wird, stößt das grundsätzlich auf breiteres Interesse, als wenn ich in einem völlig anderen Bereich tätig bin. Warum ich das unbedingte Muß einer wahrhaftigen Information so unterstreiche? Weil gerade Hainburg oder die EU-Debatte herausragende Beispiele für das unglaublich gute Gespür der Menschen für ehrliche Informationen sind.

Bei der EU agitierten 'täglich Alles' und die FPÖ monatelang gegen einen Beitritt. Das Ergebnis war ein überwältigende Ja der Österreicher für die Europäische Union. Bei Hainburg ist heute ebenfalls die Mehrheit der Betroffenen in diesem Gebiet für den Kraftwerksbau.

Kurzfristig können Kampagnen, die einseitige Informationen zum Inhalt haben, reüssieren - langfristig nicht. Die Wahrheit setzt sich immer durch.

Informationsarbeit ja - Unternehmenspolitik nein, nicht über die Medien. Das wäre für mich völlig falsch. Seit wir an der Börse sind, gilt das umso mehr. Ab einer gewissen Größenordnung ist eine Einzelinformation eine Desinformation. Es lauern zu viele Gefahren in der Notwendigkeit der Berichterstattung, Inhalte verkürzt darzustellen. Da muß man extrem vorsichtig sein. Daher erachte ich es für außerordentlich wichtig, zu lernen, sich kurz und bündig zu artikulieren. Wie kann ich mit ein paar Zeilen die Problematik darstellen? Wie kann ich mit wenigen Worten eine Botschaft formulieren? Das ist wirklich ein Lernprozeß. Ich glaube, daß das Erfolge oder Mißerfolge mit beeinflussen kann.

Informationen über betriebliche Vorgänge bei anderen, was passiert am Markt, was macht wer mit wem - das spielt in der Baubranche eine erhebliche Rolle. So gesehen sind für uns die Informationen durch die Medien ebenfalls von erheblicher Bedeutung. Wenn ich nicht etliche Zeitungen täglich lese, fühle ich mich daher nicht ausreichend informiert. Daß ich aber nicht alle wesentlichen Zeitungen und Zeitschriften lesen kann, ist klar. Gäbe es z.B. täglich am PC eine Selektion der für uns bedeutenden Artikel aus Medien ab einer Auflage von 50.000 Stück, wäre das eine exzellente Ergänzung. Die persönliche Zeitungslektüre kann dadurch aber sicher nicht ersetzt werden. Das Ergebnis wäre eine Verarmung - hinsichtlich eines umfassenderen Allgemeinwissens in politischer, gesellschaftspolitischer oder wirtschaftlicher Hinsicht.

Wenn ich in einer Schlüsselfunktion bin, komme ich nicht umhin: Nach persönlichen Talenten verantwortungsvoll mit Medien umzugehen, einen gesunden Mittelweg zu gehen - weil ich Verantwortung trage, für meine Mitarbeiter, für das zur Verfügung gestellte Kapital, für das Umfeld, in dem ich mich bewege."

Zur Person:
Dipl.-Ing. Dr. Alexander Maculan, seit 1990 Vorstandsvorsitzender der Maculan Holding AG, Wien, ist durch behutsam-energische Unternehmensführung zum österreichischen Wirtschaft-Tycoon der Sonderklasse geworden. Zwischen 1962 und 1993 gründete oder erwarb die Maculan Holding AG über 50 Unternehmen in den Bereichen Bauausführung, Immobilien und Baustoffe. Die Maculan Gruppe erwirtschaftete im Jahre 1992 einen Umsatz von 11,7 Milliarden Schilling und einen ÖVFA-Gewinn von 215 Millionen Schilling. Dipl.-Ing. Dr. Alexander Maculan ist unter anderem Vorstandsmitglied der Österreichischen Industriellen-Vereinigung, der Deutschen Handelskammer in Österreich und Vorstand der Landesgruppe Wien der Industriellen-Vereinigung.

Franz Josef Hartlauer, Kaufmann, Hartlauer-Kette

"Öffentlichkeitsarbeit ist Chefsache"

"Jedes Unternehmen ist öffentlich und somit zur Öffentlichkeitsarbeit verpflichtet. Das halte ich für eine ganz wesentliche Grundsatzeinstellung. Für alle, die in der Wirtschaft tätig sind. In guten, wie in schlechten Zeiten. Gerade in einer Krisensituation kann die Presse- und Öffentlichkeitsarbeit entscheidende Bedeutung zur Bewältigung der Krise erhalten: Wie berichtet wird, inwieweit das Image beschädigt oder der Weg aus der Krise kommentiert wird.

Journalisten müssen gut, ja geradezu kongenial behandelt werden. Ich kenne viele Unternehmer, die Journalisten mit Widerwillen begegnen, jeden Kontakt als Belästigung empfinden. Wenn du selber Seiltanzen kannst, jemandem das Gehen zu erklären, ist für viele eine große Überwindung. Das überträgt sich natürlich. Schadet dem Verhalten und dem Verhältnis zu Journalisten.

Andererseits muß ich bei Pressekontakten natürlich beurteilen können, was ist interessant, wo sind Inhalte und Informationen, die die Medien brauchen können. Nur, daß ich lebe, ist keine Botschaft. Erfolge im Umgang mit Medien basieren auf mehreren Ebenen: 1. daß ich grundsätzlich gerne mit Journalisten zusammentreffe, 2. daß ich weiß oder erahne, welche Meldung Informationswert besitzt und 3. daß ich bereit bin, zu Meinungen zu stehen, eigene Standpunkte klar zu vertreten. Das praktizierte ich immer - ob in der Zeit meiner unternehmerischen Krise oder im Vorfeld der Volksabstimmung über einen Beitritt zur Europäischen Union.

Von Unternehmern verlangt man auch Kantigkeit, Eigenständigkeit, Profilierung in der Sache und Bekennermut. Das gehört dazu. Öffentlichkeitsarbeit ist für mich prinzipiell Chefsache. Natürlich ist das Handwerkliche im Hintergrund institutionalisiert. Muß es auch sein. Wer aber an der Spitze eines Unternehmens steht, ist gegenüber den Medien selbstverständlich der erste Repräsentant, erster Ansprechpartner.
Den Kern einer Sache kurz und prägnant zu schildern, das Wesentliche erkennen und - wenn Sie so wollen - mediengerecht zu formulieren, das ist eine der wichtigsten Fähigkeiten. Selbst wenn man sie

besitzt, ist heutzutage ständiges Perfektionieren und Üben notwendig. Aus einem einfachen Grund: eine der größten Schwierigkeiten ist es, daß Journalisten immer weniger Zeit haben. 80 Prozent meiner Interviews gebe ich am Handy. Das kann man bedauern. Ich tue es. Aber es ist Faktum. Journalistengespräche, bei denen man sich in (relativer) Ruhe mit einem Thema befassen kann, sind leider sehr, sehr selten geworden. Zeit ist, gerade im Journalistenalltag, ebenfalls extreme Mangelware.

Trotzdem genieße ich persönlich jeden Kontakt mit Journalisten - ob telefonisch oder direkt. Mein Zugang zu den Medien ist sicher grundsätzlich davon geprägt, daß ich die Arbeit von Journalisten aus eigener Erfahrung kenne. Ich war 15 Jahre lang im Troß - als Fotograf - verstehe sie und ihre Arbeit: wie ein Löwe eben einen Löwen versteht. Habe beispielsweise unter Peter Rabl (dzt. Kurier-Chefredakteur und Herausgeber), Hans Mahr (ehemals Kronen Zeitung, jetzt RTL-Chefredakteur) und Hermann Polz (ehemals Chefredakteuer Oberösterreichische Nachrichten) gearbeitet. Ich mag Journalisten und freue mich auf jedes Gespräch. Für mich sind sie nicht einfach Mittel zum Zweck. Sondern Partner. Da rutscht mir schon noch manchmal "Frau Kollegin" oder "Herr Kollege" heraus. Entscheidender für das gute Verhältnis ist aber, daß ich nicht trickse. Was gesagt wird, ist wahr. Hält, wie es so schön heißt. Daher habe ich auch noch nie ein Problem mit "off records" gehabt. Das hält ebenfalls. Als Kommunikationsmittel verwende ich natürlich auch sehr oft den Fotoapparat. Zum einen, weil ich leidenschaftlich gerne fotografiere, zum anderen, weil ich weiß, daß jeder Fotos mag. Wer erkennt, ein Gespür dafür entwickelt, was ein klasses Bild ist, eine klasse Geschichte, muß im Umgang mit Medien Erfolg und Spaß haben."

Zur Person:
Franz Josef Hartlauer, Inhaber der größten Foto- und Elektrogeräte-Handelskette Österreichs. Seit zwei Jahren auch "Markt-Löwe" im Bereich Brillen. Seine überdurchschnittlichen Kommunikationsfähigkeiten und außergewöhnlich couragierten Marketing- und Öffentlichkeitsideen brachten dem Wirtschaftsmann unter anderm einen Bekanntheitswert, den nur wenige Spitzenpolitiker erreichen: 99 Prozent aller Österreicher kennen den Namen und wissen, was Hartlauer-Geschäfte bieten. 1991 eröffnete Hartlauer in Steyr (Oberösterreich) seine erste Niederlassung mit drei Mitarbeitern. Heute umfaßt die Hartlauer-Kette 96 Geschäfte in den neun Bundesländern und eine Niederlassung in Bayern. Mit 490 Mitarbeitern erwirtschaftete Hartlauer 1993 einen Umsatz von 1,22 Milliarden Schilling (Cash Flow: 65 Millionen Schilling).

Ronnie Leitgeb, Manager von Thomas Muster

"Bewältigung der Medienarbeit kostet Mega-Stars ungeheure Überwindung"

"Image und wirtschaftliche Erfolge können durch geschickte Kommunikationsplanung sicher beeinflußt werden. Im Spitzensport gibt es aber einen entscheidenden Unterschied: Ich kann in keinem Fall etwas verschleiern. Kurzfristig vielleicht durch Aussagen wie: ich habe unglaublich viel trainiert, so und soviel abgenommen usw. Aber irgendwann muß ich den Erfolg liefern. Da nützt keine Ankündigungspolitik mehr.

Kommunikationsberatung, das medienmäßige Management und das Coaching in Medienfragen ist hier meines Erachtens nach nur in zwei Richtungen erfolgreich: in die McEnroe- oder Lendl-Richtung. Emotionelle Sportler können durch ihre Eskapaden am Centre Court Schlagzeilen machen, zum Medienliebling oder Publikumshit werden. Und dadurch kurzfristig auch hohe Sponsorengelder lukrieren. Bei introvertierten Sportlern bewährt sich langfristig der andere Weg. Thomas Muster zählt zu diesen. Offenheit und seriöse Arbeit. Nur das ist auch langfristig glaubwürdig. Und hilft, über Krisen - im Sport ja innerhalb eines Tages möglich, durch eine Verletzung etwa - tatsächlich hinwegzukommen. Wir hatten mindestens zwei bis drei Mal ernsthafte Krisen, waren im Tief. Da kann ein Sporter sehr schnell weg vom Fenster sein, wenn er sich weitgehend über Eskapaden usw. profiliert, gegenüber Medien arrogant und zynisch agiert.

Die Namen McEnroe, Lendl oder Agassi - sie lösen alle ganz bestimmte Assoziationen aus. Ihr Karriereverlauf gibt mir recht in der Überzeugung, daß gerade im Sport die Ehrlichkeit in der Kommunikation notwendig und außerordentlich wichtig ist. Jeder strategische Schachzug, der nicht abgepolstert ist durch ehrliche Arbeit und Leistung, kommt zurück.

Je besser ein Tennisspieler ist, umso geringer ist sein Grundverständnis für die Pressearbeit. Ich manage und coache jetzt seit zehn Jahren Spitzenleute. So ist das Resümee. Auch Thomas Muster zählt zu dieser für einen Pressebetreuer und Manager schwierigen Spezies von Spitzensportler - was aber natürlich erklärbar ist. Für eine Nummer 1 in Österreich ist die Wirkung aktiver Medienarbeit unmittelbar spürbar.

Und somit leichter erklärbar. Ein Mega-Star, ein Top-15-Spieler der Weltrangliste, hat eine derart überragende Medienpräsenz allein schon durch die Sportberichterstattung, daß er einfach vieles nicht einsieht, was notwendig ist im Servicieren der Journalisten und in der Presse- und Öffentlichkeitsarbeit. Er ist, wenn die sportliche Leistung stimmt, täglich zur besten Zeit in den besten Sportsendungen. Die Bewältigung der Medienarbeit kostet so jemanden eine ungeheure Überwindung. Da ist es schwer, gewisse Standards im Umgang mit der Presse, Zugeständnisse bei Sonderwünschen von Journalisten usw. plausibel zu machen. Je nach Schulbildung und Temperament. Die 425ste Frage nach einer Banalität - zumindest in den Augen des Spitzensportlers - kann da schon Aggressionen auslösen.

Umso unverzichtbarer ist Mediencoaching und Medienmanagment - auch wenn es manchmal ziemlich harte Überzeugungsarbeit ist. Aus einem einfachen, ganz entscheidenden Grund: Was ist in der Krise? Wie gehen die Medien bei einem sportlichen Tief mit ihm um? Und: Was ist nach dem Ende der Aktivlaufbahn? Wie ist das öffentliche Echo bei einem Umstieg, einem Einstieg in eine andere Berufsebene, in einen anderen Lebensabschnitt?

Grundsätzlich gibt es für mich als Manager kein Interview, bei dem ich nicht weiß - und somit Thomas informiere, worum es geht, was der Journalist will, welche Informations- oder sonstige Absicht dahintersteckt. Und ebenso klar ist, daß es immer ein Briefing-Gespräch gibt. Alles andere halte ich für komplett falsch und unprofessionell. In der Phase des Erfolges muß man im Umgang mit den Medien besonders gut sein - pro-aktiv und ehrlich. Jede andere Form der Presse- und Öffentlichkeitsarbeit ist kurzsichtig und von kurzfristigem Erfolg.

Gerade Spitzensport ist zeitlich sehr limitiert. Nach einem Daviscup kann das Ende da sein. Darauf vorbereitet zu sein - und die mögliche Kurzfristigkeit von Erfolgsphasen immer vor Augen zu haben - ist wichtig. Aus diesem Wissen heraus, kann die Art und Weise, was man unter guter Kommunikationsarbeit versteht und wie man sie leistet, entscheidend geprägt werden. Und muß es auch.

Ohne die eigene Persönlichkeit einzubringen, geht nichts - plus meßbare Leistungen und Erfolge. Das muß jeder Spitzensportler wissen, wenn nötig, sich mühsamst erarbeiten.
Kommunikationsarbeit in solchen Höhen (Weltrangliste) kann nur unter diesen Bedingungen gute Ergebnisse bringen. Ansonsten machen die Schlagzeilen, die existentiell nicht unwichtig sind, sehr schnell die anderen."

Zur Person:

Ronny Leitgeb, von 1980 bis 1994 unter Ing. Edi Finger im ORF als Sportreporter tätig, managt und coacht seit 1984 Thomas Muster. Leitgeb zählt zu den unumstrittenen Tops im Coaching und in der Pressebetreuung, der allen geltenden Gesetzen zum Trotz aus einem introvertierten Tennisprofi der Weltspitze einen Klasse-Partner für die Presse machte. Ronny Leitgeb setzte neue, mustergültige Maßstäbe im Servicieren der Presse. Etwa, daß es selbstverständlich ist, ihn auch in den Vereinigten Staaten unter einer Handy-Nummer binnen Minuten von Österreich aus sprechen zu können.

Mag. Karl Krammer, Kabinettchef und Pressesprecher von Bundeskanzler Dr. Franz Vranitzky

"Einfluß nehmen auf das Produkt plus größtmögliche Flexibilität für die Medien"

Zweifellos eine der schwierigsten, aufreibendsten und heikelsten Funktionen ist die des Pressesprechers eines Bundeskanzlers. Pressesprecherinnen und Pressesprecher von Spitzenpolitikern müssen die professionellsten und brutalsten Anforderungen an diesen Job erfüllen: Tag und Nacht erreichbar, stets am aktuellsten Informationsstand und das Netzwerk von Einfluß und Machbarkeit im Verbund mit den Medien bis in die kleinste Nuance beherrschen.

Mag. Karl Krammer, Pressesprecher von Bundeskanzler Dr. Franz Vranitzky, sieht unter diesen Auspizien seine Hauptaufgabe darin, "Gate-Keeper" zu sein. Seit der zusätzlichen Ernennung zum Kabinettchef bezeichnet er sich - salopp untertreibend - als Gate-Keeper mit "Kapitänsschleife".

"Diese Gate-Keeper-Funktion bedeutet, ich muß alles wissen und entscheide, was sich für die Außenarbeit eignet. Pressesprecher zu sein, heißt, sich um alles zu kümmern.
Wer keinen Einfluß auf das Produkt nehmen kann, wird seinen Job nicht machen können. Inhaltliche Einflußnahme, Einfluß auf Formulierungen und Textierungen gehört dazu.

Ich kenne die journalistischen Abläufe und muß daher wissen, wie Informationen sprachlich, inhaltlich und von der Terminsetzung her mediengerecht weitergegeben werden. Dieses 'Handling' muß man beherrschen. Die natürlichste Sache der Welt und klare Konsequenz daraus ist, daß ich dieses Wissen ins Tagesgeschäft einbringe und 'Produkte' dementsprechend beeinflusse, um sie erfolgreich plazieren zu können.

Der journalistische Ablauf bestimmt das Zeitmanagement in hohem Maße. Für mich sind daher die Schlußzeiten in den Redaktionen ausschlaggebend, nicht interne Büroabläufe.

Bei der Vorbereitung von Auslandsbesuchen des Bundeskanzlers kommt es deshalb heute noch zu Konflikten mit diplomatischen Beratern. Immer wieder sind Sträuße auszufechten, daß die Termine auf den journalistischen Ablauf abzustimmen sind, Pressekonferenzen nur zu bestimmten Zeiten in Frage kommen usw. Ein Feeling dafür zu entwickeln ist offensichtlich für jemanden, der den Redaktionsbetrieb nicht kennt, unglaublich schwer. In der Wirtschaft ist es klar, daß ich nachfrageorientiert arbeite und nicht ein Angebot, das ich mir in den Kopf gesetzt habe, auf den Tisch knalle. Gleiche Kriterien sind in der Politik anzuwenden. Und in der medienmäßigen Umsetzung.

Damit ich jederzeit am Ball bin, muß ich als Pressesprecher natürlich absoluten Zugang zum Chef haben. Ob Besprechung oder nicht. Da darf es für Pressechefs keinerlei Einschränkungen geben. Wenn ich in eine laufende Sitzung oder Konferenz hineinkomme, weiß der Chef, daß es brennt.
Totales, ja blindes Vertrauen ist die wesentlichste Voraussetzung, daß eine solche Partnerschaft optimal funktioniert.

Etwa auch in der Hinsicht, daß ich als Pressemann genau abschätzen kann, in welchen Medien was gesagt werden muß. Das wird in Zukunft eine noch viel größere Rolle als heute spielen. Diesbezüglich vertraue ich auf den immer stärkeren Außendruck.

Politiker werden sich ganz allgemein aufgrund der Vielfalt der Printmedien und der elektronischen Medien, durch Privat-TV und Privat-Radio verstärkt zu mediengerechter Arbeit zwingen und ihre Aussagen nach der jeweiligen Interessenslage der Medien und der Hauptzielgruppen diversifizieren müssen.

Eine Problemzone ist - und wird es wohl immer sein - daß viele zu überg'scheiten Formulierungen greifen. Als Presseverantwortlicher muß ich mich weigern, solche Texte anzunehmen. Sie sind ungeeignet und eine Zumutung. So zu sprechen, daß es Menschen verstehen, ist unverzichtbar. Als Pressesprecher muß ich Aussagen daraufhin trimmen. Damit sie jeder versteht und etwas damit anfangen kann, der aus der Natur der Sache heraus weniger Informationen über die Sache hat. Das ist unendlich wichtig."

Was Mag. Krammer umsichtig zurückhaltend formuliert, ist in Wahrheit eine der größten Barrieren auf dem Weg zum Erfolg.

Daß bei der Verwendung der eigenen Spezialsprache, insbesondere im politischen Bereich, die Menschen, mit denen man kommunzieren möchte, oft nur "Bahnhof" verstehen und eine Änderung der Sprache dringend nötig ist, ist einer der schwierigsten Umlernprozesse.

Entweder aus einer arroganten Grundhaltung heraus, nach dem Motto: ihr Trotteln, lernt's was. Oder weil manche Politikerinnen und Politiker davon ausgehen, daß ein bestimmter Wissensstand einfach vorhanden ist.

"Die große Kunst in der Kommunikationsarbeit ist es, Inhalte so zu verkürzen, daß das Wesentliche enthalten ist, gleichzeitig diese Inhalte aber so einfach als möglich zu formulieren." Für den Pressesprecher von Bundeskanzler Dr. Franz Vranitzky muß ein Kommunikationsdirektor vor allem eine Fähigkeit besitzen:

"Vernetztes Denken und entsprechendes Analysieren. Ich muß beurteilen können, warum und wie Geschichten entstehen; registrieren, wo Artikel plaziert sind und daraus Rücksschlüsse, z. B. auf den redaktionsinternen Status eines Journalisten, ziehen können; Muster erkennen und richtig interpretieren, in welchen Medien was wann zum Thema gemacht wird und was dahinterstecken könnte.

Journalismus und Kommunikation ist ja eine lebende Materie. Da kann sich binnen kurzem das interne Standing von Schlüsseljournalisten ändern. Es kann in einer Bundesländerzeitung oder in einer Kolumne ein Thema angerissen werden, das sich politisch zu einem Schwerpunktthema oder zu einem innenpolitischen Dauerthema auswächst."

Dieses Ein- und Abschätzen von politisch relevanten Themen, das rechtzeitige Registrieren neuer Entwicklungen - positiv, wie negativ - ist eines der wesentlichen Unterscheidungskriterien, ob einer zu den vielen "Schmiedls" zählt, oder zum "Schmied" geworden ist. Nur dann kann jemand die wahrscheinlich größte Herausforderung dieses Jobs erfüllen: den Terminkalender zugunsten der Medien so flexibel wie irgendwie möglich zu gestalten.

In extremster Form trifft das auf die Terminplanung von Politikern zu. Hier ist der sicher signifikanteste Unterschied zu sehen zwischen dem Terminmanagement eines Wirtschaftsbosses und jenem eines Spitzenpolitikers. Politikertermine können von regionalen und lokalen Ereignissen, auf die sie keinen unmittelbaren Einfluß haben, ebenso determiniert sein, wie von einer "Dringlichen Anfrage" im Parlament.

Der Pressechef des Bundeskanzlers weiß davon ein Lied zu singen: "Auf mich sind Leute laufend böse, weil Terminverschiebungen an der

Tagesordnung sind. Aber so ist es nun einmal. Vorrang haben die Medien. Vorrang haben Gespräche, die journalistisch wichtig und von der Presseseite her erwünscht werden. Daß manchmal die Perfektion (der Vorbereitung, Anm. der Autorin) darunter leidet, weil die Zeit trotz aller nur denkbaren Flexiblität nicht ausreicht, damit muß man fertig werden. Und die nötige Gelassenheit aufbringen, nicht auszurasten, wenn beispielsweise von einem TV-Team extra ein Podest gebaut wurde, um die Sitzgruppe optimal ins Bild zu rücken, man selbst aber genau das störend findet."

Als "Coach" wiederum geht es den Profis unter den Pressesprechern primär darum, die oder den zu Betreuende/n "auf die jeweilige Rolle zu bringen", auf eine Interviewsituation gut einzustimmen. Inhaltlich sind - kurz vor einem Interview - oft keine weiteren Inputs erforderlich, weil das Thema in jeder Einzelfacette vertraut ist. Krammer: "Zu helfen, sich gedanklich in die Gesprächssituation hineinzuversetzen - die ja allzu oft völlig konträr zu vorhergegangenen ist -, halte ich für außerordentlich wichtig." Alles andere wäre in einer Situation, in der ein Spitzenpolitiker lediglich ein, zwei Minuten Zeit hat, sich auf einen neuen Gesprächspartner einzustellen, völlig fehl am Platz.

Dieses "Feeling", zur richtigen Zeit das Richtige zu sagen - und Informationsüberfrachtungen tunlichst zu vermeiden -, genau das macht zu guter Letzt die Könner aus.

Zur Person:
Mag. Karl Krammer, Kommunikationschef von Bundeskanzler Dr. Franz Vranitzky, ist für die Branche so etwas wie der Mount Everest für Profi-Bergsteiger: mühevoll, einen Zugang zu finden; wer es schafft, kann sich rühmen, lichte Höhen des politischen Ein- und Weitblickes erklommen zu haben. Extrem effizient, verkörpert Mag. Karl Krammer den österreichischen Prototyp eines politischen Pressesprechers, der seinen Einfluß zugunsten seines Chefs zu nutzen weiß. Seine - von Insidern vermuteten - weiteren Karriereschritte reichen von Ministerehren über den ersten österreichischen Lobbyist neuen Zuschnitts bis zu einer EU-Stabsstelle in Brüssel.

Christoph Ronge, Pressesprecher von Wiens Bürgermeister Dr. Helmut Zilk

"Es gibt kein Verschweigen von Fakten"

Während bei anderen Funktionsträgern die strategische Kommunikationsplanung im Sinne von Themenfestlegung und Themenraster für längere Zeiträume einen sehr hohen Stellenwert besitzt, bestimmt bei einer Funktion wie jener des Bürgermeisters der Stadt Wien in einem hohen Maße der Terminkalender die Kommunikationsarbeit. Daraus entwickeln und ergeben sich geradezu automatisch die Themen, "die man spielt".

Ergänzt oder erweitert durch übergeordnete strategische Ziele - wie in jüngerer Zeit die EU-Frage. Bei allen Terminen wird dieses Thema dann eingeklinkt - ob es sich um ein Gespräch mit Frau Pospischil oder dem Univ.-Prof. XY handelt.

Aus der reichhaltigen Medienerfahrung des Bürgermeisters heraus sind exakte Grenzziehungen zwischen spontaner Idee, professionellem Wissen um Medienzusammenhänge und -abläufe und der Berücksichtigung moderner Kommunikationsstrategien schwer. Hier spielt vieles zusammen - die von vielen als phänomenal bezeichnete Mischung aus Können, Instinkt und Offenheit für gute Ideen. Egal, von wem oder aus welchem politischen Lager sie kommt. Diese Fähigkeit unterscheidet ihn wahrscheinlich am meisten von anderen. Beispiel aus der Busek-Mauthe-Ära: Wenn er eine Idee von Mauthe als wichtig und gut angesehen hat, wurde diese von ihm aufgegriffen. Nach der Devise: "Das ist gescheit. Er (Mauthe) ist der Oppositionsstadtrat, ich bin der Bürgermeister - ich kann und werde das umsetzen. Diese Offenheit - täglich angewandt - bringt eine Vielzahl an Aktivitäten, die auf sehr positives Echo stoßen.

Schnelle Entscheidungen, offensive Medienarbeit und ein völlig unverkrampftes Verhältnis zu den Journalisten - das ist es, was auch die Arbeit als Pressesprecher und Pressebetreuer so angenehm macht.

In all den Jahren (9 Jahre arbeitet Christoph Ronge für Bürgermeister Zilk, Anm. der Autorin) entwickelt man natürlich ein sicheres G'spür für

Wünsche, Situationen und mediale Umsetzbarkeit. Vom Prinzip her gibt es keine Minute, in der ich nicht in sein Büro gehe, um eine Information zu übermitteln oder eine für Journalisten relevante Stellungnahme abzurufen. Entscheidend bei der zeitlichen Staffel, wann ein Redakteur mit einem Rückruf rechnen kann, ist der Redaktionsschluß des jeweiligen Mediums.

Einen Unterschied oder eine Vorgangsweise nach redaktionellen Hierarchien gibt es nicht. Es wäre ein Irrtum, zu glauben, daß Bürgermeister Zilk vornehmlich die Chefredakteure und Ressortchefs kontaktiert und die Presseabteilung alle anderen. Der, der schreibt, ist wichtig und wird - unabhängig von seiner Stellung in der Redaktion - als wichtig angesehen. Und dementsprechend behandelt.

Sogenannte Leibthemen, die von ihm aus ständig im Auge behalten werden, gibt es. Mit klaren polit-strategischen Zielsetzungen: Stadt-Außenpolitik - Wien in der Welt zu repräsentieren und zu vertreten; wo immer es möglich ist, gegen Krieg und Faschismus vorzugehen; eine offene und moderne Stadtentwicklung zu forcieren. Da wird der Medienarbeit ein besonderer übergeordneter Stellenwert beigemessen.

In schwierigen Fragen, Krisensituationen oder einem problematischen Fall gab und gibt es immer nur eine Vorgangsweise: der Bürgermeister informiert sich persönlich - und zwar umgehend -, entscheidet sofort, ob z. B. das Kontrollamt der Stadt Wien oder die Staatsanwaltschaft eingeschaltet wird und informiert ebenso rasch die Presse. Es gibt kein Zögern, kein tagelanges Austüfteln hinter den Kulissen, was denn jetzt sinnvoll wäre oder zweckmäßig. Er reagiert und agiert sofort. Selbst in den unangenehmsten Situationen. Das bewährt sich nach unserer, meiner Erfahrung immer. Weil nicht eine Sekunde lang der Eindruck entsteht, man wolle etwas vertuschen.

Ein enormer Vorteil für die Pressearbeit als Pressesprecher ist ein gutes Kurzzeitgedächtnis. Und Bürgermeister Zilk hat ein unglaublich gutes. Vor einer Veranstaltung, einer Ehrung oder wichtigen Pressekontakten kann sich der Bürgermeister die sprichwörtlichen "zwei Minuten davor" über Daten und Fakten informieren, greift zum Mikrofon oder empfängt den Gesprächspartner und beherrscht die Materie, wie einer, der sich Stunden damit auseinandersetzte. Das erleichtert natürlich bei einem derart umfangreichen Terminplan den Tagesablauf ganz entscheidend, schafft Kapazitäten, die kaum nachvollziehbar sind. Aber es ist wohl auch seine - für Außenstehende nur schwer einsehbare - Disziplin im Umgang mit sich und anderen, die die Zusammenarbeit mit den Medien stark beeinflußt. Und, daß er die Menschen schätzt und mag.

Nach dem Attentat, der ersten Operation, war diese Einstellung Antrieb für die Pressekonferenz in der Klinik. Er meinte, so viele Menschen telefonieren und erkundigen sich nach meinem Gesundheitszustand, ich kann nicht allen sagen, was ist. Ich glaube, wir müssen eine Pressekonferenz machen. Das war's.

Daß nur 30 bis 40 Journalisten aus Sicherheitsgründen akkreditiert wurden, interpretierten manche als gezielte Auslese. Das stimmt aber nicht. Wir konnten einfach nicht mehr Personen in diesem Zimmer unterbringen. Die Eigendynamik, die dann entstanden ist, war für uns alle eine totale Überraschung.

Kein Mensch, schon gar nicht der Bürgermeister, rechnete mit einer Live-Übertragung der Pressekonferenz und mit einem Videoverkauf. Auch jetzt noch, im Rückblick, ist das so. Und wer das Kreuz, das er bei dieser Pressekonferenz seiner Frau Dagmar Koller gab, als Mediengag Zilk'scher Prägung bezeichnete, hat keine Ahnung davon, daß sie ein sehr gläubiger Mensch ist.

Ein Verschweigen von Hintergründen oder ein Nicht-Informieren des Pressezuständigen über Fakten gibt es nicht. Das habe ich nie erlebt - mit einer einzigen Ausnahme: Von seiner kirchlichen Trauung mit Dagmar Koller durch Kardinal Groer wußte niemand etwas. Erst eineinhalb Jahre danach sagte er es einmal dem Kolumnisten Markus Schenz. Das ist mit Sicherheit die einzige Sache, die der Bürgermeister jemals verschwieg.

'Wer immer strebend sich bemüht, den werden wir erlösen', so denkt und handelt Zilk in allem. Das bestimmt auch seinen Umgang mit Journalisten. Für uns (Bürgermeister und Pressesprecher) gibt es keine Hierarchien, die wir beachten. Wer früher kommt, erhält zuerst die Information.

Die einzige Alltagsregel, die beachtet wird, ist der jeweilige Redaktionsschluß. Daß es vorkommt, daß der Bürgermeister selbst in den Redaktionen anruft - häufig kritisiert als Einmischung oder Interventionsversuch - hängt mit seinem völlig selbstverständlichen Umgang mit den Journalisten zusammen. Er ruft eben den Chef vom Dienst an, wenn ihn etwas stört, aufregt oder ärgert. Dazu steht er. Und er hält es für die natürlichste Sache der Welt."

Anmerkung:
Dr. Helmut Zilk feierte heuer sein 10-jähriges Amtsjubiläum als Bürgermeister der Stadt Wien und nimmt seinen Abschied. Der ehemalige

ORF-Fernsehdirektor wird nach seinem Ausscheiden aus der Politik nicht nur mit dem ihm eigenen Elan für "News" schreiben, für viele ist Dr. Helmut Zilk, der geniale Kommunikator und Medienexperte, auch aus den elektronischen Medien nicht mehr wegzudenken. Im Sinne von: nach dem "Politikerereignis" Zilk erneut das "Medienereignis" Zilk.

Ob ausschließlich in Österreich oder grenzüberschreitend im deutschsprachigen Raum: Dr. Helmut Zilk wird präsent sein.

Dr. Irmgard Bayer, Prokuristin, HOECHST-Austria AG

"Öffentlichkeitsarbeit mit Rücksicht auf gesellschaftliches Umfeld"

"Jahrzehnte wurde in der Presse- und Öffentlichkeitsarbeit primär an das rationell Belegbare gedacht. Und nicht so sehr an emotionelle Bereiche. Das galt für viele Wirtschaftsbereiche und Branchen. Heute wird die Rücksichtnahme auf das gesellschaftliche Umfeld, in dem ein Unternehmen, eine Firma tätig ist, immer wichtiger. Speziell im überaus sensiblen Gesundheits- und Umweltsektor. Möglicherweise hängt diese Verschiebung in der Bedeutung von Wertigkeiten damit zusammen, daß materiell außerordentlich viel erreicht wurde.

Die Konzentration auf imaterielle Werte in breiten Bevölkerungskreisen - und nicht mehr ausschließlich auf kleinere Eliten reduziert - nimmt rapide zu. Im Pharma-Bereich beispielsweise muß dies in einer aktiven Öffentlichkeitsarbeit rigoros miteinkalkuliert werden. Im Zuge einer Produktentwicklung, die oft Jahre dauert, können durch eine zu optimistische Informationstätigkeit zu große Hoffnungen geweckt werden, die sich - etwa nach einer Phase der klinischen Prüfung eines Medikaments - eventuell nicht bestätigen und notwendigerweise zu Korrekturen führen müssen. Oder eine Charge (Produktionseinheit) ist fehlerhaft. Dann ist ein Krisen-Kommunikationsplan angesagt. Weil In Extremfällen fatale Auswirkungen auf das Unternehmensimage, Umsatzeinbrüche bis hin zum Kauf-Boykott die Folge sein können.

Besteht kein strategischer Rasterplan für die Kommunikationsarbeit, sind derartige Krisen kaum zu meistern. Würden zu ad-hoc-Aktionen, wahrscheinlich aber auch zu Überreaktionen seitens der Unternehmens- oder Konzernspitze führen.

Daher sehe ich als wesentlichste Elemente einer guten Kommunikationsarbeit: einen langfristigen Netzplan, Kontinuität in der Medienarbeit, Ehrlichkeit in der Argumentation.

Bei internationalen Konzernen ist außerdem extrem durchlässige Informationsarbeit zu den nationalen Töchtern notwendig. Kommunikations-Transparenz, die ermöglicht, frühzeitig Chancen und Risken eines Produktes oder einer Kampagne beurteilen zu können.

Beispiel: RU 486. Dieses Medikament wurde in Frankreich, von einer Tochterfirma, an der HOECHST beteiligt ist, entwickelt. Die dort entstandene öffentliche politische Diskussion über das Produkt schwappte blitzartig auf Österreich über. Eine monatelange Debatte entbrannte, monatelange Argumentationsarbeit war erforderlich - insbesondere auch deshalb, weil lange Zeit nicht geglaubt wurde, daß wir in Österreich nicht daran denken, das Produkt auf den Markt zu bringen.

Je spezialisierter Themenbereiche sind, desto präziser müssen Inhalte und Argumente sein, die den Medien angeboten werden. Wir arbeiten vorrangig mit den Wirtschaftsjournalisten der großen Medien, Wissenschafts- und Forschungsjournalisten, sowie den Umwelt- und Gesundheitsjournalisten zusammen. Sie verfügen vielfach über exzellentes Detailwissen. Jede inhaltliche oder argumentative Schwäche wäre da verheerend. Es ist daher unabdingbares Muß, in der Argumentation sauber zu sein. Und, was gerade für die Tagesmedien am allerwichtigsten ist: rasch zu sein. Grundsätzlich sehe ich meine Hauptaufgabe als Vermittler zwischen Unternehmensspitze und Medienvertreter. Als Servicestelle, die den Journalisten auf kürzestem Weg die gewünschten Informationen und Interviewpartner vermittelt. Konsequenterweise ist Öffentlichkeitsarbeit und Werbung bei uns keine Linienfunktion, sondern eine beratende Funktion - selbstverständlich mit Sitz im Vorstand.

In unserem Konzern besteht jetzt aber auch die Tendenz, die derzeit noch gesplitteten Tätigkeitsbereiche Öffentlichkeitsarbeit und Werbung unter einen Hut zu bringen. Vor allem aus Gründen der Einheitlichkeit und der gerade in unseren Unternehmensbereichen so oft eintretenden Wechselwirkung zwischen beiden Aufgabenbereichen. Und weil Kommunikationsstärke durch einen Zungenschlag, eine Linie und eine einheitliche Intention - ob auf der kreativ-werblichen Schiene, oder der Ebene Öffentlichkeitsarbeit - erhöht wird."

Zur Person:
Dr. Irmgard Bayer, Leiterin der Abteilung Öffentlichkeitsarbeit und Prokuristin, Fa. HOECHST Austria-AG; 3,2 Milliarden Schilling Umsatz, 571 Mitarbeiter.
Im Hoechst-Österreich-Konzern sind noch die Hoechst Austria-Gruppe mit 5,3 Milliarden Schilling Umsatz und 1.335 Mitarbeitern und die Hoechst Austria-Beteiligungen mit 6,3 Milliarden Schilling Umsatz und 1.827 Mitarbeitern.

Kurt Noé-Nordberg, Direktor und Pressesprecher ÖAMTC

"Oberstes Gebot: Nie eine Lüge!"

"Im Detail entscheidet die Flexibilität der Kommunikationsabteilung, wie gut und effizient die Presse- und Öffentlichkeitsarbeit ist. Natürlich eingebettet in einen Gesamtplan, aber doch sehr stark abhängig von Gewieftheit und Schnelligkeit in Überraschungsmomenten.

Wenn heute durch einen Terroranschlag in der Türkei österreichische Staatsbürger mit einer vom ÖAMTC organisierten Rettungskette zurückgebracht werden, kann das nicht langfristig geplant sein. Oder, die Südautobahn nach einem Verkehrsunfall blockiert, auf der Westautobahn Serienunfälle ein großräumiges Ausweichen erforderlich machen. Steigen aufgrund einer bestimmten Wetter-Disposition die Ozon-Werte, entscheidet die Reaktionsschnelligkeit, ob wir vom ÖAMTC als erster mit entsprechenden Werten, Informationen und Ratschlägen am Markt sind. Die Schnell-Lebigkeit der Zeit und die - nur grob planbaren und vorhersehbaren - Spontanereignisse verlangen extreme Flexibilität und perfekt eingespieltes Teamwork in der Öffentlichkeitsarbeit. Unser Pannendienst beispielsweise mit rund 500 hauptamtlichen Mitarbeitern ist fast so etwas, wie eine perfekte Verkehrs-Nachrichtenagentur quer durch Österreich.

Das bringt natürlich sehr oft einen Informationsvorsprung, den wir unsererseits wieder weitergeben: Wir waren so zum Beispiel die ersten, die am Beginn der Jugoslawien-Krise Meldungen über Beobachtungen an der Grenze meldeten; bei den Terror-Anschlägen in den Tourismuszentren in der Türkei Informationen an die österreichischen Medien lieferten oder beispielsweise vom Schiunfall des Dr. Mock (er wurde mit einem der sechs Notarzt-Hubschrauber des ÖAMTC in die Innsbrucker Unversitätsklinik eingeliefert) wußten.

Ein dichtes internationales Kontakt- und Kooperationsnetz, wir haben z.B. rund 200 Schwestern-Klubs, ergänzt und erweitert unseren Aktionsradius enorm. 'Eigene' Leute stehen für die Richtigkeit und die Qualität der Meldung. Das ist ein großer Vorteil. Die gute Kooperation färbt außerdem auf das Unternehmensimage positiv ab und bringt unseren Mitgliedern im Ausland sehr viel. Ein Beispiel dafür sind etwa die 'Gipsbomber', mit denen wir jährlich unzählige Gipshaxen nach Holland und Belgien fliegen." Das hatte schon mehrfach zur Folge, daß sich der Präsident des dortigen Kooperationspartners persönlich um das Schicksal eines ÖAMTC-Mitgliedes kümmerte.

Natürlich ist es ein ehrgeiziges Ziel, zu sagen: "Der ÖAMTC ist immer und überall da, für seine Mitglieder zur Stelle und bietet für alle wichtige Informationen und Entwicklungen etwa im Bereich 'Verkehrssicherheit'. Ohne ehrgeizige Ziele kann man aber heute schon überhaupt nicht mehr bestehen - wenn man beispielsweise an die zusätzliche Konkurrenz aus dem europäischen Raum denkt. Besser sein, als andere. Schneller sein, als andere - das hatte und hat umfassende Konsequenzen.

Wir setzen auf eigene Innovation und eigene Ideen zum Ausbau unseres Service-Angebotes:

- Die Seitenverstärker bei den Autos waren u. a. Anlaß der Crash-Tests, die der ÖAMTC als erster machte.
- Über die ÖAMTC-Akademie liefern wir im Bereich der Mobilitätsforschung wichtige Informationen über die Mobilitätsbedürfnisse der Österreicher.
- Möglichkeiten und Chancen von Car-Sharing (zwei oder mehrere 'teilen' sich ein Auto) werden ebenso geprüft wie über die Sinnhaftigkeit eines 'Sun-and-Ride'-Systems (bestimmte Weg-Strecken werden mit einem Elektroauto zurückgelegt, dann auf ein öffentliches Verkehrsmittel umgestiegen) informiert wird.
- Zudem arbeiten wir laufend an der Perfektionierung unserer Nachrichtendienstes. So verfügen wir derzeit über mehrere automatische Staumelder im Raum Wien (auf dem Palmers-Haus bei Vösendorf, auf dem Kika-Haus in Inzersdorf, auf dem Zollamtsgebäude). In Sekundenabständen werden die Bewegungen auf den Straßen fotografiert und bei entsprechend übereinstimmendem 'Fotomaterial' automatisch die Stau-Meldung weitergeleitet.

Ein ganz entscheidender Punkt ist die Kleinarbeit, die persönliche Information und Servicierung von Journalisten. Wenn über Ozonwerte und deren Ursachen abenteuerliche Zahlen im Umlauf sind, schreibe ich Briefe, kläre auf, informiere im Detail. Oberste Prämisse: immer bei der Wahrheit bleiben. Das hat auch einen durchaus praktischen Grund: Ich würde mir Lügen nicht merken und mir spätestens beim dritten Mal selber widersprechen.

Wer heute in der Informations- und Pressearbeit wettbewerbsfähig sein will, kommt ohne drei wesentliche Eckpfeiler nicht aus: höchstmögliche Glaubwürdigkeit, Schnelligkeit und Flexibilität, sowie ausgeprägtes Servicedenken auch in Richtung individueller Information. Jede andere Art wird Gelegenheitserfolge bringen können, aber keine langanhaltenden Erfolge."

Zur Person:
Kurt Noé-Nordberg, ÖAMTC, Direktor mit den Zuständigkeitsbereichen Kommunikation, Verkehrssicherheit und Mobilitätsentwicklung.
Der Österreichische Automobil-, Motorrad- und Touring Club mit rund 1.850 Mitarbeitern bietet schnelle Hilfe in Notfällen (u. a. fünf Christophorus-Notarzthubschrauber als fliegende Intensivstation und mehrere Einsatz-Hubschrauber), einen breitgefächerten Informationsdienst, Serviceleistungen jeder Art für den Autofahrer, aktuelle Informationen und internationale Kontakte.

Karikaturen - die hintergründigsten Schlagzeilen

Erfolgreiche zählen dann zu den Erfolgreichsten, wenn sich Karikaturisten ihrer annehmen.

Als Auszeichnung oder Aus-Zeichnung von Personen, Zuständen und Sachverhalten ist die Karikatur die auf das Wesentliche reduzierte und gleichzeitig bildlich erweiterte Schlagzeile der Sonderklasse. Karikaturen sind oft vielsagender als ein Cover-Foto oder andere Methoden der Darstellung und in ihrer humorvollen bis ätzenden Mehrdeutigkeit durch nichts ersetzbar.

Wer von einem Karikaturisten mit spitzer Feder auf's Korn genommen wird, hat es geschafft. Sie oder er zählen zu den absoluten Tops - ob hintergründig, ironisch gezeichnet oder bissig, dekuvierend persifliert. Karikaturen sind immer Gradmesser für Popularität, Akzeptanz und Wertigkeit. Und in jedem Fall ein Genuß, weil sie menschliche Stärken und Schwächen besonders feinsinnig herausarbeiten.

Sie vermitteln den Blick hinter die Kulissen oder die Fassade. Sie sind darüber hinaus perfekt gezeichnete Kommentare. Perfid, hinterhältig decken sie auf - freundlich, humorig focussieren sie notwendige und wichtige Assoziationen auf den Kern einer Sache und Person. Karikaturen kehren Unausgesprochenes oder Unaussprechliches an die Oberfläche.

Für den Betrachter in den meisten Fällen ein Genuß, können sich Spitzenvertreter aus Politik, Wirtschaft, Sport und Kultur sicher dann zu den unumstrittenen Tops rechnen, wenn sich die Könner unter den Karikaturisten ihrer angenommen haben. Sie zählen zur Schlagzeilen-Elite. Zumindest einen Tag lang.